ACRO
POLIS

衛城
出版

ACRO
POLIS

衛城
出版

──── 皮凱提的二十一世紀問答 ────

社會主義快來吧！

THOMAS PIKETTY
托瑪·皮凱提

陳郁雯───譯

Vivement *le*
SOCIALISME!

Chroniques 2016-2021

目次

導讀　來自法蘭西的浪漫
　　　——皮凱提和他的「經濟民主化」邀請　　洪財隆　　7

社會主義快來吧！（2020 年 9 月）　　19

邁向另一種全球化　2016-2017

希拉蕊、蘋果與我們（2016 年 9 月 13 日）　　51

國際貨幣基金組織、不平等與經濟學研究（2016 年 9 月 20 日）　　55

法國右派與歐盟預算準則（2016 年 10 月 18 日）　　65

男女薪資不平等：19% 或 64%（2016 年 11 月 7 日）　　69

邁向另一種全球化（2016 年 11 月 15 日）　　73

基本收入還是合理薪資？（2016 年 12 月 13 日）　　77

安東尼・艾金森 之逝（2017 年 1 月 3 日）　　81

論法國與德國的生產力（2017 年 1 月 5 日）　　86

民粹主義萬歲！（2017 年 1 月 7 日）　　108

終於民主的歐元區政府（2017 年 2 月 1 日）　　112

論中國的不平等（2017 年 2 月 14 日）　　　　　　　　　　115

歐元區議會會是什麼模樣？（2017 年 3 月 16 日）　　　　119

公有資本，私有資本（2017 年 3 月 14 日）　　　　　　　131

法國需要何種改革？　2017 年至 2018 年

論法國的不平等（2017 年 4 月 18 日）　　　　　　　　　139

法國需要何種改革？（2017 年 5 月 16 日）　　　　　　　144

雷根十次方（2017 年 6 月 13 日）　　　　　　　　　　　148

前進的議員們，握緊你們的權力！（2017 年 6 月 20 日）　152

「企業競爭力與就業振興租稅減免措施」的鬧劇

　　　（2017 年 7 月 11 日）　　　　　　　　　　　　　161

資本法之檢討（2017 年 9 月 12 日）　　　　　　　　　　165

廢除富人稅：一個歷史的錯誤（2017 年 10 月 10 日）　　169

2018 年預算：被犧牲的年輕人（2017 年 10 月 12 日）　174

加泰隆尼亞症候群（2017 年 11 月 14 日）　　　　　　　181

川普、馬克宏：同一個戰場（2017 年 12 月 12 日）　　　186

2018 年，歐盟之年（2018 年 1 月 16 日）　　　　　　　190

Parcousup：尚有進步空間（2018 年 2 月 13 日）　　　　195

建立聯盟中的聯盟（2018 年 3 月 13 日）　　　　　　　　200

俄國的資本（2018 年 4 月 10 日）　　　　　　　　　　　204

六八學運與不平等（2018 年 5 月 8 日） 208

「移轉金聯盟」的幻象（2018 年 6 月 12 日） 212

歐洲、移民與貿易（2018 年 7 月 10 日） 216

社會本土主義，義大利的噩夢（2018 年 9 月 11 日） 221

巴西：備受威脅的第一共和（2018 年 10 月 16 日） 226

《世界報》與億萬富翁（2018 年 11 月 13 日） 231

愛歐盟，就要改變它　2018 年至 2020 年

歐盟民主化宣言（2018 年 12 月 10 日） 237

「黃背心」與租稅正義（2018 年 12 月 11 日） 244

1789 年，債務歸來（2019 年 1 月 15 日） 249

美國的富人稅（2019 年 2 月 12 日） 254

愛歐盟，就要改變它（2019 年 3 月 12 日） 259

印度的基本收入（2019 年 4 月 16 日） 263

歐盟與階級對立（2019 年 5 月 14 日） 268

中間路線環保運動的幻象（2019 年 6 月 11 日） 272

印鈔票救得了我們嗎？（2019 年 7 月 9 日） 277

何為公平的退休金？（2019 年 9 月 10 日） 282

邁向循環經濟（2019 年 10 月 15 日） 286

藉經濟正義之力，走出認同衝突（2019 年 11 月 12 日） 291

幾種可能的全民退休金制度（2019 年 12 月 10 日） 296

否認完氣候問題，又否認不平等問題（2020 年 1 月 14 日） 301

社會聯邦主義 vs. 國族自由主義（2020 年 2 月 11 日） 305

法德議會，歐洲財稅正義獨一無二的機會

　　（2020 年 2 月 21 日） 310

拯救美國民主的桑德斯（2020 年 3 月 10 日） 315

避免最糟的情形（2020 年 4 月 14 日） 320

綠色貨幣時代（2020 年 5 月 12 日） 325

對抗種族主義，修復歷史（2020 年 6 月 16 日） 330

重建國際主義（2020 年 7 月 14 日） 335

疫情後的世界　2020 年末至 2021 年

全球貧富不均：我們的處境為何？（2020 年 11 月 17 日） 343

美國偶像的崩毀（2021 年 1 月 12 日） 348

社會正義時刻（2021 年 2 月 16 日） 353

以民主社會主義回應中國的挑戰（2021 年 7 月 31 日） 358

導讀

來自法蘭西的浪漫
——皮凱提和他的「經濟民主化」邀請

洪財隆

（奧地利 Innsbruck 大學經濟學博士、公平交易委員會委員）

　　2014 年底，我因為工作的關係（當時擔任在野黨總統候選人的政策幕僚），到中央研究院聽了一場皮凱提的演講，有幸親炙這位當時正在全球到處巡迴，被主流媒體封為「搖滾巨星級」經濟學者的風采。印象中沒打領帶的他，服裝非常合身（後來知道他穿襯衫時第一、二個鈕釦習慣不扣），果然是一位神采奕奕、充滿自信的法國菁英。

　　也難怪，才 40 歲出頭就已名滿天下。皮凱提當天演講的主題，正是他造成轟動的書：《二十一世紀資本論》。

　　這是一本篇幅超過 700 頁，名符其實的巨著。更神奇的是，討論財富集中與所得分配不均（inequality）如此嚴肅的議題，不僅成為久居排行榜上的暢銷書，全球一共賣出超過 200 萬冊，竟然還是當年度最受歡迎的聖誕禮物。

經濟學相關的書如果只是賣得好並不稀奇。對皮凱提這本書讚譽有加的克魯曼就曾說，皮凱提以一介布衣學者，竟有能耐改變舉世的「話語或論述」（discourse）焦點，促使大家重新且認真看待不平等這個根深蒂固的古老問題，確實是一項了不起的成就與貢獻。

　　不過，皮凱提的書讀來並不輕鬆。根據 Kindle 電子書閱讀的分析顯示，以具有代表性的讀者為例，《二十一世紀資本論》大概只被翻看到第 26 頁。但從這麼多人想要擁有它一事來看，背後顯然具有某種意義。還好另有福音，這本書在 2020 年被拍成紀錄片並已上映。

皮凱提在對的時間，問了對的問題

　　儘管對皮凱提的學理分析和政策主張各有看法，但一般都同意，皮凱提的成功決非偶然。他一定是做對了什麼，至少是在對的時間，提問且處理了對的主題。

　　歷經 1980 年代的經濟自由化（以英國首相柴契爾夫人和美國總統雷根為首）、金融創新與國際化，乃至 1990 年代的全球化等浪潮，強調解除管制與經濟效率，反對國家對市場進行干預的「新自由主義」（neoliberalism），一直都穩居學界思

潮主流，並被各國奉為政策指導方針。

這套經濟與政治哲學固然為全球帶來可觀的生產力提升和經濟成長，同時幫助世界各地不少落後地區的人民脫離貧窮，卻也導致不平等現象日益明顯。包括美歐等工業化國家在內，經濟、社會，乃至政治兩極化的諸多後遺症皆隨之而來。

2008 年爆發全球金融危機，顯然是個轉捩點。雖因美國次級房貸（和房地產有關）而起，但各國普受波及，全球經濟更因此連年陷入低迷和衰退。伴隨著政府債務陡升，多數國家被迫採行財政緊縮（撙節）政策，削減福利支出，進一步加劇中下社會階層的困境。後來西方社會民粹主義興起，部分原因應和這場金融危機有關。

當新自由主義步下神壇

更重要的是，新自由主義所承諾的玫瑰花園，慢慢被發現似乎已經難以實現。特別是經濟繁榮、水漲船高之後，中下階層自然就會受益的所謂「涓滴經濟學」（trickle down economics），最先破功。就在這種氛圍之下，新自由主義開始步下神壇，而主流經濟學更是首當其衝，不少學說和主張也連帶受到質疑。

2011 年美國出現佔領華爾街運動（Occupy Wall Street），更是一個重要訊號，一方面透露出人們對公平意識的甦醒，另方面也展現出對既有國家建制（institutions）的不滿。示威群眾攜帶帳棚露宿華爾街這個全美與全球金融中心，喊出「1%的他們」（尤其是高薪董事、經理人等金融肥貓）剝削了「99%的我們」等著名口號，呼籲政府應該做點什麼，改變此一不對勁局面。

　　掌握社會絕大部分資源，隱身財富金字塔頂端的「1%問題」，從此成為談論分配議題時不可或缺的術語。後來到了皮凱提手裡，更將此一問題意識發揮到淋漓盡致。雖然《二十一世紀資本論》一書所傳達的訊息可說相當驚悚。

　　大意則如下：縱觀人類社會兩百年的歷史數據，資本主義與不平等乃相伴而生，唯有二十世紀的兩次大戰才遏止此一趨勢，效應則延續到 1979 年。在那之後，財富日益集中和所得分配惡化的現象再度出現，截至目前甚至未見緩和。換言之，1914 — 1979 年這段期間，不平等的降低只是統計上的極端值或例外！

　　以每個社會財富地位後 50% 的人口為例，他們所擁有財產的整體占比，從 1980 年代以來即持續下降，目前只剩下不到 5%。儘管已經相當微薄，這比例還在萎縮。

　　「而且此一變化不僅在美國、德國和歐洲其他國家皆可看

到，在印度、俄國和中國也不例外」，皮凱提在本書《社會主義快來吧！》的序文中如此強調。

至於解決之道，皮凱提在《二十一世紀資本論》的階段，僅提到應課「全球資本稅」，此外並無太多著墨，但也已為後來的主張埋下伏筆。這些主張分別散見於本書的各篇文章裡，最後更透過他的另一本巨著：《資本與意識形態》來集大成。

話說回來，2013 年當《二十一世紀資本論》首先在法國出版時，並沒有引起太多注意，戲謔說法是這本書在法國的政經脈絡裡尚不夠左。但在隔年英文版一經問世之後，隨即在英美各地熱賣並引起巨大迴響。不管同不同意他的數據、論述和建議，大家都在討論皮凱提。

所以皮凱提的適時出現，或許剛好成為人們心理投射的目標，集體反映出對公平的渴望或對未來的不安。在這種危疑時代，特別需要聽到堅定的聲音和主張。

還記得就在金融危機之後，強調以人為本、重視參與過程和成果分享的「包容式成長」（inclusive growth）一詞，即開始大量出現在國內外各種學說文獻和政策報告裡。

這方面談得最好的學者，首推以研究全球化知名的羅德里克（Dani Rodrik），如就學說思潮的光譜，則常被冠以「鑲嵌式自由主義」（embedded liberalism）。另一名同樣具有強烈社

會關懷的經濟學家史迪格里茲（Joseph Stiglitz），應該也同此歸類。

然而，即使具有強烈的社會關懷，鑲嵌式自由主義仍是自由主義。亞當斯密所強調的勞動分工效率（市場是組織社會的有效方式），和洛克之尊重私有財產權（財產是自由的一種形式），仍是自由主義者的主要立論基調和界線。但對馬克斯主義者而言，這兩者正是產生階級與階級對立的根源。

「現代馬克斯」？「溫和馬克斯」？

高舉自由主義大旗的倫敦《經濟學人》雜誌，就稱呼皮凱提為「現代馬克斯」（modern Marx）或「溫和馬克斯」（soft Marx）。馬克斯是史上最偉大的資本主義思考者和批判者，認為資本主義的內在矛盾（尤其是資本必然集中之後的利潤率下降與需求不足等）將導致其覆亡，是人類歷史經由衝突、辯證，往社會主義邁進，並終結於共產主義之前的過渡階段。

以前在德國唸書時，有一回拿出馬克斯和恩格斯合寫的「共產主義宣言」來朗誦，真的是氣勢磅礡，頗受震撼。有人形容那文字有如「千軍萬馬，都是討債的聲音」，一種替被壓迫者討回公道的吶喊。所以當向來下筆犀利的《經濟學人》，特別

點出封給皮凱提此一稱號絕對是恭維的時候，我毫不懷疑。

　　除了對他傑出的數據彙整能力與創意表達敬意之外，《經濟學人》也很仔細分析和認真看待他所提出的理論，雖然對他的結論和所開出的處方，期期以為不可。

　　批評和詰難當然有很多細節，也都相當精采，但關鍵無非只有一個：很多價值之間彼此競爭，並存在魚與熊掌不能得兼的抵換關係（trade-off）。平等固然重要，但並非社會的唯一甚至優先目標，尤其是不能因為一意追求平等而傷害自由。

　　如果放在比較屬於技術層次的角度來看，則是經濟效率和創新等目標也不能偏廢。更不能忽略全球化和技術變遷（如生產自動化和資通訊科技之大舉躍進）對不平等的負面影響。換言之，複雜的問題，不會只有簡單的答案，而徹底的改變始終是個幻覺。

　　不過，這種「仁智互見」或「馴化」後的傳統經濟學論調，顯然無法滿足皮凱提的胃口。經濟學，不應該只是讓舒服的人感到舒服的一門學問。

「這些人到底是有多害怕不平等？」

　　在檢視皮凱提的核心主張之前，先來聽聽看，皮凱提對自

已如何形成問題意識的說法。

　　「我對財富分配這個議題的興趣，始於 1989 年柏林圍牆倒塌前夕，然後逐漸清晰、具體。尤其是在 1992 年隨團參訪莫斯科，看到灰撲撲的街道上，幾乎每家商店都空蕩蕩，然後門口都大排長龍的景觀時，心理浮現一道疑問：這些人到底是有多害怕不平等和資本主義，不然怎會創造出如此一個怪物體制？」（《金融時報》，2015 年）

　　對皮凱提來說，「財富該如何分配比較好」此一倫理問題，從此盤據在他的心中。長期而言，甚至也會影響整體經濟效率。所以必須下定決心做點什麼，否則日益嚴峻的不平等問題，終將反噬整個社會。

　　從訪談中可以發現，至少當年的他仍宣稱，相信資本主義、私人財產權與市場。畢竟社會仍然需要眾多私營的小規模企業（相當於我們的中小企業），好創造出可觀的就業機會。而且看得出來，此君確實是個很有天分的學者。

　　另就不平等問題的根源和處方來說，皮凱提和馬克斯的看法也有很大的差別。馬克斯是個「經濟決定論者」，認為資本主義的生產型態及生產關係早已預示了社會階級兩極化。

　　皮凱提則指出，問題出在意識形態，尤其是「如何定義所有權和經濟指標」，以及「如何塑造認知或思維方式」，至關

重大。

皮凱提常提到，財富累積或價值創造有其「社會過程」，需要公共基礎建設的支持、整體社會的勞動分工，以及經由一代又一代的知識累積而來。然而人們在成功之後，往往會高估自己的能力，同時低估手邊既有的豐厚資源（尤指繼承而來）和運氣成分的角色。

亦即把個人成就，純粹歸功於自身努力與天分的這種論述，乃是皮相之言，卻有助於菁英體制（meritocracy）的維繫，並合理化不公平現狀。

近來哈佛大學哲學教授桑德爾（Michael Sandel）的《成功的反思》，以及數年前經濟學者法蘭克（Robert Frank）的《成功與運氣：菁英體制的幸運與神話》這兩本書，也都有類似觀點。

另外，針對如何解決不公平現象，皮凱提相信國家仍可扮演重要角色。這裡尤指政府干預與管制等公共政策，尚有很大的發揮空間。這和馬克斯主張唯有訴諸革命一途，才足以根本解決階級問題的強烈政治信念，迥然不同。

經濟民主化作為處方

問題是，什麼樣的經濟體系才足以降低不平等，卻又不會

過度傷害其他價值？如何能有共同體意識和集體責任，同時保有個人發展的空間和機會？這顯然沒有標準答案。不過皮凱提倒是很勇敢地倡議「參與式社會主義」，目的即在於「讓權力和財富常態流動」，根本解決財富日益集中必然引發的後遺症，甚至災難。

皮凱提認為，即使是主要歐陸國家在戰後所高舉並實踐的「社會民主」理念，仍不足夠。

社會民主的兩大支柱分別為教育平等與福利國家，雖然頗受世人稱道（政治光譜上中間偏左），但終究仍然無法阻止不平等的擴大（歐洲的不平等呈現方式另有就業／失業，以及公部門支出規模）。所以關鍵應在於「重新思考一切權力支配關係，才能達到真正的平等」。

例如：企業內部應有更好的權力分配和分享模式。這個方向一般稱之為「產業民主」，特指沒有股份的勞工代表，也得以享有企業經營的共同決定權。皮凱提的部分構想，在戰後的德國和瑞典其實已在實施。

皮凱提在本書中也特別提到，就德國的部分，上述改革得以發生的前提要件在於：「1919 年與 1949 年頒布的憲法條文，即已將財產定義為一種社會關係」。再度印證他所強調的定義和論述之重要性。

附帶一提，對社會民主體制的誕生與實踐有興趣的讀者，千萬不能錯過賈德（Tony Judt）的《歐洲戰後 60 年》與《想想 20 世紀》等書。

　　說皮凱提勇敢主要有三個理由。一個是皮凱提並不避諱使用社會主義此一字眼，毫無疑問，一定會先引來不少質疑，甚至驚嚇；另有研究指出，其實不少人根本不喜歡過分單調的平等（和別人相比較），反而更關心如何降低經濟不安和不穩定（和過去相比較）。

　　最後，以降低不平等做為核心論述架構，並作為全方位的政策評價標準，就我所知應是首見。哪怕有爭議，但極具膽識、見地和前瞻性。涵蓋稅制、環境政策、兩性平權、國家體制、全球化發展，乃至國際關係，皮凱提單憑一己信念竟能架起如此恢弘鉅構，環顧當代的學術圈，特別是在早已不重規範性思考的經濟學界，確屬異數。

　　在「參與式社會主義」的整套計畫裡，除了人人都能取得各種基本財或服務（教育、醫療、退休金、住房、環境等）之外，另有一項建議教人印象深刻。即「不考慮出身背景，提供給每個人一筆最低遺產」，也就是「全民最低資本」。如能這樣做才比較算是接近立足點平等，並讓每個人擁有真正的公平發展機會。

不過，皮凱提特別強調，不要把「最低遺產或資本」、「最低收入」當作萬靈丹。重點不在於發配金錢，而在於「使人人都能參與社會與經濟生活」。

　　至於主要財源，無非是稅率高度累進的財產稅和遺產稅，最高甚至可達 90％。如果計畫擴大，則必須考慮加入一樣高度累進的所得稅（自由派經濟學者通常比較支持消費稅）和精心設計過的碳稅等稅收。

　　如此一來，那些「父酬者」們只因繼承鉅額遺產，即能代代享有相對優勢地位的不公平現象，就可以有效獲得緩和。財產權只是暫時性的，皮凱提如此認為或安慰。

　　要做好歐姆雷（Omelet），必須先打破一些雞蛋。相傳拿破崙曾經這樣說過。讀著讀著，彷彿也已感受到來自法蘭西的浪漫。

　　這本書是皮凱提在法國《世界報》專欄文章的集結（2016 — 2020）。以學理做基礎不在話下，幾乎每篇文章都有數據和圖表支持，相當容易閱讀。而且選題豐富多樣，行文則直截了當，並處處顯露機鋒。

　　對喜歡思考大議題的人來說，這本書的內容本身，其實已經夠精彩。對想繼續探索皮凱提思想脈絡的人而言，本書更宛如是一場不容錯過的盛宴。

Vivement le socialisme !

Septembre 2020

社會主義快來吧！

2020 年 9 月

如果 1990 年時有人對我說，我會在 2020 年出版一本題為「社會主義快來吧！」的專欄合集，我一定會認為這是個爛笑話。當年 18 歲的我，前一年秋天才在收音機裡聽著共產獨裁政權垮臺、東歐「現實社會主義」崩解。1990 年 2 月，我和一群法國學生組團前往支持剛剛擺脫希奧塞古（Nicolae Ceauşescu）政權的羅馬尼亞年輕人。我們在大半夜抵達布加勒斯特機場，接著乘巴士進入被喀爾巴阡山包圍、陰沉且覆著白雪的布拉索夫（Brasov）。羅馬尼亞年輕人驕傲地向我們展示牆上的彈孔，那是「革命」的見證。1992 年 3 月，我第一次前往莫斯科，在那裡見到同樣空蕩的商店，同樣灰暗的街道。我成功讓自己成為一場名為《精神分析與社會科學》的法俄聯合研討會的工作人員，還跟著一群不太認識路的法國大學教師們參觀了列寧墓與紅場，那時紅場的俄羅斯國旗才取代蘇聯旗幟

不久。

　　生於1971年的我屬於沒有機會受到社會主義誘惑的世代，
當我們成年時，又正好目睹蘇維埃主義的徹底失敗。和許多人
一樣，1990年代的我比較傾向自由派而非社會主義，像隻驕傲
的孔雀，對自己銳利的觀察充滿信心，對年長者與所有懷念舊
時代的人抱持懷疑，也無法忍受那些硬是不肯理解市場經濟與
私有財產制才是解決之道的人。

　　只是大家都看到了：30年過後的2020年，超級資本主義
（hypercapitalisme）已經發展得太過度，而現在的我相信，我
們應該思考另一種超越資本主義的方式，一種新形式的社會主
義，它是參與式且去中心化的，具備聯邦精神以及民主主義、
環保意識、多元融混與女性主義。

　　歷史將決定「社會主義」一詞是否已徹底死亡且必須被取
代。在我看來，社會主義是救得回來的，我甚至認為在指稱一
種替代資本主義之經濟思想時，它依然是最適合的詞彙。無論
如何，我們不能僅止於「反」資本主義或新自由主義：在反的
同時，我們更需要「挺」另一樣東西，亦即需要具體指出我們
期望建立的理想經濟制度為何、我們腦中的公平社會為何，無
論最後決定賦予它何種名稱。近來很多人說當前的資本主義經
濟沒有未來，因為它加深不平等並耗盡地球資源。這個說法並

沒有錯，只是若沒有明確提出替代方案，當前的制度就會繼續運轉下去。

　　身為社會科學學者與教師，我的專長是研究不平等的歷史以及經濟發展、財富分配與政治衝突之間的關係，也因此出版了好幾本相當厚的著作[1]。我也為創建「世界不平等資料庫」（World Inequality Database）貢獻了心力，這是一個參與式的大型集體合作計畫，目標是讓全球各個社會的所得與資產不平等的變遷更加透明[2]。

　　基於上述歷史研究的啟迪，當然也基於我自己在 1990 年到 2020 年間身為一個公民兼觀察者的親身經驗，我在上一本書中嘗試提出一些「形成參與式社會主義的元素」，在本文中

1　可參見《二十世紀法國的高所得階層》（Les Hauts Revenus en France au XXe siècle，Paris：Grasset，2001）；《二十一世紀資本論》（Le Capital au XXIe siècle，Paris：Seuil，2013）〔按：中譯本為詹文碩、陳以禮譯，2014 年由衛城出版〕；《資本與意識型態》（Capital et idéologie，Paris：Seuil，2019）。更完整的書目與眾多文章、摘要與線上資料可於下列網站查詢：picketty.pse.ens.fr

2　這些資料以及針對超過一百多個國家的數千頁研究報告與文獻，全都可以在 WID.world 的網站上查閱。亦可參閱我與阿瓦列多（Facundo Alvaredo）、江瑟（Lucas Chancel）、賽斯（Emmanuel Saez）及祖克曼（Gabriel Zucman）合著的《世界不平等報告 2018》（Rapport sur les inéqualités mondiales 2018，Paris：Seuil，2018），亦可於 WID.world 網站上閱覽〔按：中譯本為劉道捷譯，2018 年由衛城出版〕。

我也將簡述其主要結論[3]。不過我必須特別指出，這些「元素」只是踏出第一步的一小部分條件，在集體構思、正反辯論、進行社會與政治實驗的龐大過程中只有微小的貢獻，而這個過程勢必需要時間，也需要我們抱持最謙遜與最堅定不移的態度，因為我們已知道過去的失敗與未來的挑戰有多麼大。

有興趣的讀者亦可在這本新書中找到一些相關思考；本書收錄所有我在 2016 年 9 月至 2020 年 7 月間於《世界報》（Le Monde）每月刊載的專欄文章，完全未經更動或改寫。新增的只有一些我在《世界報》網站部落格上刊出的圖表、參考資料和補充文字[4]。我要先說明的是，其中有的文章比較不成熟，略有重複之處，在此先請讀者見諒。這些文字充其量只是一位社會科學研究者的笨拙嘗試，想要走出象牙塔與浩瀚書頁，參與城邦的生活與時事的脈動，承受其中的風險。希望寬容的讀者們能在書中找到一些有助個人思辨與行動的線索。

3　關於這些「形成參與式社會主義的元素」更詳盡的介紹，參見托瑪．皮凱提，《資本與意識型態》，同前出處，第 17 章，頁 1111-1190。

4　參見 lemonde.fr/blog/piketty。讀者亦可在部落格裡找到這些圖表使用的資料檔連結；某些補充性資料請至 WID.world 或 piketty.pse.ens.fr 查詢。

通往平等與參與式社會主義的漫漫長路

讓我們從有些人會訝異的一個主張開始。如果從長期來看，我們已經踏上通往平等與參與式社會主義的漫漫長路了。沒有任何技術侷限能阻止我們在這條已然開啟的道路上前進，只要世界上所有人都踏出步伐。歷史告訴我們：不平等在本質上是意識型態與政治上的不平等，而非經濟或技術的不平等。

的確，在當前低靡的氣氛下，這種樂觀的看法顯得相當弔詭，不過它反映的卻是現實。長期來看，不平等現象已大為減緩，這主要歸功於 20 世紀實施的新社會政策與財稅政策。儘管有待完成的事依舊難以數算，事實卻證明，以歷史的教訓為基石，我們可以走得更遠。

讓我們檢視一下這兩個世紀以來財富集中度的變化好了。首先我們會觀察到，在整個 19 世紀乃至 20 世紀初，前 1% 最富有的群體在財產總額（亦即扣除債務後的不動產、金融及商業資產總和）之中的占比高得不可思議——這剛好也證明法國大革命所承諾的平等比較是一種抽象的承諾，而非實質的承諾，至少就財富重分配方面是如此。其次，我們會看到前 1% 最富有群體的財富占比在 20 世紀大幅減少：第一次世界大戰前夕，這個群體擁有財產總額的 55% 左右，現在的占比則接近

25%。不過各位會發現,他們的占比仍然是後 50% 較貧窮人口的 5 倍之多,因為目前後者擁有的財產幾乎不超過整體的 5%(儘管在定義上後50%的人口為前1%富有人口的50倍之多)。最精彩的部分來了:自 1980 至 1990 年代以降,這微薄的占比還在萎縮,此一變化在美國、德國與其他歐洲國家皆可看到,而在印度、俄國、中國也是如此。

摘要一下:財產的集中(亦即經濟實力的集中)在上個

法國大革命的失敗:19 世紀法國失控的財產持有不平等

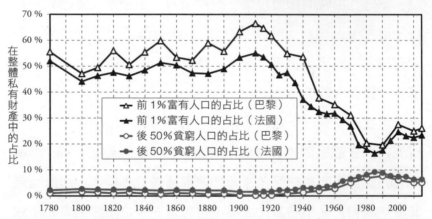

解說:在 1910 年的巴黎,前 1% 的富有人口持有私有財產總額的 67%,1810 年的占比則為 49%,1780 年為 55%。法國大革命期間略微下降,之後法國(尤其巴黎)的財產集中度在 19 世紀持續上升,直到第一次世界大戰為止。就長期來看,不平等的減少發生在兩次世界大戰(1914 至 1945 年)之後,但未發生在法國大革命之後。

資料來源與序列:見 piketty.pse.ens.fr/ideologie 與托瑪・皮凱提著,《資本與意識型態》,同前出處,頁 161。

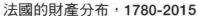
法國的財產分布，1780-2015

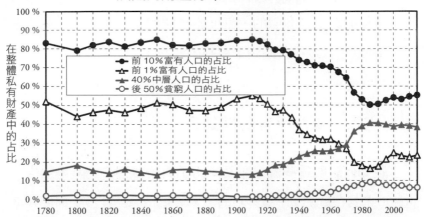

在整體私有財產中的占比

- 100 %
- 90 %
- 80 %
- 70 %
- 60 %
- 50 %
- 40 %
- 30 %
- 20 %
- 10 %
- 0 %

- ●━ 前 10％富有人口的占比
- △━ 前 1％富有人口的占比
- ▲━ 40％中層人口的占比
- ○━ 後 50％貧窮人口的占比

1780　1800　1820　1840　1860　1880　1900　1920　1940　1960　1980　2000

解説：在 1780 年代至 1910 年代間的法國，前 10％富有人口持有的財產占私有財產總額（含不動產、商業與金融資產，扣除債務）的 80 至 90％。財產由集中走向分散始於第一次世界大戰結束，於 1980 年代初中斷。此一走向主要有利於「中等資產階級」（即 40％的中層人口），本書將之定義為介於「中下階級」（後 50％的貧窮人口）與「上層階級」（前 10％的富有人口）之間的中間群體。
資料來源與序列：見 piketty.pse.ens.fr/ideologie 與托瑪・皮凱提著，《資本與意識型態》，同前出處，頁 163。

世紀明顯下降，但依然非常嚴重。財產不平等的改善主要有利於「中等資產階級」（亦即介於前 10％ 與後 50％ 群體之間的 40％ 人口），但是對後 50％ 的貧窮人口助益極少。最後，前 10％ 富人在整體財富中的占比明顯下降，由 80 至 90％ 下降到 50 至 60％ 左右（仍然很高），不過後 50％ 較貧窮人口的財富占比向來微不足道（見下附圖表）。比起持有的財產，後 50％ 人口的處境在所得方面改善較多（在歐洲，這個群體在整體所

得中的占比由不到 10% 提升至 20% 左右），雖然我們再次看到，這樣的改善是有限的，也可能再開倒車（在美國，此一占比自 1980 年代以後便降到不超過 10%）[5]。

福利國家，權利平等的推動者

該如何說明這些既複雜又彼此矛盾的變遷？尤其是過去一世紀（尤其在歐洲）所觀察到的不平等的改善，又該如何解釋？除了因兩次世界大戰而摧毀的私有財產以外，我們必須特別強調 20 世紀許多歐洲國家在法律、社會與財稅制度上實施重大改革所帶來的正面作用。

其中最關鍵的因素之一，便是 1910 至 20 年代之間以及 1980 至 90 年代之間，隨著教育與醫療投資的成長，退休年金、失能保險給付（pension d'invalidité）以及社會保險（失業保險、家庭津貼、住房補貼等）的發展，福利國家的力量越來越強大。在 1910 年代初期，西歐國家的公共支出總額僅占國民所得的

5　關於所得與財產不平等的歷史變遷的詳細探討，請參閱托瑪‧皮凱提，《資本與意識型態》，出處同前，尤其是表 4.1-4.3、5.4-5.7、10.1-10.7、11.1-11.8、13.8-13.9。上述圖表及序列資料皆可於以下網站取得：piketty.pse.ens.fr/ideologie。

10% 左右，而且這類支出很大一部分是用於和維護秩序、軍隊與殖民擴張有關之高權行為。到了 1980 至 90 年代，公共支出總額達到國民所得的 40 至 50%（之後便保持在此一水準），其支出性質主要為教育、醫療、年金及社會移轉性支付[6]。

此一變化讓歐洲國家得以在 20 世紀建立起某種基本善的近用權平等，所謂基本善包括教育、醫療以及經濟與社會安全；或者說至少在享受基本善的機會上比所有先前的社會更加平等。然而，即便受到預期壽命與求學年限延長等因素影響，各項需求持續增加，福利國家的發展卻自 1980 至 90 年代起陷入停滯，證明沒有什麼事是絕對的。以醫療衛生領域而言，最近的新型冠狀病毒（COVID-19）公衛危機讓我們苦澀地認識到醫療資源與人力不足的事實。2020 年這場流行病危機下的重大議題之一，便是富裕國家究竟會不會繼續朝向福利國家前進，而貧窮國家是否終於能夠加快朝福利國家發展的步伐[7]。

讓我們以教育投資為例。如果不分階段，20 世紀初西歐國家的公共教育支出占國民所得不到 0.5%（在美國則稍微高

6　參見前註書，托瑪・皮凱提，《資本與意識型態》，同前出處，圖表 10.14-10.15。

7　參見〈避免最糟的情形〉（Éviter le pire），2020 年 4 月 14 日〔原書按：以標題加上日期標示的參考文獻為皮凱提在 lemonde.fr/blog/piketty 上發表的專欄文章，亦收錄於本書中〕。

一些，美國當時較歐洲進步）。具體而言，這些支出是用於極度菁英主義且高門檻的教育體系：一堆人能進入人滿為患又經費不足的小學就該高興了，只有極少數的人能夠接受中等與高等教育。教育投資在 20 世紀成長為原先的 10 倍以上，於 1980 至 90 年代達到國民所得的 5 至 6%，帶來教育部門的急速膨脹。我們掌握的所有材料都顯示，此一變化在上個世紀扮演著非常重要的角色，在促進社會更加平等之同時，也讓經濟更加繁榮。

相對的，所有資料都告訴我們，即使某個年齡層接受高等教育的比例已大幅增加，過去數十年間整體教育投資的停滯已導致不平等狀況再度惡化，同時導致平均所得成長的速度減緩[8]。就教育資源的取得而言，持續未改善的嚴重社會差距同樣值得注意。這一點在美國尤其明顯，因為家長的所得會強烈左右他們進入高等教育機構的可能性（大多數為私立且需付費）。不過相同的情況也出現法國這樣的國家：我們的公共教育支出總額（不分階段）在同個年齡層中呈現極不平均的分布，例如政府分配給菁英或非菁英院校的資源便有天壤之別[9]。大體

8　後面會進一步闡述「成長」（croissance）這個概念未來應如何使用為宜。

9　參見前註書，托瑪・皮凱提，《資本與意識型態》，同前出處，圖表 0.8 與 17.1。以及〈Parcoursup：尚有進步空間〉（Parcoursup : peut mieux faire），2018 年 2 月 13 日。

而言，法國的學生人數自 2000 年代中期以來大幅成長（從不過 200 萬人成長為目前的近 300 萬人），不過政府投入的經費完全沒有跟上腳步，對一般大學以及短期的技術類院校尤其如此，以致每位學生獲得的經費大幅減少，這是一種不可小覷的人力浪費與社會耗損 [10]。

走向參與式社會主義：讓權力和財產流動

光有教育平等與福利國家並不足夠：為了達到真正的平等，我們必須重新思考一切權力關係與宰制關係。舉例來說，企業裡應該有更好的權力分配模式。

同樣的，在這方面我們也應該回到 20 世紀時運作良好的那種方式。在許多歐洲國家，尤其是德國和瑞典，工會運動與社會民主派政黨已於 20 世紀中成功建立起一種和股東分享權力的新形式，亦即所謂「共同經營」（cogestion）的制度：受雇員工中選出的代表可在大企業的經營會議（conseil d'administration）之中取得多達半數的席次，即便員工完全未持有公司資本。在此無意過度美化這套制度（在一比一的情

10　參見〈2018 年預算：被犧牲的年輕人〉（Budget 2018 : la jeunesse sacrifiée），
　　2017 年 10 月 12 日。

形下，決定權永遠在股東手上），只是單純指出關於股東的傳統思維出現了重大轉變。重要的是，這代表假如員工另外持有 10% 或 20% 的少量公司資本，或是假設某個地方自治體持有這些資本，那麼即使面對著某位持有極大量股份的股東，多數意見仍然可能倒戈。不過，這套制度當初推行時被各國股東狂罵，也經歷激烈的社會、政治與法律抗爭才得以建立[11]，事實上完全沒有損及經濟發展，而是正好相反。一切資料都顯示，提升平權程度之後，員工與企業的長期策略之間產生更深的連結。

可惜的是，到目前為止，股東的抗拒阻礙了這些規範的普及。在法國、英國與美國，幾乎所有權利都依舊掌控在股東手中[12]。值得注意的是，1980 年代前，法國的社會主義者和英國的工黨人士都偏好以國有化為路線的主軸，他們認為以替員工

---

11 特別值得一提的是，德國於 1919 年及 1949 年頒布的憲法條文將財產定義為一種涉及數種類型之關係人的社會關係，使得上述改革得以發生，假設是在法國目前的憲法之下，要實施改革恐怕會困難許多，因為法國憲法採取較保守的狹義私人財產觀念。法國人在討論關乎這些問題的憲法改革時，比較不會把焦點集中在是否進入第六共和，或者是否要成立制憲會議（但人們並不總是很清楚進行中的修憲案的本質），而是傾向找出更實質的社會經濟目標，在財產與累進稅制的問題上尤為如此。參見托瑪・皮凱提，《資本與意識型態》，出處同前，第 17 章。

12 2013 年，法國大企業的經營會議才小心翼翼的給了員工代表一席（全體為 12 席）。

爭取權力分享及投票權為核心的瑞典與德國社會民主派策略太
畏畏縮縮。後來在蘇聯共產主義垮臺後，以國有化為主軸的政
策規劃也消失無蹤，在 1990 年代與 2000 年代，法國社會主義
者與英國工黨人士幾乎已放棄所有改革財產制度的想望。十多
年前，有人重新開始討論德國—北歐式的共同經營制，而現在
正是將這些規範推行到所有國家的絕佳時機。

　　另一個重點是，改善權力分配的運動是可以持續與擴大推
動的。舉例來說，除了所有企業（包括較小型的企業）的員工
代表都應該擁有 50% 的票數，我們也可以想像在一定規模的
企業裡，在屬於股東的 50% 投票權中，單一自然人股東持有
的投票權比例不得高於一定門檻[13]。按照這套做法，在一間非
常小的公司裡，唯一的股東兼員工可以一直擁有多數票，不過
一旦公司規模大到一定程度，就必須越來越倚重集體審議[14]。

13　舉例來說，小企業（員工少於 10 人）的自然人股東或許一人可以持有至多
　　90% 的股東投票權，對較大型的企業（員工超過 100 人），此一門檻可以
　　逐漸縮減至 10%。如果股東只有一人，多餘的投票權可以加到員工的投票權
　　上。參見托瑪·皮凱提，《資本與意識型態》，出處同前，第 17 章。這套制
　　度是將已經針對新聞媒體事業提出的投票權上限規定擴大至所有事業部門。
　　參見茱莉亞·卡熱（Julia Cagé），Sauver les médias. Capitalisme, financement
　　participatif et démocratie，Paris：Seuil，« La République des idées »，2015。
14　依照前面敘述的規定，一間聘有 5 名員工的公司唯一的股東（本身也是員工
　　之一）會持有 56% 的投票權：45% 屬於股東投票權（50% 的九成），11% 屬
　　於員工投票權（55% 除以 5）。如果是在一間聘有 20 名員工的公司（唯一股

儘管十分重要，這樣的法律制度改革並不足夠。為了確保權力能真的流動，還必須借助租稅與繼承制度的力量，才能加大財產本身流動的幅度。前面已經看到：50% 較貧窮人口擁有的財產微乎其微，在全體財產中的占比自 19 世紀以來幾乎不曾改善。認為只要等到財富普遍增加，財富就會平均分布，這種想法沒什麼道理：假如真是如此，我們早該看到這樣的變化了。這就是為什麼我贊成更主動積極的解決方案，亦即讓所有人都擁有最低額度的遺產；為了讓大家比較有概念，可以想成讓 25 歲的人獲得 12 萬歐元左右的金額（相當於法國目前平均財產額的 60%）[15]。這套全民最低遺產制所需的年度支出約為國民所得的 5%，其財源可由每年的累進財產稅（課徵對象為扣除債務後的不動產、營業及金融資產）加上累進繼產稅共同支應。

　　在我看來，這套由財產稅與遺產稅支應的全民最低遺產制在公共支出總額中的占比相對有限。以下也是為了讓大家更有

東也是員工），他會持有 43% 的投票權：40% 屬於股東投票權（50% 的八成），3% 屬於員工投票權（60% 除以 20）。如果公司有 100 名員工，則這位股東持有的投票權會低於 11%：10% 屬於股東投票權，0.9% 屬於員工投票權（90% 除以 100）。當然，此處呈現的各種條件只是為了說明之便，必須再經過大量的實驗與時間考驗。

15　目前後 50% 貧窮人口的平均財產相當於整體平均財產的 10% 左右（其財產占比不到整體財產的 5%）。換言之，此處的最低遺產為後 50% 人口平均財產的 6 倍之多。我們規劃的金額（平均財產的 60%）略高於目前的財產中位數。

概念：假設討論的是理想的稅制，我們其實可以想像稅收總額相當於國民所得的一半（這個比例與現況差不多，只是稅收的分配可望更妥當，未來也可以考慮再提高），而這些稅收由幾種不同的體系組成：一部分是針對財產與遺產的累進稅制（可帶來約 5% 的國民所得並支應全民最低遺產制），另一套體系則結合了累進所得稅、社會福利提撥金（cotisation sociale）與碳稅（配合個人碳排放卡〔carte carbone individuelle〕，用來保護低收入及行為有益減碳之人，將力道集中於碳排放量最高的個人，對他們課以重稅），可帶來總額相當於國民所得 45% 左右的稅收，並支應所有其他公共支出，尤其是所有社會政策支出（教育、醫療、退休年金、社會移轉性支付、基本收入……等等）以及與環境保護有關的措施（交通基礎建設、能源轉型、更新房屋隔熱層……等等）。

在此有幾點需要進一步釐清。首先，如果環境政策背後沒有一套全面的社會主義計畫，將減少不平等、達成權力與財產的長期流動以及重新定義經濟指標設為基本目標，我們就不可能成就好的環境政策[16]。重新定義經濟指標是我非常重視的一

---

16 參見〈中間路線環保運動的幻象〉（L'illusion de l'écologie centriste），2019 年 6 月 11 日；〈邁向循環經濟〉（Pour une économie circulaire），2019 年 10 月 15 日。

點：如果我們維持原本的經濟目標不變，權力流動一點用都沒有。所以必須改變的是框架，包括個人層次、地方層次（尤其是個人碳排放卡的推行）乃至全國層次的框架。國內生產毛額應該被國民所得的概念所取代（這代表需扣除各種資本消耗，包括自然資本在內），我們的焦點應該放在分布狀況而非平均值，而那些與所得相關的指標（為建立集體的正義規範所必須）則應該輔以專門針對環境的指標（尤其是與碳排放相關者）[17]。

　　同時我要強調，全民最低遺產（也可稱為「全民基本資本」）僅占公共支出總額極小的一部分，因為我心目中的公平社會的首要基礎，就是所有人都能取得各種基本善（教育、醫療、退休金、住房、環境等等），使人人都能充分參與社會與經濟生活，而不會僅以發配金錢為已足。不過，如果人人都能取得其他各項基本善，當然包括享有基本收入[18]，此時全民最低遺產制便屬於公平社會一項附加的重要元素。具體而言，相較於一無所有（或是只有一身債務），擁有 10 萬或 20 萬歐元

17　針對全球的碳排放差距與個人高碳排量集中於美國與歐洲的現象，參見托瑪·皮凱提，《資本與意識型態》，同前出處，圖表 13.7，以及皮凱提與江瑟合著，"Carbon and Inequality: From Kyoto to Paris"，WID.world，Working Paper Series 第 2015/7 期。

18　基本收入是公平社會非常重要的一部分，前提是它必須與更大的整體制度結合，更重要的是不要把基本收入當做仙丹妙藥。參見〈基本收入還是合理薪資〉（Revenu de base ou salaire juste？），2016 年 12 月 13 日。

財產的流動與累進稅

累進財產稅（支應撥付給每位年輕成年人的基本資本）			累進所得稅（支應基本收入與福利國家、生態國家）	
平均財產的倍數	每年課徵的財產稅（實際稅率）	遺產稅（實際稅率）	平均所得的倍數	實際稅率（含社會福利提撥金及碳稅）
0.5	0.1%	5%	0.5	10%
2	1%	20%	2	40%
5	2%	50%	5	50%
10	5%	60%	10	60%
100	10%	70%	100	70%
1,000	60%	80%	1,000	80%
10,000	90%	90%	10,000	90%

解說：本書提出的稅制包含累進財產稅（含每年課徵的財產稅與遺產稅），用以支付撥給每位年輕成年人的基本資本，以及累進所得稅（社會福利提撥金及針對碳排放量課徵的累進碳稅），用以支付基本收入與福利國家、生態國家之支出（醫療、教育、退休金、失業金、能源政策等）。這套讓財產流動的制度是參與式社會主義的構成要素之一，另一項則是企業的員工代表與股東的投票權要對半均分。

注意：在此處的範例中，累進財產稅的課徵額占國民所得的5%左右（才有經費撥付相當於平均財產額60%的基本資本給25歲的人口），而累進所得稅的課徵額則占國民所得的45%左右（才能提供相當於稅後平均所得60%的基本年收入，這部分占5%的國民所得，而福利國家與生態國家的支出則占40%的國民所得）。

資料來源與資料序列：托瑪・皮凱提，《資本與意識型態》，出處同前，頁1130。

的財產會改變很多事。一無所有的時候,我們沒有選擇:不管薪水多寡、工作條件如何都要接受,或幾乎只能接受,因為無論如何都必須付房租並支撐一家生計。只要擁有了一點資產,就能擁有更多選擇:可以有餘裕拒絕某些工作機會,等待好的條件再接受,可以想像自己開公司,或是可以買房子,不再需要每個月支付房租。重新分配財產的同時,我們也有機會重新定義整套權力關係與社會宰制關係。

我也要特別說明,本書提及的稅率與數額只是為了解說之便。有些人認為我規劃對高額所得、遺產與財產課徵 80 至90% 的稅率,實在太高。這點涉及相當複雜的論辯,顯然需要審慎深入的討論。我只想提醒大家一點:20 世紀許多國家都採用類似稅率(例如 1930 到 1980 年間的美國),而我所取得的所有歷史資料告訴我,當年實施的成效非常好。尤其是這套政策完全沒有阻礙創新,正好相反:美國在 1990 至 2020 年間的人均國民所得成長率較之前數十年少了一半(亦即 80 年代雷根執政時將累進稅率砍半之後)[19]。美國在 20 世紀的繁榮(更廣泛的說,人類歷史上的經濟繁榮)是靠著教育程度的顯著提

---

19 參見托瑪・皮凱提,《資本與意識型態》,出處同前,圖表 11.13。亦請參見〈邁向循環經濟〉(Pour une économie circulaire),2019 年 10 月 15 日。

升 [20]，絕對不是靠著貧富差距的提升。依據我所取得的歷史資料，我認為理想的社會就是所有人都有數十萬歐元在手的社會，也許少數人能擁有好幾百萬，但更高額的財富（上千萬或上億元，甚至數十億元）就只能暫時持有，並且很快就會因課稅而回歸較合理、對社會也較有用的水準。

也有些人認為前述稅率與數額太謹慎保守。事實上，在本書提出的課稅與繼承制度下，出身貧寒、目前繼承不到任何遺產的年輕成年人將可獲得 12 萬歐元，而目前可繼承 100 萬歐元的富裕青年則會得到 60 萬歐元 [21]。也就是說，我們離完全的機遇（chance）與機會（opportunité）平等還很遠；機遇與機會平等這項理論原則經常有人主張，卻很少貫徹執行。在我看來，我們可以、也期盼走得更遠。

無論如何，本書列出的稅率與數額不過是做為解說之用，是我們對未來期望建立的理想制度練習思考與討論時的部分成果，而非預先設定要採取的漸進式策略，那是不同社會可以依據特定歷史與政治脈絡去選擇的。舉例來說，在法國當前的脈絡下，大家也許會認為第一要務是實施新版的富人稅（impôt

---

20　在 1950 年代的美國，一個年齡層中接受過中等教育的人口為 90%，相較之下，在當時的西歐與日本僅有 20 至 30% 左右。

21　經遺產稅與全民基本遺產撥付金計算後的結果。

sur la fortune，ISF），其重點在由政府提供財產試算，稽查也將比過去嚴格許多，實施之後，不動產稅（taxe foncière）則可能隨之減少；不動產稅是一種特別重且不公平的財產稅，對所有為了取得第一筆房地產而負債的家庭來說尤其如此[22]。

社會聯邦主義：走向另一種全球化構造

讓我們再清楚地說一次：我們完全可以透過改變某個國家內部的法律、財稅與社會安全制度，逐漸朝參與式社會主義邁進，毋需等待全世界意見一致。而且福利國家的建立與不平等的改善也是如此在 20 世紀達成的。現在各國也可以一個接一個重新朝教育平等與福利國家進發。德國或瑞典並未等到歐盟或聯合國許可才實施共同經營制，其他國家也可以從現在開始採取一樣的行動。在 2017 年廢除之前，法國的富人稅稅收飛快成長，證明越來越多稅金出逃者（exil fiscal）的論點無非是一種迷思，也讓我們更確定可以考慮盡快實施新版的富人稅。

由此看來，顯然我們可以走得更遠、更快，採取一種國際

---

22 參見〈廢除富人稅：一個歷史的錯誤〉（Suppression de l'ISF : une faute historique），2017 年 10 月 10 日；〈「黃背心」與租稅正義〉（"Gilets jaunes" et justice fiscale），2018 年 12 月 11 日。

主義的觀點，並嘗試在更好的基礎上重新建立國際體系。大體而言，為了再給國際主義一次機會，必須放下過去數十年來引領全球化發展的絕對自由貿易之意識型態，建立另一套經濟體系，一個以明確且可檢證的經濟、租稅與環境正義之原則為基礎的發展模型。重點在於，這個模型就其終極目標而言必須採取國際主義，在運作方式上則以主權國家為中心，亦即每個國家、每個政治共同體都應該可以決定和其他國家交易的條件，毋需先得到貿易夥伴一致同意。最大的困難在於這種以普世主義為鵠的的主權主義，有時很難與眼下大行其道的國族主義式主權主義區分開來。

在此，我想再次強調如何區分這兩種不同的思維，我認為這會是未來的一項核心議題[23]。其中特別值得提出的是，在考慮對造成社會傾銷、財稅傾銷與氣候傾銷的國家可能實施何種單邊制裁之前（這些制裁無論如何都必須是可逆且能提高動機的），最關鍵的是向其他國家提出一套建立在社會正義、改善不平等、保護地球等普世價值之上的合作模式。具體而言，

23 參見〈重塑國際主義〉（Reconstruire l'internationalisme），2020 年 7 月 14 日。我在其他數篇文章中再度討論這些問題：〈邁向另一種全球化〉（Pour une autre mondialisation），2016 年 11 月 15 日；〈歐盟與階級對立〉（L'Europe et le clivage de classe），2019 年 5 月 14 日；〈社會聯邦主義 vs. 國族自由主義〉（Social-Fédéralisme contre national-libéralisme），2020 年 2 月 11 日。

我們需要明確指出什麼樣的跨國議會可以負責管理全球的公共財（氣候、醫學研究等）以及財稅與氣候正義之共同措施（對大企業利潤、高額所得及資產、高碳排量課徵的共同稅）。這對歐盟來說特別有意義，因為歐盟亟需擺脫全體同意的規則以及各種閉門會議。〈歐盟民主化宣言〉（Manifeste pour la démocratisation de l'Europe）（www.tdem.eu）所包含的各項提案有助我們朝此一方向前進，而 2019 年創立的法德議事大會（Assemblée parlementaire franco-allemande）（可惜不具實權）證明我們完全可以由一些國家組成的次級團體來建立新制度，而不需要等到其他國家一致同意[24]。

在歐盟以外，這些關於社會聯邦主義的討論也帶來更廣泛的影響。例如西非國家正在試著重新定義他們的共同貨幣，並嘗試徹底擺脫殖民國家的監管。藉這個機會，西非貨幣將可為投資兒少事務及基礎建設為主的發展計畫提供助力（而不再只是為資本流動與富人階層服務）。不過歐洲視角很容易讓我們忘記，西非經濟貨幣聯盟（UEMOA）從好幾個層面來說都

---

24 參見〈歐盟民主化宣言〉（Manifeste pour la démocratisation de l'Europe），2018 年 12 月 10 日；〈法德議會，歐洲租稅正義的一次獨特契機〉（L'Assemblée parlementaire franco-allemande, une opportunité unique pour la justice fiscale en Europe），2020 年 2 月 21 日。

比歐元圈更先進。舉例來說，西非經濟貨幣聯盟 2008 年便已頒布一項指令，對營利事業所得稅制定共同的基數，並要求每個國家都要採用 25 至 30% 的稅率，這是歐盟至今仍無法做出的決定。更廣泛的說，過去十年間全球施行的新貨幣政策讓我們不得不重新思索貨幣手段與財稅手段之間的新平衡，而重新思索的同時，一種比較性、歷史性且跨國的視角同樣至關重要 [25]。

朝向具備女性主義、多元融混與普世主義的社會主義

我所謂的「參與式社會主義」建立在幾個支柱之上：教育平等與福利國家；權力與財產的常態流動；社會聯邦主義與永續且公平的全球化發展。依據這其中的每一點，對於 20 世紀實驗過的各種社會主義及社會民主主義形式，我們必須毫不妥協的評價其不足之處。

我們也必須特別強調，在上個世紀許多社會主義與社會民主主義實踐過程所遭遇的眾多限制之中，有關家父長制與後殖

---

25 參見〈印鈔票救得了我們嗎？〉（La création monétaire va-t-elle nous sauver ?），2019 年 7 月 9 日；〈綠色貨幣時代〉（Le temps de la monnaie verte），2020 年 5 月 12 日。

民主義的議題太少得到關注。重點在於，這些不同的問題不能一個一個分開來單獨考慮。這些問題應該被放在一個全面性的社會主義計畫之下考慮，而此一計畫要以社會、經濟與政治權利的實質平等為基礎。

由古至今，每一個人類社會都是家父長制社會，儘管形式有所不同。直到 20 世紀初為止，歷來所有出現過的非平等主義意識形態裡，男性宰制都扮演著核心且明確的角色，不論是三級社會[26]、絕對私有財產制（propriétarisme）還是殖民主義的意識型態。在 20 世紀，宰制機制變得更加精緻（但切身程度一樣高）：權利的形式平等一點一滴被建立起來，然而家庭主婦做為社會成就的意識型態也蔚為流行，尤其在「光輝的三十年」[27]。在 1970 年代初期的法國，將近 80% 的受薪人口是由男性組成[28]。從這件事亦可看出，經濟指標與指標的政治意義是相當重要的問題。我們太常僅止於指出，「以同一職位而

---

26 譯註：原文為"idéologie ternaire"，應是指所有社會成員依其社會功能區分為三大類型的意識型態。三個類型即是神職人員（clergé）、貴族（noblesse）與第三階級（tiers état）。

27 譯註：「光輝的三十年」（Les trente glorieuses）意指法國與其他工業大國在二次大戰結束後到 1973 年石油危機爆發之前經歷的高度經濟成長期。此語出自法國經濟學家佛拉斯提（Jean Fourastié）1979 年出版的著作《光輝的三十年：1946 年至 1975 年的隱形革命》（Les Trente Glorieuses, ou la révolution invisible de 1946 à 1975）。

28 參見托瑪·皮凱提，《資本與意識型態》，同前出處，第 13 章。

言」，女性與男性的薪資差距為 15% 或 20%。真正的問題在於女性無法取得和男性一樣的職位。在職涯的終點，平均薪資的差距（此差距將延續到整個退休生涯，還不包括職涯中斷的情形）事實上是 64%。如果研究兩性獲得高薪職位的狀況，則會發現事情改變的速度非常緩慢：依照現在的速度，必須等到 2102 年才能達到兩性平等[29]。

為了加快運動的腳步，真正擺脫家父長制，不論是對企業、政府、大學或是政治集會裡的主管職位，我們一定要制定強制性、可檢驗、附罰則的措施。近來的研究指出，女性比例的提高可以帶動弱勢族群比例的改善，而這些社會弱勢族群目前在各種政治集會中幾乎看不見。換言之，兩性平等應該和社會平等同步前進。

同樣的，性別歧視的問題應該和民族／種族歧視的消弭放在一起思考，尤其在就業機會方面。要達到這個目標，也必須讓集體或個別人民奪回他們在殖民史與後殖民史中應有的地位。近來看到不同族裔的抗議人士痛斥許多歐美城市中依然裝飾著販奴者的雕像，有些人會感到大惑不解，然而了解這段共同歷史的意義是至關重要的。

---

29 參見《男女薪資不平等：19% 或 64%》（Inégalités salariales hommes-femmes : 19% ou 64% ?），2016 年 11 月 7 日。

在法國，太多人不曉得海地在 1825 年到 1950 年之間必須償還法國政府一筆為數不小的債務，只為了有權自由生活，並用這筆錢提供奴隸主一筆補償金（根據那個年代的觀念，他們的財產被強奪了）。現在海地向法國主張返還這筆不公不義的貢金，我們很難說他們沒有道理，也很難繼續無限期延宕不去討論這個問題，何況我們到今天還在設法復原兩次大戰期間所造成的掠奪。從更大的層面來看，我們常寧願忘記法國人和英國人廢除奴隸制時總會同時給奴隸主一筆賠償金，卻從來不會給奴隸本人。在美國內戰末期，曾經提過要給過去的奴隸一筆補償（有名的一頭驢和 40 英畝土地），但他們從來沒拿到任何東西，1865 年沒有，一個世紀過後的 1965 年，當合法種族隔離終結時，他們也沒有拿到任何東西。不過在 1988 年，二戰時被不當監禁的日裔美國人獲得一筆 2 萬美元的賠償金。如果現在對種族隔離時期受害的非裔美國人支付同樣性質的賠償金，將是具有高度象徵價值之舉[30]。

　　儘管如此，關於修復的論辯一定要從普世主義的觀點出發，而為了讓人們對審議規範及共享的正義規範產生信心，這樣複雜且理應進行的論辯是不可或缺的。為了修復種族主義與

---

30 參見《對抗種族主義，修復歷史》（Affronter le racisme, réparer l'histoire），2020 年 6 月 16 日。

殖民主義對社會的傷害，我們不能只從無限循環的代間補償出發去思考問題。更重要的是必須看向未來並改變經濟體系，讓它能以降低不平等為基礎，並提供所有人平等的就學、就業與擁有財產的機會，包含不考慮出身背景，提供所有人一筆最低遺產；除了這筆錢之外還可能會有賠償金，如同日裔美國人曾經獲得而非裔美國人理應獲得的那一種。這兩種觀點，修復的觀點與普世權利的觀點，應該是相輔相成而非相互對立的。

在國際層次上也一樣。進行關於修復的合理討論，好比海地應獲得的相關補償時，也有必要同時思考一套新的、全民適用的跨國移轉金制度。尤其遇上當前這場流行病危機，也許正可以讓我們思考是否應該讓全世界每一個人都有一筆最低健康與教育金，而每個國家都有權可以從全球最富有的經濟主體——好比大企業或擁有高額所得或資產的家庭——所繳納的稅金中取得一部分稅收做為財源。他們的榮華富貴終歸仰賴於某種全球性經濟體系——一部分也仰賴於數世紀以來對地球人力及自然資源無節制的剝削。所以我們現在需要實施全球性的調控，以確保這樣的榮華富貴在社會面及生態面上都是可接受的[31]。

---

31 參見〈避免最糟的情形〉（Éviter le pire），2020 年 4 月 14 日。亦可參閱 Simon Reid-Henry，"Global Public Investment: Redesigning International Public

最後，讓我強調一項事實，我所謂的「參與式社會主義」不是由上而下的：等新的無產階級先鋒前來施行他們找到的解方，那是無用的。我們提出這些措施的目的是為了開啟論辯，絕不是為劃下句點。真正的改變不會到來，除非公民能重新掌握社會經濟議題與各種指標，從而組織集體審議。期盼我寫下的這些文字與以下的篇章能對此有所貢獻。

Finance for Social Cohesion"，London：Queen Mary，2020 年。

邁向另一種全球化

Pour une autre mondialisation

2016-2017

希拉蕊、蘋果與我們

Hilary, Apple et nous

2016 年 9 月 13 日

再過不到兩個月，美國即將選出新總統。如果唐諾・川普（Donald Trump）勝選，對他的國家來說可能是個災難，不過對世界其他國家而言也是如此。種族主義、粗俗、滿腦子都是自己和自己的財富，川普集美國最糟糕的特質於一身。而希拉蕊・柯林頓（Hillary Clinton）如此難以與他拉開民調差距的事實，是我們每一個人都應該思考的問題。

川普的策略很典型：他向遭受全球化打擊的白人小老百姓解釋，他們的敵人是黑人小老百姓，是移民、墨西哥人、穆斯林，如果偉大的白人億萬富翁把這些人趕走，一切就會變好。他激化種族與認同的衝突，以避免可能使他成為箭靶的階級衝突。種族對立的巨大力量在美國歷史上始終扮演著核心的角色，美國的福利國家與社會連帶精神（solidarité）之所以薄弱，極大部分也可歸因於此。川普只想把這套策略推到極致，不過

他還加進了幾個重要的新成分。首先他倚仗一種意識型態，亦即有錢人的財富是應得的，市場與私有財產是神聖的，過去數十年間這種觀念在美國達到前所未有的高峰。其次，這種政治衝突結構現在有擴散到世界各地的趨勢，尤其在歐洲。幾乎在每個地方，我們都會在中下層選民身上看到一種混合了仇外傾向與認命接受全球化資本主義法則的態度。既然不能奢望金融與跨國集團的管制出現什麼了不起的突破，我們就攻擊移民和外國人吧！這樣就算不能帶來太多好處，至少不會那麼痛苦。許多投給川普或勒朋（Le Pen）的選民內心深處的信念很簡單：責怪移民比責怪金融資本主義或是想像另一種經濟體系要簡單得多。

面對這樣的致命威脅，左派與中間派的反應顯得搖擺不定。他們有時和主流的認同修辭站在一起（例如很可悲的，今年夏天布基尼〔burkini〕在法國引起風波，而火上加油的是自詡進步派的總理），或者更常見的是任由中下階層自生自滅，因為他們投錯人、不愛投票而且對他們的競選經費貢獻較少（要有動力前進，沒什麼比得上幾個有錢的捐助者！）。因此左派和中間派政黨才不得不同樣開始宣揚市場教，讓自己和民粹主義右派的主要差異落在捍衛種族平等與文化平等——至少形式上捍衛，這算不錯了。這讓他們可以保住少數族群與移民

的選票，卻失去眾多土生土長的中下階層人口的支持，因此他們的退縮越來越明顯，傾向保護全球市場上條件較好、獲得較多好處的群體。

　　挑戰如此巨大，而沒有人握有解套的魔法。要在一個交織著種種對立的大型政治社群中試圖維繫團結互助的精神，並不是件容易的事。美國的希拉蕊在 2008 年曾推出一套社會進步政策，就某些面向而言比歐巴馬更有企圖心，好比全民健康保險。如今，由於人們對柯林頓王朝的厭倦、她從高盛集團（Goldman Sachs）獲取的酬謝、她與丈夫金主的往來，希拉蕊顯得越來越像是建制派的候選人。現在她必須從桑德斯（Bernie Sanders）獲得的選票中學到教訓，並向中下階層的選民證明她才是最能改善他們處境的人。為此，她應該就最低薪資、公共教育及租稅正義提出相關政見。幾位民主黨高層也催促她對跨國企業及頂層富豪提出有力的課稅方案。例如希拉蕊可以舉出歐盟最近要求蘋果為愛爾蘭境內營收納稅的決定，藉此對抗美國國庫與金融界的保守立場（金融界只盼跨國企業的利潤匯回國內後可以免稅）。最好的做法應該是建議歐盟針對歐美跨國企業的營收制定一定程度 —— 至少 25% 或 30% —— 的基本稅率。如此一來才能迫使歐洲各國適用共同的營業稅率（最近的決定只要求適用 12.5% 的愛爾蘭稅率，這實在太低了，而且又

一次將整個歐洲置於競爭法的法官手中）。這套論述可以證明她確實有心改變其全球化取徑。

　　畢竟像蘋果這類企業雖然的確為全世界帶來可觀的創新發明，但追根究柢，若不是過去數十年來的公開研究與集體打造的基礎建設，不會有這些商業巨頭的崛起，而且他們還享有比美國或歐洲中小企業低廉的稅率（如果蘋果和同類企業的老闆主張事實並非如此，不妨公開帳目細節）。這一團複雜的事態需要獲得解釋，而這必須靠資訊透明與政治勇氣才能做到。現在正是希拉蕊・柯林頓親為表率的時候。

國際貨幣基金組織、不平等與
經濟學研究

Le FMI, les inégalités et la recherche économique
2016 年 9 月 20 日

　　國際貨幣基金組織（法文簡稱 FMI，英文簡稱 IMF）數週前發表一份研究報告，對我在《二十一世紀資本論》中描述的不平等機制提出質疑[1]。

　　我必須說清楚：我很高興自己的著作能引發對不平等的公共討論，而且每個參與討論的意見都值得重視！話雖如此，國際貨幣基金組織的研究在我看來相對薄弱，也不太有說服力，我想在此簡短說明理由。嚴格來說，我已經在我的書（可惜書

---

[1]　托瑪・皮凱提，《資本與意識型態》，同前出處。可參閱 Marie Charrel，"Une étude du FMI conteste les théoreis de Thomas Piketty sur les inégalités"，世界報（Le Monde），2016 年 8 月 11 日，以及 IMF 的完整研究報告，Carlos Góes，"Testing Thomas Piketty's Hypothesis on the Drivers of Income Inequality: Evidence from Panel VARs with Heterogeneous Dynamics"，IMF Woking Paper，2016 年。

非常厚！）以及幾篇較短也較新的文章[2]中回答過類似的論點，不過這場論辯不斷延續是很正常的，何況它涉及的問題如此複雜又如此具有爭議性。

讓我摘要一下：國際貨幣基金組織的論文想證明貧富差距與 r-g 差距之間沒有系統性的關連，而 r-g 差距就是資本報酬率（r）與經濟成長率（g）之間的落差。為此，這篇論文用了某些國家在 1980 到 2012 年間貧富差距的量化值，以及同一批國家同一時期 r-g 差距的量化值，然後試圖判斷兩個變數之間是否存在統計上的關係。從技術面來說，他們在貧富差距與 r-g 差距的量化值之間進行統計迴歸分析。進行這種迴歸分析的想法本身並不荒謬——不過前提是取得的資料要恰當。問題就在於，不論是貧富差距這一端或 r-g 差距這一端，國際貨幣基金組織用來進行迴歸分析的兩端資料完全不適配，導致我幾乎無法了解他們究竟得出了什麼有用的結果。

2　參考資料如：托瑪・皮凱提，"About *Capital in the Twenty-First Century*"，American Economic Review，vol. 105，No. 5，2015 年，頁 48-53；同作者，"Putting Distribution Back at the Center of Economics: Reflections on Capital in the Twenty-First Century"，Journal of Economic Perspectives，vol. 29，No. 1，2015 年，頁 67-88；同作者，"Vers une économie politique et historique. Réflexions sur le capital au XXIe siècle"，Annales. Histoire, sciences sociales，vol. 70，No. 1，2015 年，頁 125-138。其他文章可於以下網址取得：http://piketty.pse.ens.fr/fr/articles-de-press/97

讓我們從不平等的量化值開始。這裡的第一個問題是，國際貨幣基金組織使用的是所得不平等的量化值，而不是財產不平等。這造成一個巨大的難題，因為所得不平等主要取決於勞務所得（亦即取決於薪資及非薪資性質的執業所得，這些占所得的絕大部分，遠高於股利、利息、房租及其他資本所得；兩者確實的比例隨時間與國家有所不同，但就國際貨幣基金組織研究的國家與時期而言，基本上都會落在七比三左右）。而勞務所得的光譜又取決於各種影響勞動市場運作的機制（教育培訓機會不平等、技術變遷與國際競爭、工會角色與最低薪資變化、企業治理與領導階層薪資訂價規則……等等），與 r-g 的差距則毫無關連（r-g 差距只和資本所得的變動及其分布有關）。

　　如同我在書中[3]以及前面引用的文章中所做的分析，要解釋為何 1980 年代之後眾多國家出現所得的不平等，尤其是美國，上述影響勞動市場運作的各種機制就是最主要的因素。導致勞務所得不平等惡化的各項因素之中，何種作用較強，關於這個問題存在著合理的意見分歧。例如我著重的是不同國家之間制

3　參見托瑪・皮凱提，《二十一世紀資本論》，出處同前，請特別參閱第 7 至 9 章。

度與政治差異的影響[4]，而其他學者更關心技術變遷與國際競爭的影響（我並不否認，但這不能解釋為何美國與英國的不平等惡化得如此快速，遠超過德國、瑞典、法國或日本）。無論如何，這些機制和資本報酬率（r）與經濟成長率（g）的差距一點關係都沒有。在上述前提下，把一個綜合性的所得不平等量化值（亦即主要取決於勞務所得不平等）和 r-g 差距拿來做迴歸分析，這根本沒有意義。

如果當初用的是財產不平等的量化值就會比較合理。如此即可估算，在給定的勞務所得不平等程度之下，且其他因素相同時，較高的 r-g 差距對財產散布的放大效應如何。事實上，如同我在書中所指出[5]，現有的歷史資料證明——可惜的是，在漫長時間軸上，這段時期的歷史資料只涉及寥寥幾個國家（法、英、美、瑞典），這對於國際貨幣基金組織要做的迴歸分析類型來說非常不足——要解釋為何所有國家在 19 世紀到一次大戰前都出現財富高度集中的歷史現象，援引此一放大作用的機制是必要的。直覺上，較高的資本報酬（且極少因課稅、通貨

4　針對教育機會不平等、最低薪資、領導階層薪資，以及累進稅制對上述事項的影響，參見皮凱提、賽斯、絲坦契娃（Stefanie Stantcheva）合著，"Optimal Taxation of Top Labor Incomes: A Tale of Three Elasticities"，American Economic Journal: Economic Policy，vol. 6，No. 1，2014，頁 230-271。

5　參見托瑪‧皮凱提，《二十一世紀資本論》，出處同前，尤其是第 10 至 12 章。

膨脹或資產損毀而削減，19 世紀至 1914 年以前即是如此）與較低的經濟成長率會使舊有的財產不平等擴大與延續[6]。我們和波斯特—維奈（Gilles Postel-Vinay）、羅森塔爾（Jean-Laurent Rosenthal）一起從法國大革命時期至今的繼承登記檔案中收集到的法國個人繼承資料同樣證明放大機制的重要性，尤其是有助於說明不同時代財富組成的歷史變化[7]。這些都不表示 r-g 差距是唯一作用的機制：不平等的歷史很複雜，涉及很多面向，而我們還在持續研究中。但即使退萬步言，這也告訴我們財產不平等的放大機制是接下來應該思考的課題之一，但前提是要好好花時間檢查資料的適配性。

事實上，如果要更深入，就必須持續努力收集與所得及財產有關的資料，並仔細區分不同機制，包括關於勞動、教育水準及薪資構成的不平等機制，以及關於資本、擁有財產的機會及財產報酬的不平等機制。這兩組機制彼此相關，但各有特

6 關於給定的勞務所得不平等程度，一個正式的模型及詳細說明此一想法的模擬（simulation）可見於皮凱提與祖克曼著，"Wealth and Inheritance in the Long Run"，收於艾金森與博吉農（François Bourguignon）編，Handbook of Income Distribution，Vol. 2B，Amsterdam：Elsevier，2015，頁 1303-1368。

7 主要參閱皮凱提、波斯特—維奈、羅森塔爾合著，"Wealth Concentration in a Developing Economy: Paris and France, 1807-1994"，American Economic Review，Vol. 96，No. 1，2006，頁 236-256；同前作者，"Inherited vs Self-made Wealth: Theory & Evidence from a Rentier Society (Paris, 1872-1927)"，Exploration in Economic History，Vol. 52，No. C，2014，頁 21-40。

殊的運作邏輯。這正是我們長期以來在全球財富與所得資料庫（World Wealth and Income Database，簡稱 WID.world）[8]計畫下致力進行的工作；這是一個前所未見的資料庫，是將近 15 年前我們和阿瓦列多、艾金森（Tony Atkinson）、賽斯、祖克曼等同仁一起建立起來的，現在團隊裡則有超過 90 位學者，來自全世界將近 70 個國家。從這個角度來看，《二十一世紀資本論》出版後引發的種種辯論（這本書大幅仰賴上述資料庫），其中最有益的效應之一，便是我們現在可以取得許多國家的稅務及財務檔案，尤其是亞洲、非洲和拉丁美洲國家，而過去我們是無法使用這些檔案的。我們會慢慢將所有新產出的資料放上網路，並附上建立資料過程中的所有技術細節。

與其一開始就埋頭拼命做基礎有問題的迴歸分析，又一股腦捍衛過時的意識型態觀點，國際貨幣基金組織的經濟學家不妨考慮花更多時間加入推動金融資訊透明化的行列，一起收集更優質的不平等數據。

國際貨幣基金組織報告中的第二個問題，亦即他們衡量 r-g 差距的方法，和第一個問題至少在嚴重度上不相上下。這是因為國際貨幣基金組織用了一些關於主權基金利率的量化結果來

8　http://www.wid.world

估算資本報酬率（r）。麻煩的是，大型投資組合和巨額資產並非配置在國庫債券上（和國際貨幣基金組織的設想似乎正好相反）。正如我在書中所說[9]，我們無法說明過去數十年間全球高額資產為何出現爆炸性成長，除非把不同水準的資產所獲報酬大相逕庭的事實納入考量。換言之，一個甲類儲蓄帳戶（livret A）的存戶和一個擁有股票及衍生性金融商品組成的巨額投資組合的人，他們獲得的資本報酬率（r）是不同的。如果選擇徹底忽視這項事實，我們就很難看出資本報酬如何影響財產不平等的變動。

事實上，如果檢視取得的全球財富排名資料（這些資料固然不完美，但相較於源自主動申報資料的官方調查結果，可以讓我們財富分布的上層人口有更貼近現實的理解），會發現從 1980 年以來，全世界最高額的財產以每年 6 至 7% 的速度成長中，相較之下，平均財產額的成長率不過 2.1%，平均所得則是 1.4%：

上述變化本身是多重複雜現象的產物。不只科技新貴與創新發明家扮演了一定角色，還包括自然資源私有化的浪潮（石油或天然氣礦藏並不是俄國億萬富豪發明的：他們只是成為所

9　托瑪‧皮凱提，《二十一世紀資本論》，出處同前，請特別參閱第 12 章。

全球最高額財產的成長率，1987-2013

每年平均實質成長率 （扣除通貨膨脹率後）	期間：1987 年— 2013 年
前一億分之一最富有的人口 （約為 1980 年代 30 億人口中的 30 名成年人，2010 年代 45 億人口中的 45 人）	6.8%
前兩千萬分之一最富有的人口 （約為 1980 年代約為 30 億人口中的 150 名成年人，2010 年代 45 億人口中的 225 人）	6.4%
全球每名成年人的平均財產	2.1%
全球每名成年人的平均所得	1.4%
全球成年人口	1.9%
全球生產總額	3.3%

解說：自 1987 年至 2013 年，全球最高額財產的年成長率為 6 至 7％，全球平均財產額的年成長率為 2.1％，全球平均所得年成長率則是 1.4％。這些成長率都已扣除通貨膨脹（1987 年至 2013 年間為每年 2.3％）。

資料來源：參見 piketty.pse.ens.fr/capital21c。托瑪‧皮凱提，《二十一世紀資本論》，出處同前，頁 693。

有人然後多角投資而已）與前公營壟斷事業（例如電信業便經常以低價轉讓給大享其利的受讓人，墨西哥的卡洛斯‧史林〔Carlos Slim〕即為一例，其他不少國家也是如此）。我們同樣注意到，一旦財富多到一定程度以上，資產額自然而然會以高於平均的速率成長，且與資產來源無關。

檢視美國大型大學校務基金所生報酬的相關資料後，我們

得出的結論是相同的（這些資料至少對外公開，個人資產組合就不是如此）。我們發現報酬非常之高（1980 至 2010 年間平均每年報酬率為 8.2%，此為扣除所有管理費用與通貨膨脹之後），而且基金規模會導致巨大落差（從最小規模的 6% 報酬率到最大規模的 10% 以上）。

換言之，美國大學的校務基金長期以來都未投資於國庫債券：我們取得的詳細資料顯示，這些高額報酬反而是投資極高風險又複雜的資產所生（股票與原物料的衍生商品、上櫃公司等），這是小型投資組合做不到的。很可惜我們無法針對個人

美國大學校務基金之報酬，1980-2010

每年平均實質報酬率 （扣除管理費用與通貨膨脹之後）	期間：1980 年— 2010 年
所有大學合計（850 間）	8.2%
僅取哈佛—耶魯—普林斯頓	10.2%
其中基金超過 10 億美元者（60 間）	8.8%
其中基金介於 5 至 10 億美元者（66 間）	7.8%
其中基金介於 1 至 5 億美元者（226 間）	7.1%
其中基金低於 1 億美元者（498 間）	6.2%

解說：在 1980 至 2010 年間，美國大學由校務基金獲得的平均實質報酬率為 8.2%，且初始資本高的學校獲得的報酬率更高。表格中的報酬已扣除一切管理費用，並扣除通貨膨脹之影響（1980 至 2010 年間為每年 2.4%）。
資料來源：參見 piketty.pse.ens.fr/capital21c。托瑪・皮凱提，《資本與意識型態》，同前出處，頁 716。

投資組合取得同樣詳細的資料，但已足以想像同一種效應的存在（也許較不極端）。無論如何，我認為要研究資產變遷過程中 r-g 差距造成的不平等效應，卻徹底忽視每個人獲得的報酬率會有上述落差，並將主權債務的利率應用於每個人身上，這是不夠嚴謹的。

最後一點：我必須特別說明，在民主討論中產生這類爭議是非常自然且健康的。有些人希望經濟問題的「專家」彼此能趨於一致，社會大眾才能從中獲得定論[10]。我能理解這種觀點，但同時也認為這是不切實際的。社會科學研究——無論某些人怎麼說，經濟學不能與之分割。還在起步階段且不完美，也永遠會是如此。它的職責不在於生產百分之百的確定。放諸四海皆準的經濟法則不存在：存在的只有各式各樣的歷史經驗與有缺陷的資料，人們必須耐心加以審視，才能從中得出一些暫時且不確定的教訓。人人都應該充分掌握這些問題與材料，生成自己的意見，而不要隨便被某某權威的論述動搖。

10　舉例來說，Marie Charrel 就持此一觀點，見"Une étude du FMI conteste les théoreis de Thomas Piketty sur les inégalités"，出處同前。

法國右派與歐盟預算準則

La droite française et les critères budgétaires européens

2016 年 10 月 18 日

　　有些人好奇法國人為何顯得鬱鬱寡歡。答案很簡單：由於政府犯的錯誤，歐元區國家剛經歷二次大戰以後最長的一段經濟停滯期。歐元區的經濟活動勉強在 2017 年回到了 2007 年的水準，但區域與社會階層間存在巨大落差，最後爆發年輕人與底層人口就業不足的問題。與此同時，全球其他國家持續成長：中國自是不在話下，但美國也是，做為 2008 年金融危機的起點，美國懂得拿出更寬的預算彈性來重振經濟。法國 2007 年底的失業人口只有就業人口的 7%，而 2016 年底的失業率是 10% 左右，增加幅度近 50%。和我們太常從巴黎、布魯塞爾和柏林決策圈聽到的說法不同，這麼大幅度的提高和勞動市場突然降低彈性或公車路線民營化程度不夠沒有任何關係。我的意思不是說討論這些大家琅琅上口、旨在提高彈性與競爭的結構性改革毫無意義（即便討論方向常常不正確）。我只是要表達，如果能夠先承認 2008

年爆發失業潮的主因是撙節政策，或更精確的說，是因為太急於消除預算赤字，才導致歐元區經濟在 2011 到 2013 年間再度急凍，至今欲振乏力，這些討論會順利得多。事實無可置疑，只要我們靜下心來審視[1]。到了這個時候，當年參與決策的政治領袖們——不論右派或左派、法國或德國——應該對那段期間做出共同的診斷，更重要的是願意從中提取可供未來借鏡的教訓。

從這個角度來看，右派初選的各候選人——勝出者極可能贏得 2017 年春天的總統與國會大選——似乎都不急於把重心放在減少赤字上，應該是件好消息。不過有兩項但書。首先，因此騰出的些許預算空間必須用於保護最脆弱的群體並為未來投資，而非用來送禮物給最富裕的人（廢除富人稅、大幅減輕遺產稅和高額所得稅）。右派候選人選擇忽視最弱勢的人，加惠最富有的人，這是不合時宜的行為。他們還打算把一條路獻給國民陣線（Front National）；國民陣線可望靠著在財稅政策上捍衛底層法國人而取得優勢，然而他們在身分認同與排外的陣營中也站在第一排。關於減稅的問題，第一要務應該是為首度購買房地的人減輕不動產稅，以及從結構上減輕勞務所得需支付的提撥金，以此取代「企業競爭力與就業振興租稅減免措

1　參見托瑪・皮凱提，〈2007-2015：漫長的衰退〉（2007-2015 : une si longue récession），piketty.blog.lemonde.fr，2016 年 1 月 8 日。

施」（crédit d'impôt pour la compétitivité et l'emploi，CICE）這個由左派執政者發明、既難以理解又無效率的龐大機械。我們同樣也期望右派不會做出蠢事，把左派最終投票通過的就源課稅給廢除了。我們建議右派繼續推動法國起步已晚的財稅與社會政策革新，替年輕世代將各種年金系統整合起來。

第二件重要的事：現在該是法國的政治領袖，不分左右，考慮正式提出歐盟預算準則改革案的時候了。我們不該只是一再違背這些準則，卻不提出任何替代方案。我們這些年來學到最大的教訓，就是被預設規則扭曲的民主制度，無法因應預料之外的經濟危機來調節預算政策：這就是 2011 至 2013 年間經濟再度急凍的原因。解決之道不必上下求索：我們必須在一個真正的歐元區議會中，經由多數決撤換掉這些僵固的規則，而每個國家在這個議會中的席位應該依其人口比例決定（亦即德國占 24%，法國、義大利與西班牙占 51%），而且表決要先經過公開辯論。這個組織也能夠為一套真正的歐元區預算賦予必要的民主正當性。如果法國拿出明確的提案，德國應該也會做出妥協，也許還需要一些指示性規則加上夠格的多數意見。改革之所以急迫，也在於 2012 年的條約[2]讓預算準則的嚴苛程度

2　譯註：應是指 2012 年簽署的《穩定、協調與治理條約》（Traité pour la stabilité, la coordination et la gouvernance），又稱歐洲財政協定。

陡然升高：現在最高赤字被壓到國內生產毛額（GDP）的 0.5%
左右，這代表一旦利率回升，巨大的基本盈餘將持續數十年（為
方便記憶，歐盟的債務利息已達每年 2,000 億歐元，伊拉斯莫
斯計畫〔programme Erasmus〕的債務利息則為 20 億）。我們
忘了在 1950 年代，歐盟是靠著取消歷史債務才得以建立，尤
其德國和法國是受惠於此才能將經費用於建設未來。在這個艱
難的時刻，或許法國右派已經準備好要執政。讓我們期盼右派
能有高水準的表現。

男女薪資不平等：19% 或 64%

Inéqualités salariales hommes-femmes : 19% ou 64% ?

2016 年 11 月 7 日

　　今天是法國人站出來譴責兩性薪資不平等的日子。今天的代表數字是 19%，這是同一份工作的男女平均薪資差距的估計值。換句話說，相當於 11 月 7 日下午 4 點 34 分起，女性是無償為男性工作。雖然這個數字非常具有代表性，我們不能因此忘記現實情況其實更糟糕，因為女性依然無法獲得和男性相同的工作，差得遠了。

　　讓我們先來檢視 2014 年法國不同年齡層男女平均勞務所得之變化（不區分職業，且包含無業人士）[1]。資料顯示，薪資差距會隨著年齡急劇拉大，比例從職涯初期的略高於 1.2 提高至職涯尾聲的 1.6。

1　這些結果來自我和賈班第（Bertrand Garbinti）、古畢─勒布雷（Jonathan Goupille-Lebret）對法國不平等變遷進行的研究。更完整的介紹請參考：http://piketty.pse.ens.fr/files/GGP2016DINASlides.pdf

2014 年法國的男女薪資不平等：差距隨年齡明顯拉大……因為兩性所處的職位越來越不相同

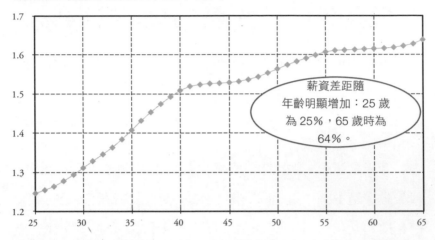

解說：男女平均勞務所得的比值（包含未加入就業市場人口）與年齡的相對關係。勞務所得包含薪資、退休年金、失業補助與非薪資之執行業務所得。
資料來源與序列：參見 piketty.pse.ens.fr

　　換句話說，在 25 歲左右，女性有工作的比例和男性差不多，擁有的職位也相對同等，因此我們觀察到的所得差距（25%）大體上與依照同等職位計算的薪資差距相符（推測值一般在 10 到 20% 之間，因此有些人對同酬日的數字感到困惑，畢竟薪資差距可以從兩種角度來解釋：如果女性賺的錢平均比男性少 19%，那麼男性就比女性多賺 19%；我選擇第二種）。不過，隨著職業生涯的進展，女性比較少能像男性一樣晉升較高薪的職位，以至於薪資差距隨年齡陡升：在 50 歲左右超過

60%，退休前夕達到 64%。這張圖相當清晰的告訴我們，推論男女不平等時所說的「其他條件相同」一語有其局限：確實，在同一職位、同一教育水準之下，薪資差距「只有」10 到 20%（已相當可觀）；但事實是，女性並未在「其他條件相同」下獲得該職位。

可以感到安慰的是，這張圖同樣告訴我們，較年長的女性（目前 50 或 60 歲者）其職業生涯比新世代更容易中斷，也比年輕世代遭遇更多職場歧視與性別歧視造成的影響。換句話說，一切正逐漸好轉，只要再等一下下，上揚的曲線就會自然平緩下來。可惜的是，如同下一張圖所示，我們有可能必須等很久；這張圖顯示的是 1970 年後，各個高勞務所得群體中女性占比的變化。

我們可以看到，女性在薪資較佳的職位上的比例依然低了很多。前 1% 高薪者的情形特別極端；過去數十年間，女性占比的確有所增加，但速度極其緩慢：1970 年代女性約占 5 至10%，1994 年占 10%，2012 年占 16%。依照目前觀察到的變化，必須等到 2102 年兩性才能平等。路還很長。

法國女性在高勞務所得群體中的擴展極其緩慢：依照目前速度，平權需待 2102 年

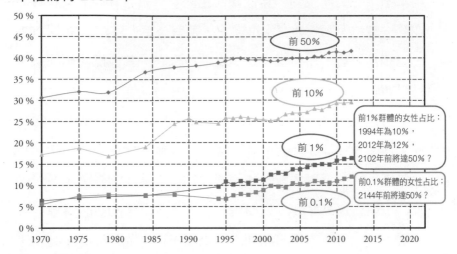

解說：不同勞務所得分位數（fractile）中的女性占比
資料來源與序列：參見 piketty.pse.ens.fr

邁向另一種全球化

Pour une autre mondialisation

2016 年 11 月 15 日

　　讓我直接破題：川普的勝選主要是因為美國這幾十年來貧富差距與地域發展落差暴增，以及歷任政府不能面對此一問題的結果。柯林頓與其後的歐巴馬政府所做的，大多只是跟隨雷根與其後的布希父子開啟的推崇市場萬能與市場自由化運動，要不然就是更火上加油，好比柯林頓推動的商業與金融去管制化政策。其他因素則包括民主黨的政治與媒體菁英被質疑與金融界過從甚密，以及未能從桑德斯獲得的選票中學到教訓。希拉蕊在中下階層的選票上險勝，但年輕人與弱勢者的支持率太低，以致無法在一些關鍵州領先。

　　最令人沮喪的是，川普的政策只會加速不平等惡化的趨勢：他打算廢除歐巴馬政府費盡千辛萬苦才讓貧窮受薪階級享有的醫療保險，還打算讓美國來個財稅傾銷之後拍拍屁股一走了之，因為他要把聯邦營利事業所得稅的稅率從 35% 降到

15%，而在此之前，美國一直努力不受歐洲減稅戰爭的影響。更別說美國政治衝突的種族因素越來越深，讓人對未來悲觀，不知能否找到新的折衷點：這個國家的白人主流社群有 60% 會固定投給某一政黨，而少數族群超過 70% 會投給另一個；此外，主流族群的票數優勢正在流失（2016 年占投票人數的 70%，2000 年時為 80%，預測 2040 年會占 50%）。

歐洲與全世界得到的教訓非常清楚：徹底改變全球化的走向乃是當務之急。這個時代最大的挑戰就是不平等惡化與氣候增溫。因此我們必須制定國際條約以回應這些挑戰，並推廣一種公平且永續的發展模型。這些新型態條約的內容，必要的時候可以包含促進貿易的措施，不過貿易自由化的問題不該再成為核心。貿易應該展現貿易原本就該有的樣子：一種服務更高目的的手段。具體而言，我們應該停止簽署減低關稅或其他貿易壁壘的國際條約，除非條約中列入，且第一章就列入有助打擊財稅與氣候傾銷的強制性條款，而且要有具體數字，例如對企業利潤的共同最低稅率，以及可檢證、附罰則的碳排放目標。協商自由貿易協定卻不交換任何東西將不再可能。

從這個角度來看，《全面經濟貿易協定》（Accord économique et commercial global，CETA）——兩造為歐盟與加拿大——是一項過時的協定，應該被揚棄。這個協定專門針對貿易，不包

含任何財稅或氣候領域的強制規定。相對的，它卻有一整塊關於「投資者保護」的規定，跨國企業可以依此向私立仲裁法庭控告國家，繞過所有人適用的公立法庭。大家都知道條約規定的制度並不完備，尤其是仲裁法官報酬的關鍵問題，而這會導致種種亂象。正當美國司法帝國主義氣焰更甚以往，要求歐洲企業遵守其規定與規費，公立司法系統的力量卻遭削弱，實在荒唐。最應該做的反而應該是建立強大的公權力，並成立有能力讓公權力的裁決得到遵守的歐盟檢察官與檢察署。

先在《巴黎協定》中同意一個純粹理論性的目標，要把增溫控制攝氏 1.5 度以內（亦即需要將氮氫化合物留在地下，好比加拿大亞伯達省最近重新開採的瀝青砂），幾個月過後又同意一份確實有強制力的貿易協議，而且隻字未提上述問題，這代表什麼意思？一份由加拿大與歐盟簽訂、以促進公平且永續發展的夥伴關係為目的的合理協議，第一步驟應該是明確列出各自的碳排放目標與如何達標的具體承諾。

關於財稅傾銷與企業所得稅最小稅率的問題，顯然涉及歐盟典範的徹底改變，因為歐盟當初被建立為一個沒有共同租稅規範的自由貿易圈。然而典範轉變勢在必行：假如每個國家之後都能把稅率定到近乎零來吸引每家企業總部進駐，同意建立共同課稅基礎（目前歐洲只有在這個大計畫上稍微超前他國）

又有何意義？該是時候改變對全球化的政治論述了：貿易是件好事，但是公平且永續的發展同樣需要公共服務、基礎建設、教育與醫療體系的支持，而這些又仰賴公平的稅制。否則，川普主義終將獲得全面勝利。

基本收入還是合理薪資？

Revenu de base ou salaire juste ?

2016 年 12 月 13 日

　　關於基本收入的討論至少有一項好處：提醒我們在法國，對於每個人應該擁有最低所得這件事是有一定程度共識的。意見分歧之處在於數額：目前提供單身無子女者的就業所得互助金（revenu de solidarité active，RSA）為每月 530 歐元，有些人認為這個金額足夠，有些人則希望提高到 800 元。不過，不管是在法國或其他眾多歐盟國家，每個右派人士和左派人士似乎都同意應該要有這個水準左右的最低所得。在美國，沒有子女的窮人只能接受食物券（稱為「food stamps」），而且福利國家經常會擺出監護國家甚至監獄國家的姿態。有這樣的共識應該慶幸，與此同時，我們也不能以此為足。

　　關於基本收入的討論，其問題在於太常與真正的問題擦肩而過，而且表現出來的思維事實上是一種打了折的社會正義。正義的問題不會停止在每月 530 歐元或 800 歐元上。如果我們

想生活在公平的社會裡，就必須針對所得與財產的整體分配立下更有企圖心的目標，對於權力與機會的分配也是如此。

我們企圖建立的社會，應該是一個以公平的勞務報酬為基礎的社會，亦即提供公平的薪資，而不只是基本收入而已。為了追求公平薪資，必須將以下制度及其配套政策一項一項全部重新思考一次：公共服務，尤其是教育；勞動權與結社權；租稅制度。

第一件該做的事，是糾出我們教育體系中的偽善，這些作為十之八九都會複製甚至加深不平等。高等教育的真實狀況就是如此。弱勢學生最多的大學所得到的資源比菁英院校少太多了。這種情形只是不斷惡化，以至於今天整個世代的人都擠在爆滿的階梯教室裡。在小學和中學裡也是如此。實務上，弱勢學校的資淺約聘教師比其他學校多，因此弱勢學校每位學生獲得的實際公共支出其實比較低。由於缺乏一套透明且可檢驗的資源分配政策，人們只知道把這些學校汙名化，列為「優先教育區」（ZEP），而沒有提供更多資源，但該做的事正好相反。假如再加上沒有為促進社會融合做出任何作為，以及任由私人單位用公家經費聘請他們認為合適的人，那麼我們離選舉政見中高喊的機會平等還很遠。

為了實現公平薪資，還必須停止貶低工會、最低工資與薪

資結構的作用。我們必須重新思考賦予員工代表的角色。我們觀察到，員工代表在經營會議中相當活躍的國家——在瑞典及德國擁有三分之一至一半的票數——其薪資結構的各薪級較接近，員工對企業戰略的貢獻度較高，最後，生產效率也較高。我們不妨想像一些全新的權力分享形式，讓董事可以透過員工與股東組成的大會選出（目的是跳脫員工董事（administrateur salarié）與股東這兩種角色的局限，以及股東的必然多數）。

為了限制資本的力量及其延續，租稅制度也必須徹底發揮作用，尤其是透過累進財產稅，讓財產權轉化為一種單純的暫時性權利，至少對最巨額的資產所有權要如此；此外還有遺產稅，這是人生必經的過程。右派不這麼做，反而打算廢除微薄的富人稅，其實富人稅反而應該不動產稅差不多重，才能減經小型業主的不動產稅負擔。最後，累進所得稅能將所得差距減到嚴格意義的最小值，應該也有助於達成公平薪資。歷史經驗證明，超高額所得適用的高邊際稅率——美國在 1930 到 1980 年間的平均值為 82%——成功終結了天價報酬的現象，大大有利於薪資較低的員工，也有助提升經濟效率。

最後一點：搭配就源扣繳，累進稅能讓低薪者直接從薪水單獲得其基本收入。目前一個領最低工資（smic）的全時員工可獲得的薪資淨額為 1,150 歐元，這是從總額 1,460 元扣除 310

歐元的一般社會捐（CSG）與社福提撥金後的數字。如果他提出申請，數月之後他就可以獲得相當於每月 130 歐元的就業津貼（prime d'activité）。如果能減輕就源扣繳額，使薪資淨額增加，會理想得多。同理，我不明白為何有些人堅持要給薪資達 2,000 歐元的人 500 歐元的基本收入，再提高他們就源扣繳的稅金以取回這 500 元。

該是時候讓關於正義的討論聚焦於好問題上了。

安東尼・艾金森之逝

Disparition d'Anthony B. Atkinson

2017 年 1 月 3 日

　　罹病多年後，安東尼・艾金森（Anthony B. Atkinson）於 2017 年 1 月 1 日早晨逝世，享年 72 歲，身後留下難以估量的空缺。

　　暱稱「東尼」（Tony）的安東尼・艾金森在經濟學家中具有獨特的地位。在半個世紀間，這位學者克服各種難關，成功將不平等的問題打造為其研究取徑的核心，並證明經濟學首先是一門研究社會與倫理的科學。東尼生於 1944 年，1969 年發表第一本著作。1969 年到 2016 年間，他發表了 50 餘本著作、超過 350 篇學術論文[1]，深切改變了整個國際學界對財富分配、不平等與貧窮的研究。從 1970 年代開始，艾金森也撰寫過許多具重大理論貢獻的作品，尤其是針對最適租稅理論（théorie

---

1　參見：http://www.tony-atkinson.com

de la taxation optimale）。

　　不過艾金森最重要也最深刻的研究是關於不平等的歷史與實證分析，他再拿手不過的理論模型當然與此有關，而他也以冷靜節制的態度加以運用。由於他兼具歷史性、實證性與理論性的研究取徑，極度的嚴謹與正直，在社會科學研究者與英國公民、歐洲公民與世界公民身分之間求取平衡的倫理態度，數十年來，艾金森是一整個世代學子與青年學者追隨的典範。在顧志耐（Simon Kuznets）協助之下，艾金森幾乎一手打造了一個社會科學與政治經濟學領域的新理論：所得與財產分配的歷史動態研究。

　　的確，探討長期的分布狀況原本就是 19 世紀政治經濟學的核心，例如馬爾薩斯（Thomas Malthus）、李嘉圖（David Ricardo）與馬克思（Karl Marx）的研究都是。不過這些學者取得的資料有限，往往不得不只做純理論預測。必須等到 20 世紀下半葉出現顧志耐和艾金森的研究，真正奠基於歷史資料的學術著作才越來越多。在顧志耐 1953 年出版的傑作《高所得群體占所得與儲蓄的份額》（Shares of Upper Income Groups in Income and Savings）之中，他結合美國最早的聯邦財務報表（是他之前參與建立的）以及聯邦所得稅之相關資料（經過長期政治拉鋸後，聯邦所得稅於 1913 年建立），試圖建立史上第一

批關於所得分配的歷史序列，並從中發現一個好消息：不平等現象正在改善中。

1978 年，艾金森在一本奠基之作中（與哈里森〔Alan Harrison〕合著的《英國個人財富之分配》〔Distribution of Personal Wealth in Britain〕）延續並超越了顧志耐的研究：他以系統性的方式梳理英國從 1910 年代到 1970 年代的繼承紀錄，並巧妙分析經濟、社會、政治等因素對於觀察到的財產分配變化各有何種解釋力；而就我的認知，在這段紛亂不止的期間，財產的變化格外驚人。相較於顧志耐的著作幾乎完全依靠統計工具得到的結果來推動論述，艾金森的著作更加深入，因為他更完整地結合了歷史性、理論性與統計學的分析。

所有後來針對所得與財產分配歷史動態的研究，某種程度上都是顧志耐與艾金森這些創始研究的延續。例如「全球財富與所得資料庫」（WID.world）[2] 所匯聚的研究成果就是如此，而艾金森也是它的創始人與負責人之一。

就個人的層面，我極其有幸在 1991 年秋天認識了東尼，當時年輕的我還是倫敦政治經濟學院（London School of Economics）的學生。他總是以不變的溫暖與和善，毫不保留

2　http://www.wid.world

地給予我建議，對我的研究之路有決定性的影響。2001 年，在發表《二十世紀法國的高所得階層》（Les Hauts Revenus en France au XXe siècle）之後不久，我很幸運地得到他熱情的支持。東尼是我這本關於法國不平等現象的歷史研究的第一位讀者，而他立刻開始挖掘英國的情況（當時關於英國所得的歷史資料尚未經過梳理），接著又研究其他許多國家。我們曾共同編纂過兩本大書，出版於 2007 年及 2010 年，內容總計涵蓋超過 20 個國家。這些研究成果後來發展為「全球財富與所得資料庫」，也是我 2013 年出版的《二十一世紀資本論》的起點；這本書要是沒有東尼·艾金森始終不減的支持，很可能無法問世。

除了這些開拓性的歷史研究，這數十年來，在評估當代社會貧窮與不平等現象的比較調查領域，艾金森也是全球最優秀的專家之一，關於這些問題的國際合作架構，他更是一位永遠興致勃勃的建築師。他的最後一本書《扭轉貧富不均》（Inequality: What Can Be Done?）（法文版書名為「Inéqualité」，Seuil 出版，2016 年）比起舊作更具個人色彩，且重心全面轉向行動，向我們展示了一套新的基進改革主義的樣貌。書裡的艾金森有點貝佛里奇（William Beveridge）[3]的味道，讀者要是錯過這等好書就太可惜了。這位謹慎自持的傳奇學者打破他的保護殼，投身混戰之中，列出一份具體、創新又令人信服的提

案清單，以證明替代方案永遠存在，也證明我們必須重啟捍衛社會進步與平等的戰爭，就在此時此刻。風趣、優雅、深刻：這是一本必讀之書，完美結合了政治經濟學與英國進步主義能給予我們的啟發。

艾金森是一位慷慨無比也嚴謹無比的研究者，是我們所有人的靈感源頭。他的親切和藹無人不知。在生命最後幾年，與病魔長期對抗之際，他依然保持過人的活力，繼續幾項大型計畫的工作，最後幾週仍與同事、朋友交流意見。艾金森過世之際，不平等的惡化正成為我們社會所面臨的重大挑戰之一。他已將人生奉獻於發展能衡量、分析與因應不平等現象的工具。他的研究將在我們對抗不平等的戰爭中延續其生命。他的離世留下無可取代的空缺。

3　編註：貝佛里奇（1879-1963），英國經濟學家，也是一位進步派的社會改革者。他在 1942 年發表的《社會保險和相關服務》（又稱為《貝佛里奇報告》）影響了英國社會福利制度的建立。

論法國與德國的生產力

De la productivité en France et en Allemagne

2017 年 1 月 5 日

　　站在 2017 年初，面對接下來春天將舉行的法國選舉與秋
天的德國選舉，此時再度探討一個足以動搖歐盟國家對話的重
要議題並非毫無意義。這個議題就是以繁榮強盛著稱的德國與
被形容為走下坡的法國之間假想的經濟不對等。我之所以說
「假想」，是因為正如我們接下來會看到的，德國與法國的經
濟生產力——以國內生產毛額除以投入工時計算，這顯然是經
濟表現的最佳指標——兩者水準幾乎相當。而且還是全球數一
數二的高，這也代表歐盟的社會模式前景看好，不論各種脫歐
派或挺川派的人怎麼說。為此我也將回顧幾個 2016 年曾在這
個部落格以及專欄文章〈基本所得還是合理薪資？〉中討論過
的主題 [1]。

　　讓我們從最令人吃驚的事實開始。如果計算勞動的平均生
產力，亦即將 GDP（國內生產毛額，即一個國家一年內生產的

商品與服務的總價值）除以總投入工時（包含受雇者與自營工作者），結果顯示法國的水準幾乎與美國及德國齊平，其 2015 年的平均生產力為每工時 55 歐元左右，比英國或義大利（42 歐元左右）高出 25%，相較於 1970 年則為近三倍之多（低於 2015 年的 20 歐元；這些數字皆經購買力平價計算並以 2015 年的歐元標示，亦即已考量不同國家的通貨膨脹與物價水準）。

　　讓我先說明一下，我們用以計算工時數字的資料並非最完整，對這些量化值的精確度也不應過度期待。此外，「每工時 GDP」的概念本身終究也是相當抽象與簡化的。實際上，這些比較的背後涉及每個國家的整體經濟體系加上勞動與生產的組成，其中各部門與各企業間之差異不知凡幾，想要以單一指標說明上述一切現象是不切實際的。不過如果一定要比較各國的生產力（如果了解其局限，這麼做有其用處，也能超越國族主義的成見並確定數值大小），每工時 GDP 也是最合理的概念。

　　另外要說明的是，我們使用的勞動時間序列取自經濟合作暨發展組織（OECD）的資料庫。也有一些各國的勞動時間序

1　參見：托瑪‧皮凱提，〈2007-2015：漫長的衰退〉（2007-2015 : une si longue récession），piketty.blog.lemonde.fr，2016 年 1 月 8 日；同作者，〈「英國脫歐」之後的歐盟重建工作〉（Reconstruire l'Europe après le « Brexit »），piketty.blog.lemonde.fr，2016 年 6 月 28 日。

列取自美國勞工統計局（Bureau of Labor Statistics，簡稱 BLS）
所建立的序列。撇開序列之間的些微差異不談，所有可取得的
資料來源——尤其是 OECD 與 BLS——都證實法國、德國與美
國的每工時 GDP 大體上水準相同（三國間的差距極小，加上
估算未必精確，幾乎不可能明確區分），也證實英國、義大利
與日本等國的生產力比他們低了 20 至 25%。以現有的數據來

勞動生產力（每工時 GDP），1970-2015（單位：2015 年歐元）

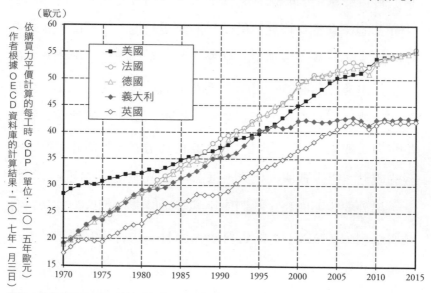

解說：如依每工時 GDP 計算（單位為 2015 年的定值歐元，依購買力平價計算），德國與
法國的勞動生產力從 1950 年的 8 歐元成長為 2015 年的 55 歐元。德國與法國在 1985 至
1990 年間趕上（或略為超越）美國的水準，英國則依然低了 20%。
資料來源與序列：參見 piketty.pse.ens.fr/ideologie。托瑪·皮凱提著，《資本與意識型態》，
同前出處，頁 600。

看，這些數值大小應該是合理的。

　　還需注意的是，世界上沒有一個國家的勞動生產力明顯超越在法國、德國與美國所觀察到的水準，至少沒有一個規模與經濟結構相似的國家是如此。的確，我們觀察到有些生產結構十分特殊的小型國家明顯擁有較高的每工時 GDP，例如一些石油國家（阿拉伯聯合大公國或挪威）或是避稅天堂（盧森堡），不過其背後的成因相當不同。

　　看到法國現在平均每工時的生產力是 55 歐元，也許有些讀者立馬就想去見老闆要求調薪。另一些人，也是更高比例的人，會對這個數字的意涵產生疑問。我們就明確的告訴大家，55 歐元是一個平均值：在某些職業或產業部門中，每工時平均能產出的商品與服務也許是 10 到 20 歐元，別的（未必是最辛苦的）職業或產業部門也許是每小時 100 到 200 歐元。而我們當然不能排除，在薪資協商的角力與權力關係的作用下，有些人侵奪了別人產值的一部分。從平均每工時生產力 55 歐元上完全無法看出這些細微之處。

　　我們同樣要說明的是，「國內生產毛額」（GDP）這個概念會造成很多問題。具體而言，如果各統計機構可以把焦點放在「國內生產淨額」，亦即扣除固定資本消耗之後的數額會更好，而固定資本消耗相當於資本與設備的折舊（房舍與機器設

備的修理，電腦換新等等）。資本折舊事實上不構成任何人的所得，包括員工與股東，此外，它會隨著時間增加。1970年代，固定資本消耗占已發展國家 GDP 的 10% 左右，現在則超過 GDP 的 15%（代表設備的加速汰舊）。這代表前面計算出來的勞動生產力成長有一（小）部分不符現實。同理，假使當初正確地納入自然資本消耗，則一部分的 GDP 成長應該會消失（每年開採的自然資源相當於全球的 GDP 成長率，亦即目前每年為 3% 左右，而且有日益上升的趨勢，端視人們對資源價值如何認定）。然而，這同樣不影響本文關心的國際比較。

最後要說明的是，前面提及的每小時平均生產力 55 歐元之中有一定比例的利潤（一般介於 20 至 40% 之間，隨產業部門與資本密集度而不同），而且這個數字的計算並未考慮各種直接稅與間接稅（商業增值稅〔TVA〕、各種針對生產過程的稅賦等等），也未考慮各種社會福利提撥金（cotisation sociale）。因此在這 55 歐與薪水單上記載的淨額之間還有一條很長的路，但要加以說明會超出本文設定的範圍，因為這篇文章的首要目標很簡單，就是比較不同國家的生產力水準。

另一種表達前述計算結果的方式，則是藉由與美國生產力的比較來評估每個國家的生產力，因為美國長期大幅領先這些

國家。我們所得到的結果如下：

　　僅取其要：1970 年，法國與德國的生產力在美國的 65 至 70% 之間；1970 至 1980 年代，這兩個國家完全追平了先前落後的差距，自 1990 年起大體而言就與美國平起平坐（2008 年金融危機前略略超越，2008 年後略略落後，不過差距相對小；然而我們可以期待歐元區找到比現在更好的方法，順利走出這

與美國的勞動生產力（每工時 GDP）之比較

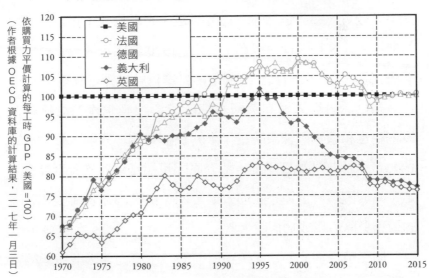

解說：如依每工時 GDP 計算（單位為 2015 年定值歐元〔euro constant〕，依購買力平價計算），1950 年時西歐國家的勞動生產力是美國的二分之一。德國與法國在 1985 至 1990 年間趕上（或略為超越）美國的水準，英國則依然低了 20％。
資料來源與序列：參見 piketty.pse.ens.fr/ideologie。托瑪‧皮凱提，《資本與意識型態》，同前出處，頁 601。

場風暴 [2])

　　假如我們回到二次大戰剛結束時，當時德、法的生產力不過美國的一半，人們會更難相信可能追平差距。同樣要提醒大家的是，歐洲國家生產力的落後更早之前就已發生（在 19 世紀乃至一次大戰前的 20 世紀初期就已嚴重落後，戰爭只是使其進一步加劇），而傳統上認為原因在於教育的相對落後：19 世紀初，美國為數不多的人口就已全部能夠識字，而法國要等到世紀末才能做到，此時美國已經進入下一個階段（讓大眾接受中等教育，接著是高等教育）。是「光輝的三十年」對教育的挹注，才讓法、德得以在 1950 到 1990 年間達成趕上美國的歷史成就。今時今日真正的課題則是維持並加深這樣變化。

　　相反的，從未達到美國水準的英國，其生產力的持續落後主要也和教育訓練系統長年來的缺陷有關。同理，義大利從 1990 年代中期開始跟不上，部分原因可能是政府的教育投資不足（義國困鎖於償還不完的公債，德、法則因通貨膨脹和戰後的債務免除得以成功擺脫）。

　　同樣值得注意的是，美國目前的高生產力伴隨著可觀的貧富差距：美國曾經比 19 世紀的舊大陸更平等，且直到 20 世紀

2　參見托瑪・皮凱提，〈2007-2015：漫長的衰退〉，出處同前。

中都是如此，不過近數十年來卻變得更不平等，尤其是教育部門中呈現強烈的對比，一邊是位在金字塔頂端的優秀大學（可惜只有最優勢者得以進入），一邊是給絕大多數民眾使用的、相對簡陋的中等和高等教育系統。這大致解釋了美國後 50% 的低所得人口為何從 1980 年之後就見不到所得有任何成長，而前 10% 高所得階層的收入卻能顯著提升[3]。

我們不是出於自我膨脹（而且這種態度並不合宜，因為眼前的挑戰還如此多，例如德國的人口變遷與法國租稅—社會政策體系的革新），只是不得不指出，法國與德國建立的社會、教育與經濟模式比較成功：這兩個國家已達到全球生產力的最高點，與美國相同，不過分配狀況比較均等。

現在讓我們轉向人均 GDP。我們觀察到，歐洲每年的人均 GDP 約為 35,000 歐元（每月 3,000 歐元左右）——比德國高一些，比法國、英國低一些——，與美國相比則低了 25%（約為每年 45,000 歐元）（見後附第一張圖）。

不過重點在於，美國人均 GDP 較高的原因只有一個，就是投入工時較高，而不是因為生產力高於德、法。同理，英國

---

3   參見皮凱提、賽斯與祖克曼合著，"Distributional National Accounts: Methods and Estimates for the United States"，美國全國經濟研究局（National Bureau of Economic Research），Working Paper，No. 22945，2016。

每人年均 GDP，1970-2015（單位：2015 年歐元）

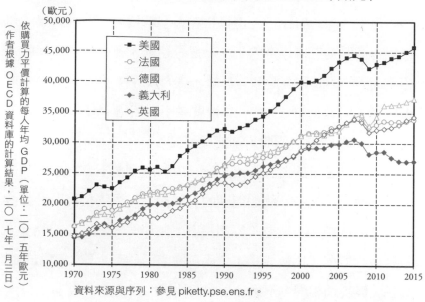

（歐元）

依購買力平價計算的每人年均 GDP（單位：二〇一五年歐元）
（作者根據 OECD 資料庫的計算結果，二〇一七年一月三日）

美國
法國
德國
義大利
英國

資料來源與序列：參見 piketty.pse.ens.fr。

每人每年工作時數，1970-2015

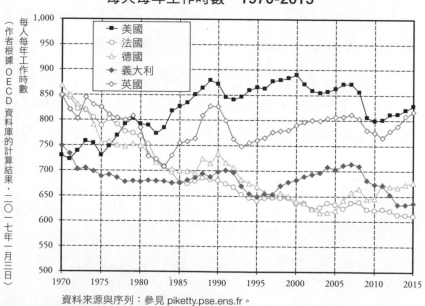

每人每年工作時數
（作者根據 OECD 資料庫的計算結果，二〇一七年一月三日）

美國
法國
德國
義大利
英國

資料來源與序列：參見 piketty.pse.ens.fr。

每位勞工每年工作時數，1970-2015

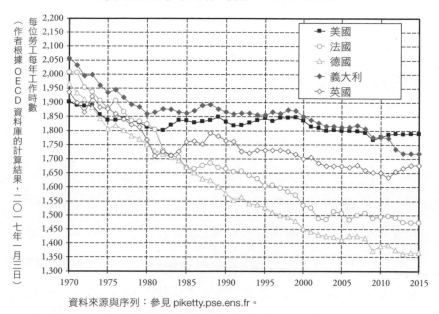

（作者根據 OECD 資料庫的計算結果，二〇一七年一月三日）

資料來源與序列：參見 piketty.pse.ens.fr。

也是單純因為工時長，才能彌補比較低落的生產力，追上法國的人均 GDP 水準（見後附第二張圖）。

　　為了對這些工時的差距更加了解，必須區分哪些時數屬於每勞工平均工時，哪些屬於每人平均工時。讓我們先從每勞工平均工時開始（見第 78 頁圖表）。

　　資料顯示，德國每個勞工的每年平均勞動時間比法國低（這是由於德國的半時工作比較發達，勞工未必都願意選擇，只是也許好過完全失業）。除了這些許落差外，還可觀察到法

國與德國的軌跡之間有種相近性：這兩國都選擇利用「光輝的三十年」的高度成長，從 1960 年代開始大幅削減工時長度，由 1970 年的每年平均近 2,000 小時（約略等於每年工作 48 週，每週 42 小時）減少到現在的每年不到 1,500 小時（即每年工作 44 週，每週 35 小時左右）。相反的，美國與英國幾乎沒有減少工時，因此工作週數還是非常高，有薪假非常少（除國定假日外通常只有兩週）。

我當然不打算宣稱減少工時、增加休假絕對是好的，而工時該減輕多少是一個極為複雜又敏感的問題。不過有一件事相當清楚，就長期而言，生產力成長的目的之一便是讓人們擁有更多私人、家庭、文化與休閒生活的時間，而法國與德國的軌跡似乎比美國和英國更能兼顧這項目的。

現在讓我們轉向表現明顯不佳的部分，首先是法國低落的就業率。2005 年時，法國就業率與德國就業率的差距相對有限（不過差了兩個百分點：法國每 100 人有 42 個就業機會，德國則是 42 個），2008 年金融危機之後大幅落後（差了超過七個百分點，法國的就業率為 42%，德國則超過 49%）：

將這些變遷資料依不同年齡層重新整理後，會發現不論是法國或其他國家，25 到 54 歲群體的就業率一直都在 80% 上下，而近年來隨著失業率的成長，15 到 24 歲群體與 55 到 64 歲群

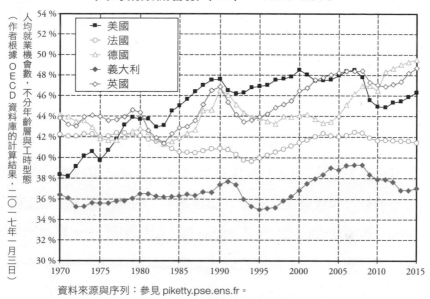

人均就業機會數（％），1970-2015

- 美國
- 法國
- 德國
- 義大利
- 英國

（作者根據 OECD 資料庫的計算結果，二○一七年一月三日）

資料來源與序列：參見 piketty.pse.ens.fr。

體之間的落差越來越大。

　　此處我不再重述法國就業率低落的多種因素。其中一部分的責任要歸於歐元區非常糟糕的預算政策，這也是導致 2011 至 2013 年間經濟活動莫名其妙倒退的原因[4]，而歐洲至今仍欲振乏力（主要應歸咎於法國與德國的前後任政府在 2012 年簽署了一份糟糕的預算協議，現在也該是改革的時候了[5]）。

4　參見托瑪・皮凱提，〈2007-2015：漫長的衰退〉，出處同前

5　參見前揭作者，〈「英國脫歐」之後的歐盟重建工作〉，出處同前。

不過也有一些法國特有的因素：相較於德國，法國的產業專業化比較欠缺發展性，例如德國懂得更注重員工在企業治理與經營策略上的角色[6]，技職教育系統也比較好，這些是法國可以多加參考的；法國社會安全制度的財務系統過於倚重私部門的受薪人口，這方面需要整體的稅制改革[7]，而改革總是一再被延後（不但不改革，還不斷推出像「企業競爭力與就業振興租稅減免措施」〔CICE〕這樣的拼裝車，這只是讓原本就難以理解的財稅與社會安全制度更加複雜）；法國的退休金制度既難懂又被切割成好幾個系統，應該馬上加以統整[8]，也好讓年輕世代感到安心（目前我國的退休金制度財源無虞——除了義大利，這是整個歐洲花費最高的制度——，與此同時，制度的不透明讓大家都不知道未來可享有多少年金）。

　　我只想強調兩件事。其一，法國目前就業率低，代表前面對生產力的估算顯然有過度樂觀的問題，因為被勞動市場排除在外的通常是教育程度較低的人。事實上，如果修正生產力的

6　參見〈基本所得還是合理薪資？〉，2016 年 12 月 13 日。

7　參見朗岱（Camille Landais）、皮凱提、賽斯合著，Pour une révolution fiscale. Un impôt sur le revenue pour le XXIe siècle，Paris：Seuil，« La République des idées »，2011。

8　參見博齊奧（Antoine Bozio）與皮凱提合著，Pour un nouveau système de retraite. Des comptes individuels de cotisations financés par répartition，Paris：Rue d'Ulm，2008。

序列，改為假設工時的變化和德國自 2005 年以來的走向相同，並假設這些新的就業者每小時的生產力平均比現有就業者低了 30%，最後我們會得到和下圖相同的結果。

也就是說，我們會看到法國的生產力在 2000 到 2015 年之間出現某種脫隊的狀況。的確，法國離義大利脫隊的程度還很遠，而且不論採用何種假設來納入就業不足的情形，法國的生產力還是明顯高於英國的水準，而且非常接近德國與美國。只是如果法國希望延續 1950 到 1990 年的一路上升，這種趨勢就

修正就業不足因素後的勞動生產力（GDP／工時）

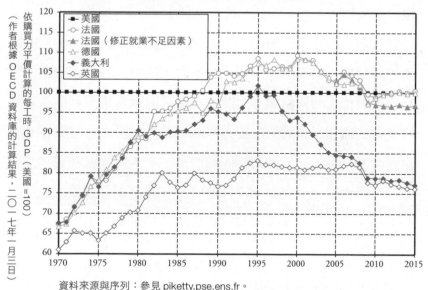

（作者根據 OECD 資料庫的計算結果，二〇一七年一月三日）

資料來源與序列：參見 piketty.pse.ens.fr。

隱含著危機，必須加以克服。

　　從這個角度來看，行將結束的總統任期中，最大的敗筆就是教育投資不足。分配給大學與其他高等教育機構的預算尤其如此，這些預算從 2012 年之後就陷入停滯（微觀而言出現名目成長，幾乎等同於通貨膨脹），學生數額卻增加將近 10%。換句話說，在 2012 到 2017 年間的法國，明明大家開口閉口不脫「創新經濟」（économie de l'innovation）與「知識社會」（société de la connaissance）云云，每位學生獲得的實質教育投資額卻明顯減少。與其浪費時間針對勞動彈性的問題進行方向錯誤且準備不足的討論[9]，政府當初更應該想到，長期的經濟表現最主要取決於教育訓練的投資。

　　我想強調的第二點如下。我們太常看到關於法國與德國經濟的討論把焦點集中在兩國「競爭力」的差異，亦即法國的貿易逆差與德國的貿易順差之間的差距。而適合用來判斷一國經濟表現的概念是該國的生產力，而不是「競爭力」這個相當相當鬆散的概念。在生產力相同的情形下，不同國家在貿易餘額方面可能會暫時處於完全不同的境況，而這未必是國家能控制的。舉例來說，有些國家可以選擇讓出口量高於進口量，以便

9　參見托瑪・皮凱提，〈勞動法：恐怖的混亂〉（Loi travail : un effroyable gâchis），piketty.blog.lemonde.fr，2016 年 6 月 2 日。

以海外持有資產的形式為未來儲存準備金。對一個人口老化、預期勞動人口將減少的國家而言，這種做法是合理的，而在解釋如德國或日本這些人口老化的國家為何會出現貿易順差時，這個經典解釋經常被當作理由之一；被拿來和這些國家對照的則是美國、英國、法國等人口較年輕的國家，他們國內的商品消費或服務利用需求可能比較高，從而導致貿易逆差。不過重要之處在於，上述貿易順差或逆差的情形只會持續一段時間，長期來看應該會回到平衡。況且長期貿易順差沒有任何好處（最終會不斷為其他國家創造收益，毫無助益）。

讓我們藉由下圖看看實際上的狀況。

首先我們會看到，出口額與進口額的整體水準（以占 GDP 百分比表示）自 1970 年代以來大幅提高（亦即大家都知道的國際貿易擴張與貿易全球化加速現象），而法國與德國的水準遠高於美國或日本。這說明歐洲經濟體的規模比較小，彼此的關係也更緊密，特別在貿易層面。

大家也會注意到，一般而言，貿易順差時期或逆差時期假以時日就會漸漸恢復平衡。舉例而言，日本在 1990 年代與 2000 年代呈現順差（通常每年占 GDP 的 1 至 2%），自 2011 年開始則出現明顯逆差（目前為負 3% 的 GDP）。法國在 1992 到 2004 年間每年都呈現貿易順差（一般為 1 至 2% 的

出口額與進口額占 GDP 百分比，1970-2015

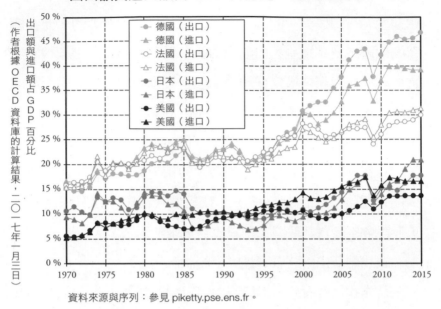

資料來源與序列：參見 piketty.pse.ens.fr。

GDP），2005 年後呈現逆差（2015 年為負 1.4% 的 GDP）。
假如計算 1980 到 2015 年間的平均值，法國處於貿易進出口額
幾近完全平衡的狀態：負 0.2% 的 GDP（1990 到 2015 年間為
0.1%）。日本的資料則顯示貿易順差較高（1980 到 2015 年間
為 1 %，1990 到 2015 年間為 0.6%），這解釋了日本為何能在
海外累積大筆金融存底，現在從中取用。

　　然而也有一些較不平衡的例子。例如美國幾乎一直處於
貿易逆差，1980 到 2015 年間平均為負 2.6% 的 GDP（1990 到

2015 年間為負 2.9%）。相較於貿易逆差的積累，美國的金融外債反倒沒有那麼沉重，因為該國需支付的債務利息相當少（受惠於外國對其貨幣與政治體制的信心），又從自身投資獲得相當高的報酬（主要受惠於其金融制度與商業銀行）。

還有一個極端失衡的例子，不過是反向的失衡，那就是德國。直到 2000 年，德國都處於和法國差不多的貿易準平衡狀態，2000 到 2015 年間則出現相當於 5%GDP 的平均貿易順差（1990 到 2015 年間為 3.2%，1980 到 2015 年間為 1.7 %，相對的，1980 到 2000 年間的平均貿易逆差為負 0.9%，而法國則為 0.2%）。2012 年開始，德國的貿易順差甚至超越 6%，2015 年達到將近 GDP 的 8% 之多。

具體而言，這代表德國生產的商品與服務很大一部分不是在國內消費與利用的：它們是被其他國家消費與利用。理解失衡程度的另一種方式——而且完全相等——便是計算國內消費額（亦即在一國境內消費商品與利用服務的金額）並換算為 GDP 的百分比（GDP 即該國境內商品服務的產值）（參見下圖）。

如果比值高於 100%，表示一個國家消費利用的商品服務超過其所生產，亦即出現貿易逆差。相反的，比值低於 100% 的原因很簡單，就是存在貿易順差。平均而言，大多數國家的

比值都非常接近 100%。德國則相反，2015 年時降到 92%，是經濟史上從未見過的事。

　　重點摘要：法國和德國的生產力相近，但運用自身高生產力的方式非常不同。近年來，法國每生產 100 個商品服務，境內就消費 101 至 102 個商品服務。相對的，德國每生產 100 個商品服務，境內只消費 92 個商品服務。兩者差距看起來很小，但如果每年都重複發生，就會造成相當可觀的金融與社會失衡，而如今的歐洲便被逼到崩潰邊緣。

國內商品與服務消費額占 GDP 百分比，1970-2015

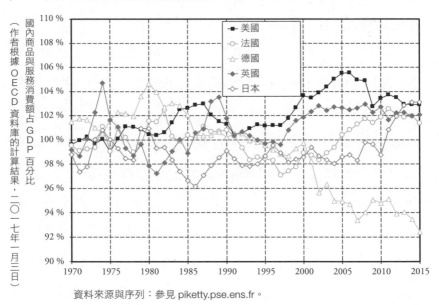

資料來源與序列：參見 piketty.pse.ens.fr。

我們是怎麼走到這一步的，又該做些什麼？首先必須釐清，雖然德國人口的老化與衰減一定程度上可以解釋貿易順差現象，因為必須為將來儲存準備金，還是不足以為如此巨額的出超提供合理的說明。事實上，德國的貿易出超並非真正出於選擇的結果：它是數百萬經濟主體分散做出的決定，加上缺乏妥善修正機制的結果。一言以敝之：飛機上沒有會開飛機的人，再不然就是不太確定誰可以開飛機。

德國統一之後，德國政府便十分害怕「德國製造」會淪為經濟後段班：他們實施薪資凍漲政策，試圖提高競爭力，顯然他們在這方面做得太過火了。與此同時，中歐與東歐國家加入歐盟，讓德國企業得以深入這些新疆域的每個角落，並取得巨大利益。由其進出口額整體水準暴漲亦可見一斑：德國 2000 年時還很接近法國的水準（25 至 30% GDP 左右），到了 2015 年卻高達 40 至 50%GDP（法國則為 30%；參見第 84 頁圖表）。

上述種種背景導致的貿易順差不太可能完全在預料之中，多半是偶然因素所致。從某個角度來看，這件事印證投入全球化浪潮的經濟力量有多麼強勁，而當時公權力還不知該如何正確加以管制。

還有一件事必須強調：經濟史上（至少從有貿易統計至今，亦即 19 世紀初之後）從來沒有任何一個同等規模的國家出現

過如此長期的貿易順差（甚至日本、中國也沒有，其貿易順差大多不超過 2 至 3%）。貿易順差唯一曾接近 10%GDP 的國家是石油國家，其人口相對少，GDP 也比德國低得多。

另一個顯示德國的順差客觀上過高的指標，便是企業與金融體系的不當外國投資：與美國相反，德國在世界各地累積的金融資產比歷年貿易順差加總起來還要低得多。

如今解決之道無非就是重新提高德國的薪資與商品服務的消費，不論是針對教育體系或基礎建設都是，可惜做得實在太慢了。德國領導人對此負有極大責任，他們雖然有其他優點（尤其關於接納移民的政策），但在此重大事務上卻沒有向大眾正確說明利害關係，甚至還傾向將貿易順差包裝為一種國家之光，不然就是像德國美德的一種證明，根本偏離重點。德國人教育其他歐洲國家的傾向，以及認為全世界只要模仿德國，一切就會改善的傾向，在邏輯上是很荒謬的：如果每個歐元區國家都製造 8%GDP 的貿易順差，全世界沒有人能吸收這麼多出超（地球上沒有一個跟歐元區一樣大的國家——就 GDP 而言——可以製造 8% 的貿易逆差）。不幸的是，這種不合理的行徑正是全球化與各國過度競爭造成的危險之一：人人都只想先找到自己的利基，保住自己的飯碗。

幸運的是還有其他力量存在，尤其是還有對歐盟理念的忠

誠。假設其他國家，好比法國、義大利和西班牙（總計相當於歐元區人口和 GDP 的一半，德國則占 27%），能針對歐元區的民主改造提出一套明確的提案[10]，其最終目標包括在共同的議事機構中經民主程序通過振興經濟措施與延後償還公債，那麼我相信大家還是能達成某種妥協。由德國出面解決倒是不太可能，過程也不太可能平順。我們大概勢必要靠民主的鐵腕了。只希望過程中不要發生太激烈的衝突；經過英國脫歐之後，沒有人能假裝不知道這類衝突能失控到什麼程度。

　　文章末尾，讓我記下一些正面的想法：如果跟美國、英國甚至其他地區相比，法國和德國之間擁有更多共同點。在 1941 到 1945 年這段自我摧殘的地獄過後的數十年間，這兩個國家所打造的制度與政策，讓他們能成功發展出世界上最具有社會意識也最具生產力的經濟體。為了推廣公平且永續的發展模式，法國與德國還有許多要務要攜手努力。只要我們別再陷溺於錯誤的比較，從而阻礙我們前進的步伐與朝向未來的目光，同時在心中記住，我們還有很多事能從彼此身上和歷史中學習。

10　參見托瑪・皮凱提，〈「英國脫歐」之後的歐盟重建工作〉，同前出處。

民粹主義萬歲！

Vive le populisme!

2017 年 1 月 7 日

再過不到四個月，法國即將出現新總統。或者一位女總統：
繼川普與英國脫歐之後，我們不能排除民調可能再次失準，右
派民族主義者瑪琳‧勒朋（Marine Le Pen）離勝利可能僅有一
步之遙。即使這一次能躲過毀滅性的災難，她還是非常可能在
下一次以唯一夠格與自由主義右派對抗者之姿出線。至於基進
左派陣營，我們當然希望梅蘭雄（Jean-Luc Mélenchon）能勝出，
只可惜他的勝算也不是最大。

這兩位候選人有一個共同點：他們都對歐盟各項條約及目
前國家或地區間過度競爭的體制提出質疑，吸引許多全球化的
淘汰者支持。他們之間也有幾個根本的不同：即便梅蘭雄言辭
激化對立，政治想像有時令人擔憂，但至少他身上依然保有國
際主義與進步主義的印記。

此次總統大選的危險之處在於所有其他政治力 —— 與重

要媒體——只想要狠狠教訓他們，幫他們貼上「民粹主義者」的標籤，當作同路人看待。大家都知道，這個政治界最新的極端羞辱性詞語在美國已經成功用來對付桑德斯，現在可能會再次掩蓋重要的問題。民粹主義的出現，其實無非是為了回應已發展國家的中下階層在全球化與不平等加劇之下產生的棄兒心理，這種回應混亂但有其道理。想要明確回應這些挑戰，我們必須依靠最具國際主義觀點的民粹主義要素——亦即依靠各國基進左派陣營中的代表，如西班牙的「我們可以黨」（Podemos）、希臘的「激進左翼聯盟」（Syriza）、桑德斯或梅蘭雄，即便他們各有局限——否則國族主義與排外的倒退心態最終將在四處升起勝利旗幟。

遺憾的是，自由右派（費雍〔François Fillon〕）與中間派（馬克宏〔Macron〕）打算採取否認策略，而且針對 2012 年的歐盟預算協議，兩人都打算支持完全維持現狀。這一點也不令人意外：他們一個是當年負責談判的，一個是負責執行的。所有民意調查都證實：這兩位候選人主要吸引的族群是全球化的贏家，其中有些值得玩味的差異（有天主教徒也有 Bobo 族[1]），但比起社會問題，終究只是次要的。他們主張代表知識

1　譯註：Bobo 是「bourgeois-bohème」（中產波希米亞族群）的簡稱。

圈的立場：只要法國能鬆綁勞動市場、減少支出與赤字、廢除富人稅和提高商業增值稅，重新取得德國、布魯塞爾與各市場的信任，屆時就能要求各夥伴國對撙節政策與債務問題表態。

這種論調的問題在於看似合理，實則完全相反。2012 年的協議是一個巨大的錯誤，它讓歐元圈困在一個致命陷阱裡，無法為未來而投資。歷史經驗告訴我們，這麼高的公共債務如果沒有訴諸特殊手段，是不可能減輕的。除非我們強迫自己把數十年的基本預算盈餘都交出來，而這會讓投資能力長期受到壓迫。

從 1815 到 1914 年，英國就是這樣耗費一個世紀，撥出大筆大筆的盈餘償還給政府的債主，以減輕拿破崙戰爭帶來的滔天巨債（超過 200% 的 GDP）。這個種下禍根的選擇導致英國的教育投資不足以及後來的發展落後。相反的，在 1945 至 1955 年間，德國和法國透過取消債務、通貨膨脹加上對私有資本額外課稅，成功在短時間內擺脫規模不相上下的債務。正因如此，他們才有能力挹注經濟發展。現在我們也應該做一樣的事，強迫德國組成歐元區議會，在具備一切必要民主正當性的前提下達成債務減輕的目的。否則，目前已在義大利觀察到的延緩投資與生產力落後現象將會蔓延到法國與整個歐元區（往

這方向發展的跡象已經出現[2]）。

　　重新走進歷史或可助我們走出當前的困局，這也是甫問世的《法蘭西世界史》（Histoire mondiale de la France）[3]這本精彩著作的作者們想提醒大家的事，是法國種種認同衝突的真正解藥。另一件該做的事，更平凡也較不有趣，則是願意投入執政左派所組織的初選（讓我們如此稱呼它，因為執政左派未能成功聯合基進左派組織一場共同初選，此事很可能會導致他們長期無法執政）。這場初選的關鍵在於能否推出一位會對歐盟規則做出深刻反省的候選人。與瓦爾斯（Manuel Valls）及培雍（Vincent Peillon）相比，阿蒙（Benoît Hamon）與蒙特堡（Arnauld Montebourg）似乎較接近這條路線，不過前提是他們能放棄在全民所得與「法國製造」政策上的立場，並且最終要能推出具體的提案來取代 2012 年的歐盟預算協議（這在第一場電視辯論中鮮少被提及，也許是因為他們 5 年前都投下贊成票；不過正因如此，才必須儘快提出細節明確的替代方案，把話說清楚）。我們還沒輸，但事態已迫在眉睫，假如我們不想讓國民陣線取得大位的話。

2　參見〈論法國與德國的生產力〉，2017 年 1 月 5 日。
3　Patrick Boucheron 編，Histoire mondiale de la France，Paris：Seuil，2017。

終於民主的歐元區政府

Pour un gourvenement enfin démocratique de la zone euro

2017 年 2 月 1 日

歐元區需要一個經濟的政府：一個共同預算、共同稅、借款與投資的能力、一套經濟成長策略、一個公平永續的發展模式。然而要讓這件事有實現的一天，歐元區要先擁有一套能共同做出決策的民主制度。光談歐元區政府並沒有意義，假如我們不談這個政府要對哪一個民主機構負責。

目前歐元區主要的決策單位是財政部長會議（Conseil des ministres des Finances），問題在於財長會議就是最常無法做出決策的單位。已經好幾年了，大家都期待歐元區就希臘債務重整問題表態，而全世界都知道這些債務有多龐大，但相關決策總是一延再延。

另一個例子：近年來關於營利事業所得稅的醜聞層出不窮。現在人人都知道跨國企業能省下大筆營所稅，實質繳納的稅率通常微不足道。然而歐元區向來無法做出最基本的具體決策：

我們到現在還在討論要怎麼建立共同課稅基礎，我們也始終無法認真處理最小共同稅率的問題。建立共同課稅基礎究竟有什麼意義，假如每個國家在同意之後又能制定幾近於零的稅率以吸引各家企業總部進駐？

這種無所作為的原因來自財長會議的運作大多遵循一致決的原則：稅制的議題，只要布魯塞爾一投反對票，一切就動彈不得。對於極少數原則上可以採取多數決的決策，實際上則由大國們掌握否決權。例如德國政府與其財政部長緊抱著那個荒謬的想法不放，要求希臘未來數十年間，每年都要撥出相當於3.5%GDP 的巨額預算基本盈餘，而這個想法讓整個決策無法前進。

就連財政部長會議的結構本身也有問題，因為這個機制的功能是讓國家利益（或自以為的國家利益）相互對抗，產生動彈不得的結果。只要有一個人代表著 8,000 萬人口（德國）或6,500 萬人口（法國），這個人就幾乎不可能心平氣和地接受自己居於少數。如此一來便不可能順利進行任何多數決──甚至任何公共討論。

由此可見，財長會議必須廢除，由真正的歐元區議會取代，其中每個國家將擁有一定數目的代表席次，而這些議員來自各國國會，數目依其人口及政治黨派的比例決定。舉例來說，應

該會有 30 席來自德國聯邦議院，25 席來自法國國民議會，並由不同政黨組成。我們很快就會發現，每個國家內部對希臘債務與企業稅的問題各有不同見解，德國也是如此，我們就有機會超越國與國的對立而做出多數決。我們也不妨想想，德國的人口占歐元區 24%，法國、義大利和西班牙占 51%，比利時、希臘、葡萄牙加上其他國家則占 25%。

另一種解決之道則是在歐洲議會之下建立一個歐元區的次級機構。我認為在各國議會的基礎之上建立一個歐元區議會顯然是較佳的選擇：一方面是因為各國議會擁有基本的民主正當性，得以動員其納稅人，另一個關鍵，則是透過這項重大的民主創新，創造一個堅實的核心，與各國的融合度比歐盟整體更高，並且擁有專屬的制度。

無論如何，重要的是未來能有候選人真的為歐元區的民主政府提出明確規畫，否則一切關於重振歐洲以及經濟政府的論調將永遠只是虔誠的祈禱。

論中國的不平等

De l'inégalité en Chine

2017 年 2 月 14 日

　　繼川普與英國脫歐之後，西方民主模式元氣大傷。中國媒體喜形於色。《環球時報》（官方日報）以長篇報導揭露西方國家試圖強加在全世界的所謂自由選舉與美好的政治制度，是如何製造出結合國族主義、仇外心理、分離主義、電視實境秀、庸俗與金錢至上於一爐的壓力鍋。沒什麼可教的，下課啦！

　　前陣子中國當局舉辦了一場國際研討會，主題為「全球經濟治理中的政黨角色」[1]。中國共產黨透過這次會議傳遞的訊息非常清楚：必須倚賴像中國共產黨這樣穩固堅實的中介組織（中國共產黨擁有 9,000 萬黨員，相當於成年人口的 10%，與美國或法國參與初選投票的人數相當），才能妥善組織審議與決策，規劃穩定、和諧與周全的發展模式，不受大賣場一樣的選舉活

1　譯註：可能是 2016 年 10 月 13 至 15 日於中國重慶舉行的「2016 中國共產黨與世界對話會」，主題為「全球經濟治理創新：政黨的主張和作為」。

動製造的離心力與認同衝動所影響。

　　儘管如此，中國政府非常可能犯下過度自信的錯誤。中國模式的局限人盡皆知，好比資訊完全不透明，並以嚴厲的鎮壓手段對付所有揭露政權黑暗面的人。

　　根據官方統計資料，中國的貧富差距看來一直都很小，經濟成長的果實都能平均分配。然而其中有許多可疑之處，如同近來楊利（Li Yang）、祖克曼與我共同進行的研究成果所示[2]。我們綜合各項過去從未取得的資料來源，尤其是將稅務及資產資料拿來與調查數據及國民帳戶相對照之後，證明這些官方統計資料大幅低估了中國貧富差距的程度及其演變。

　　1978 至 2015 年間，經濟成長讓中國脫離貧窮國家，這是無可質疑的。1978 年，中國在全球 GDP 中的占比不過 4%，到 2015 年已成長至 18%（占全球人口比例則稍微下降，由 22% 降至 19%）。依購買力平價計算並以 2015 年的歐元為單位，則其人均國民所得由 1978 年的區區每月 150 歐元成長到 2015 年的每月近 1,000 歐元。雖然中國的平均所得依然比歐洲或北美國家低三至四倍，前 10% 最富有的中國人──光這個群

2　皮凱提、楊利、祖克曼合著，〈中國的資本積累、私有產權和不平等的擴大：1978-2015〉（Capital Accumulations, Private Property and Rising Inequality in China, 1978-2015），WID.world，Working Paper Series No. 2017/6。

體就有 1.3 億人——獲得的平均所得卻與富裕國家的前 10% 群體相當。

問題是，中國後 50% 貧窮人口享受的經濟成長果實是平均值的二分之一。根據我們的推算，而這個推算結果應被視為中國不平等程度的低標，後 50% 的貧窮人口在國民所得中的占比由 1978 年的 28% 下降到 2015 年的 15%，相對的，前 10% 富人的占比則由 26% 上升至 41%。這個現象的影響非常驚人：中國社會不平等的程度已明顯超越歐洲，並急速接近美國的水準。

我們在私有財產集中度上也看到同樣的演變，而且更劇烈。1995 至 2015 年間，前 10% 富人持有的私人資產占比從 41% 上升到 67%。20 年間，中國由低於瑞典的水準上升到接近美國的水準。這個現象反映不動產取得能力的明顯差距（幾乎所有不動產都在這段期間轉為私人財產）以及部分企業的私有化過程，而取得這些企業的機會專屬於一小群人，取得條件更是黑幕重重。按照這個步調，中國可能會發展為一種財閥共產主義（plouto-communisme），其私人財產集中程度可能會比資本主義國家更高，而一切都掌控在唯一的共產黨手中。

不過我們必須注意一項根本的差異。中國政府在全國資本中的占比（不動產、企業、土地、基礎建設與設備）已經大為

減少，雖然仍舊十分可觀。根據我們的推估，1978 年時公有資本占全國資本的 70%，2006 年以後穩定維持在 30% 左右，2008 年金融危機後甚至稍微提升，反映國營事業的控制力再度增強。

在為時相當久的混合經濟時期（1950-1980），資本主義國家的公有資本占比約在 20 至 30% 左右，不過 1980 年之後隨著公有資產不斷私有化以及放任債務成長，占比便直線下降。2007 年時只有義大利的公有資本是負的（負債比資產多），到了 2015 年，美國、英國與日本也出現相同狀況（法國和德國的公有資本幾近於零）。換言之，民間所有人不只是持有全部的國家資本，對未來的稅收還有抽取的權利。這會嚴重擠壓政府的財政調節能力。

中國政府的處境比較樂觀，不過前提是當局能證明這樣的潛在走勢對絕大部分人民都是有利的。中國人不想再被西方人指導，不過他們能否長期忍受被自己的最高領導指導，尚難斷定。

歐元區議會會是什麼模樣？

À quoi ressemblerait une assemblée de la zone euro ?

2017 年 3 月 16 日

本諾・阿蒙（Benoît Hamon）上週在《世界報》上支持的歐元區議會是什麼樣的機構呢[1]？它的政治組成如何，它能還是不能「讓撙節成為少數」？它能讓設立歐元區民主政府的目標終於成真嗎[2]？

讓我先釐清一點，世界上沒有無懈可擊的議會，也沒有完美無缺的條約，而且單靠改變制度本身並無法解決人民與歐盟之間的衝突。《歐元區治理民主化條約》（traité de démocratisation de la gouvernance de la zone euro，以下簡稱 T-Dem）[3]的草案只不過是做為初步的討論基礎，理應經過廣

1　本諾・阿蒙（訪談），〈我要在歐盟達成的目標：讓撙節成為少數〉（Mon objectif en Europe : mettre l'austérité en minorité），《世界報》，2017 年 3 月 9 日。

2　參見〈終於民主的歐元區政府〉（Pour un gouvernement enfin démocratique de la zone euro），2017 年 2 月 1 日。

泛辯論，並依眾人之建議改善。

　　這份草案由歐盟法知名專家撰寫 —— 史蒂芬妮‧亨奈特（Stéphanie Hennette）為巴黎第十大學（université Paris-Nanterre）公法教授，紀堯姆‧薩克利斯特（Guillaume Sacriste）與安端‧佛謝（Antoine Vauchez）為巴黎第一大學（université Paris-I-Panthéon-Sorbonne）與法國國家科學研究中心（CNRS）的政治學學者及教師 ——，它的價值在於讓我們至少有一份草案，並證明讓歐洲更民主、更具社會意識的解決方案是存在的，而且毋需重訂所有條約，只需要依靠那些願意站出來的國家，例如法國、德國、義大利和西班牙，光這四個國家就代表歐元區 76% 的人口與國內生產毛額。這份民主化草案與政治領袖們針對歐盟一再提起的空泛提案尤其不同，它讓我們能在明確的基礎上展開討論。

　　那麼具體而言，依這份民主化條約設置的歐元區議會，其政治傾向與組成方式會是如何呢？我們可以設想好幾種情境，

3　法文版網址：http://piketty.pse.ens.fr/files/T-DEM%20-%20Version%20finale%209mars2017.pdf；英文版網址：http://piketty.pse.ens.fr/files/T-DEM%20-%20Final%20english%20version%209march2017.pdf。另參見亨奈特（Stéphanie Hennette）、皮凱提、薩克利斯特（Guillaume Sacriste）、佛謝（Antoine Vauchez）合著，《歐洲民主化條約倡議》（Pour un traité de démocratisation de l'Europe），Paris：Seuil，2017。

端視想要的是較小型的議會（約 100 人）還是較大型的議會（T-Dem 草案第四條規定的上限是 400 人）。

在小型議會的情境下，假設是成員是 100 位來自各國議會的議員，則德國會有 24 名代表（因為德國占歐元區人口的 24%），法國有 20 名，義大利 18 名，西班牙 14 人，以此類推。為了確保每個成員國都有一個基本席位（T-Dem 第四條），需要多加 5 席，因此總計要從各國議會中產生 105 位議員。再加上來自歐洲議會的 25 席之後，最終的總數為 130 位，其中 105 位來自各國議會（80%），25 位來自歐洲議會（20%）（同 T-Dem 第四條之規定）。這樣的小型議會在效率上有其長處（見表 0）[4]。

相反的，大型議會更能夠顧及政治多元性，對小國尤其如此，因為他們最少可以擁有 3 名代表。假設是 400 人的議會，其中會有 320 位來自各國議會，80 位來自歐洲議會（見表 1）。

我們也不妨思考一下這個議會在左右光譜上會呈現怎樣的政治組成。當然這裡頭有一部分是假想的，因為表 2 中列出的「左派」、「右派」、「基進左派」等陣營在不同國家有不同的界定，而且歐洲各國的實況大多和我們的設定不同。然而我們仍大膽嘗試，相信以這種方式呈現政治團體的類型與可能的

4　本文表格使用的各國議會詳細數據係由瑪儂・布居（Manon Bouju）協助收集。

多數意見，能夠捕捉真正的跨國政治的可能輪廓。這樣大家才能了解黨派認同與政治對立會如何帶動跨國議會的社會化，以及各國的左、右派在這個議會中可能會被重新界定的事實——何況它顯然不只是單純的橡皮圖章，而是有實質權力可行使（T-Dem 的設計便是如此，尤其是賦予歐元區預算與共同營利事業所得稅的表決權，而共同營所稅便是預算的財源；見第十二及十五條）。

我們必須強調，無論採取哪一種方案，歐元區議會的組成都會明顯傾向左派，至少就目前（2017 年 3 月）各國議會的政黨態勢來看是如此。舉例來說，假設是小型議會，來自各國議會的 105 位成員可能會如此分配：44 位屬於右派與中間右派（CDU/CSU、LR、PP 等）[5]，47 位屬於左派與環保人士（SPD、Grünen、PS、PD、PSOE 等）[6]，9 位來自所謂基進左派（Die Linke、Podemos、Syriza 等）[7]，以及 5 位其他類型的議員（M5S

5　譯註：CDU/CSU 指基民／基社聯盟，由德國的基督教民主黨（CDU）與基督教社會黨（CSU）組成的政黨聯盟。LR 指法國共和黨（Les Républicains）。PP 指西班牙人民黨（Partido Socialista）。

6　譯註：SPD 指德國社會民主黨。Grünen 指德國綠黨。PS 指法國社會黨（Parti socialiste）。PD 指義大利民主黨（Partito Democratico）。PSOE 指西班牙工人社會黨（Partido Socialista Obrero Español）。

7　譯註：Die Linke 指德國左翼黨。Podemos 指西班牙我們可以黨。Syriza 指希臘激進左翼聯盟。

表 0　歐元區議會：各國席次分配

	人口 （百萬） （歐盟統計局 〔Eurostat〕，2016 年1月1日估計值）	人口 （占歐元區 百分比）	在歐元區議會中的席位數 （100 個席位中依人口比例所 得份額，加上為小國準備之基 本席次，總計 105 席）
德國	**82**	**24%**	**24**
法國	**67**	**20%**	**20**
義大利	**61**	**18%**	**18**
西班牙	**46**	**14%**	**14**
荷蘭	17	5%	5
比利時	11	3%	3
希臘	11	3%	3
葡萄牙	10	3%	3
奧地利	9	3%	3
芬蘭	5	2%	2
斯洛伐克	5	2%	2
愛爾蘭	5	1%	1
立陶宛	3	1%	1
斯洛維尼亞	2	1%	1
拉脫維亞	2	1%	1
愛沙尼亞	1	0%	1
賽普勒斯	1	0%	1
盧森堡	1	0%	1
馬爾他	0	0%	1
	340	100%	105
歐洲議會代表			25
議會總席位數			130

資料來源與序列：參見 piketty.pse.ens.fr

表1 歐元區議會：各國席次分配

	人口 （百萬）	人口 （占歐元區 百分比）	在歐元區議會中的席位數	
	（歐盟統計局 〔Eurostat〕， 2016 年 1 月 1 日 估計值）		版本一： 小型議會 （100 個席位中依人 口比例所得份額，加 上為小國準備之基本 席次，總計 105 席）	版本二： 大型議會 （席位數為小型 版本的 3 倍）
德國	82	24%	24	72
法國	67	20%	20	60
義大利	61	18%	18	54
西班牙	46	14%	14	42
荷蘭	17	5%	5	15
比利時	11	3%	3	9
希臘	11	3%	3	9
葡萄牙	10	3%	3	9
奧地利	9	3%	3	9
芬蘭	5	2%	2	6
斯洛伐克	5	2%	2	6
愛爾蘭	5	1%	1	6
立陶宛	3	1%	1	5
斯洛維尼亞	2	1%	1	3
拉脫維亞	2	1%	1	3
愛沙尼亞	1	0%	1	3
塞普勒斯	1	0%	1	3
盧森堡	1	0%	1	3
馬爾他	0	0%	1	3
	340	100%	105	320
歐洲議會代表			25	80
議會總席位數			130	400

資料來源與序列：參見 piketty.pse.ens.fr

等）[8]。即便把 25 位來自歐洲議會的成員也依各黨派比例計算，對上述平衡狀態也只會有極輕微的影響。

另外要指出的是，針對預算政策、振興歐洲經濟、債務重整……等問題，法國、西班牙或義大利右派的立場往往與德國右派相當不同，而後者在歐元區議會中僅會有 12 席（總計 105 席，成員來自各國議會）。

重點摘要：歐元區議會並不是萬靈丹，我們所提議的條約內容可以、也必須改進與補強，我們也完全無意宣稱這個議會做出的每一個決策都會符合大家的期望，或是像魔法一般讓歐洲所有問題迎刃而解。不過，我們有理由認為歐元區議會可提供一套民主框架，讓撙節成為少數意見，或者至少能讓現有的權力版圖出現相當程度的實質改變，最終能讓民主、多元、公開的審議結果取代對閉門會議與資訊不透明的崇拜。每個人——尤其是梅蘭雄、馬克宏和費雍——都可以對這份議會組成的提案該如何補充或調整做出建議，或是表達他們是否計劃在沒有議會的情形下長期治理歐元區，並維持目前跨政府合作的現狀。

最後一點：我們還是有必要強調一下，如果依照各國的

8　譯註：M5S 指義大利五星運動黨（Movimento 5 Stelle）。

表 2 歐元區議會：各政治黨派的席次分配（成員來自各國議會）

	歐元區議會 席位數 （100 個席位中依 人口比例所得份 額，加上為小國準 備之基本席次）	席次分配，依各國議會之政黨比例計算 （最高平均數）（2017 年 2 月）			
		右派 （CDU/CSU、 LR、PP 等）	左派 （SPD、 Grünen、PS、 PD、PSOE 等）	基進左派 （Die Linke、 Podemo、 Syriza 等）	其他 （M5S 等）
德國	24	12	10	2	0
法國	20	9	11	0	0
義大利	18	3	12	0	3
西班牙	14	7	4	3	0
荷蘭	5	2	2	1	0
比利時	3	2	1	0	0
希臘	3	1	0	2	0
葡萄牙	3	1	1	1	0
奧地利	3	1	1	0	1
芬蘭	2	1	0	0	1
斯洛伐克	2	1	1	0	0
愛爾蘭	1	1	0	0	0
立陶宛	1	0	1	0	0
斯洛維尼亞	1	0	1	0	0
拉脫維亞	1	0	1	0	0
愛沙尼亞	1	1	0	0	0
賽普勒斯	1	1	0	0	0
盧森堡	1	1	0	0	0
馬爾他	1	0	1	0	0
總數	105	44	47	9	5

解說：本表所呈現的分配僅考慮下議院之情況（如德國聯邦議院、法國國民議會等）。
若納入上議院（如德國聯邦參議院〔Bundesrat〕、法國參議院等），席次分配結果每
國僅會有 1 至 2 席的差異。
資料來源與序列：參見 piketty.pse.ens.fr

GDP 而非人口比例來分配席次，結果幾乎不會改變。這樣的選舉機制等於回頭對各國採取「一歐元一票」的規則（不過這是歐洲穩定機制〔Mécanisme européen de stabilité，MES〕管理委員會投票時採用的制度，歐洲央行〔BCE〕就資本重組事務進行投票時亦同），就民主的觀點來看顯然沒有那麼理想，就我們的觀點來更是完全不能接受（何不讓每個省、每個人也適用這項規則呢？）。不過事實上，依照 GDP 分配對議會的組成幾乎沒有影響，原因很簡單，因為歐元區各國的人均 GDP 其實相去不遠（見表 3）。具體而言，德國人口占歐元區的 24%，法、義、西合占 51%，其他國家占 25%。依照 GDP 的比例來分配，德國占 28%，法、義、西合起來占 48%，其餘所有國家占 24%。換言之，如果我們以 GDP 為分配基準，德國獲得的席位數會稍微增加，但對於政治均衡的影響微不足道：好比德國的右派也許會拿到 14 席而非 12 席（總計 105 席，成員來自各國議會）。

　　現在讓我們探討那個令人惱怒的問題：如果有些夥伴國拒絕一切關於歐元區民主化條約的討論，會怎麼樣？讓我們做一個練習題：如果德國政治領袖因為害怕在民主的歐元區議會裡變成少數，就關上協商大門，會怎麼樣？對這個問題，我們可以提供三組回應。

表 3　歐元區：人口分布與 GDP 分布

	人口 （百萬） （歐盟統計局 〔Eurostat〕， 2016 年 1 月 1 日 估計值）	人口 （占歐元區 百分比）	GDP （10 億歐元） （2015，SEC 2010，依 市價計算）（歐盟統計 局，更新日期 2017 年 2 月 21）	GDP （占歐元區 百分比）
德國	82	24%	2,791	28%
法國	67	20%	2,095	21%
義大利	61	18%	1,554	16%
西班牙	46	14%	1,068	11%
荷蘭	17	5%	656	7%
比利時	11	3%	384	4%
希臘	11	3%	184	2%
葡萄牙	10	3%	172	2%
奧地利	9	3%	310	3%
芬蘭	5	2%	187	2%
斯洛伐克	5	2%	76	1%
愛爾蘭	5	1%	229	2%
立陶宛	3	1%	34	0%
斯洛維尼亞	2	1%	37	0%
拉脫維亞	2	1%	21	0%
愛沙尼亞	1	0%	17	0%
賽普勒斯	1	0%	18	0%
盧森堡	1	0%	46	0%
馬爾他	0	0%	8	0%
合計	340	100%	9,888	100%
單計：德國	82	24%	2,791	28%
法—義—西	174	51%	4,717	48%
其他國家	84	25%	2,380	24%

資料來源與序列：參見 piketty.pse.ens.fr

首先，即便在最悲觀的假設下，有些夥伴國拒絕進行任何討論，我們認為提出可能的替代方案仍然非常重要。直到目前為止，法國政治領袖從未向其他歐元區夥伴提出一份認真的政治與議事聯盟草案。法國政府老是抱怨布魯塞爾、抱怨德國，有時更抱怨全世界，但我們幾乎沒看過政府為建立更民主、更具社會意識的歐洲提出任何公開且具體的規畫。即便在最悲觀的假設下，這些規畫直接被夥伴國全盤否定，從政治與歷史的角度來說，提案與歧見浮上檯面的階段仍然十分重要。假設法國公開對歐元區、對德國提議建立以一人一票為基礎的民主議會制度，而德國堅決不肯就此提案進行任何討論，這些狀況很可能會導致一種不信任與怒火中燒的氣氛，最後蔓延到整個歐元區。或許在法國或其他地方舉行的另一次投票、另一場選舉會產生新的結果，引發歐盟改革提案的熱潮。不過即使是像上述這樣令人極度沮喪的狀況，我們認為可行的民主替代方案能先得到公開辯論的機會是相當重要的。

　　其次，我們認為這個極度悲觀的情境並不是最符合現實的，遠非如此。我們的夥伴們，尤其是德國的夥伴，對議會民主價值的看重至少和我們相同，甚至對於政治聯盟的思考常常更加先進。儘管在不遠的未來，德國政權很可能易主，轉向左派，但是有很多德國公民與政治領袖，當然包括右派人物，會

對法國提出的歐元區議事聯盟方案張開雙臂。至不濟，也一定
會進行協商，且理應能找到一個折衷點，雖然沒有人能預測會
是什麼。人民與各方意見的壓力，尤其是來自義大利與西班牙
的壓力，會將歐洲推向民主化的方向。

　　第三，T-Dem 的草案本身在批准條件上（第二十條）就設
計了一個緊急出口。在 19 個歐元區國家中，只要有 10 個國家
批准 T-Dem 條約，且人口占比至少達到 70%，條約就會生效。
理論上，我們可以想像沒有任何大國批准（例如德國）也能讓
條約生效。這樣的發展不是我們最想見到的，也不是最可能
發生的，遠非如此。不過至少有一條路讓想要這份條約的國家
可以藉由啟動片面批准的程序表達他們的高度意願，這麼做也
可以對拒絕一切討論的國家造成更大的壓力。現在最要緊的事
不在於決定一個啟動脫歐程序的最後期限，而是該採取具體作
為，證明有一條民主的道路可以讓歐洲大陸從自己製造的種種
矛盾衝突中脫身。

公有資本，私有資本

Capital public, capital privé

2017 年 3 月 14 日

　　目前的經濟論辯受到兩種現實的多重影響，而我們太常忘記這兩種現實彼此有所關聯：其中一種是公共債務的大幅增加，另一種則是私人資產的蓬勃成長。公共債務方面，相關數字大家都很清楚：幾乎各國的公共債務都達到或略微超過國民所得的一倍（幾乎等於一年的 GDP），相較之下，1970 年代時不過 30%。我完全無意淡化這個問題的嚴重性：這是二次大戰以來所見最高的公共債務水準，而歷史經驗顯示，透過一般手段很難解決這麼高的債務。但正因如此，為了更了解相關議題與替代方案，我們有必要從財產結構整體變遷的視角重新檢視此一現況。

　　長話短說。一國內部的所有財產可以區分兩種，一是公有資本，亦即各種公有資產（房舍、土地、基礎建設、金融投資、企業認股等等，由不同形式的公權力所持有，如國家、地方自

治團體等）扣除公共債務後的財產；另一種則是私人資本，亦即各種私人家戶持有的資產扣除債務後的財產。

「光輝的三十年」期間，公有資產十分雄厚（約為國民所得的 100 至 150%，因為戰後許多資產被收歸國有，產生龐大的公部門），而且明顯高於負債（繼 1945 至 1955 年的通貨膨脹、債務取消與額外課徵私人資本稅之後，公共債務一直都很低——低於國民所得 30%）。整體而言，公有資本——已扣除負債——一般都是正值，約為國民所得的 100%。

1970 年代後，情勢完全改變。1980 年左右興起的私有化浪潮使公有資產停滯在國民所得的 100% 左右，即使不動產與股價節節高升。與此同時，公共債務水準越來越接近國民所得的 100%，以致公有資本淨額幾乎歸零。在 2008 年金融風暴前夕，義大利的淨額已經是負值。關於 2015 至 16 年度的最新資料顯示，美國、日本與英國的公有資本淨值已呈現負值。上述這些國家即使將所有公有資產售出，也不足以償還債務。法國與德國的公有資本則非常接近零[1]。

然而這並不代表富國變成了窮國：變窮的是他們的政府，

---

1 參閱阿瓦列多、江瑟、皮凱提、賽斯及祖克曼合著，"Global Inequality Dynamics: New Findings from WID.world"，National Bureau of Economic Research，Working Paper No. 23119，2017。

兩者相當不同。事實上在同一時間，私有財產——扣除債務後——成長的速度令人咋舌：在所有富裕國家中，1970年代的私有財產相當於 300% 的國民所得，到了 2015 年已接近或超越國民所得的 600%。

私有財產之所以欣欣向榮有很多因素：不動產價格高漲（大型都會之人口聚集效應）、人口老化與經濟成長趨緩（這自然

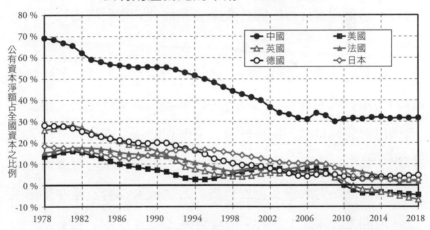

公有財產占比的下滑，1978-2018

解說：公有資本（指扣除負債後的公有資產，包含各種公共自治團體，且不區分資產類型，如：企業、不動產、土地、持股與金融資產等）在全國資本（即公有與私有資本的總和）之中的占比，就中國而言，1978 年約為 70%，2000 年代中期之後穩定維持在 30% 左右。就資本主義國家而言，1970 年代末期約為 15 至30%，到了 2010 年代末期幾乎趨近於零或是呈現負值。

資料來源與序列：參見 piketty.pse.ens.fr/ideologie。托瑪‧皮凱提，《資本與意識型態》，同前出處，頁 706。

會使過去累積的儲蓄比當前所得成長的速度相對更快，並造成資產價格膨脹），當然還有公有資產的私有化與債務成長（私人以不同方式經銀行成為債權人）。我們還可以加上持有巨額金融資產的人享有的巨額報酬（基於結構性因素，這些資產成長的速度比全球經濟規模的成長還快），以及法律制度的變化整體而言高度有利於私人資產（對不動產與智慧財產都是）。

無論如何，私人資本成長的速度比公有資本減少的速度快很多，而且富裕國家依然維持水準，甚至還有些微成長（整體而言，富裕國家持有的國外金融資產比他國在其境內持有得更多）。

面對私人資本的擴張，為何要如此悲觀？因為在意識型態的力量與政治實力的關係下，政府無法讓全球化的主要受益者做出應有的貢獻。這種無法公平課稅的感受讓越來越多人選擇增加負債。由於各國金融與資產交互持有的密切程度前所未有，讓無能為力的感受更加強烈：每個國家都有資產在鄰國手上，歐洲尤其如此，令人深切感到失去控制力。

回顧歷史，財產結構的重大轉變通常伴隨著劇烈的政治動盪。法國大革命、美國內戰、20 世紀的歐戰與世界大戰乃至解放戰爭都是如此。如今，國族主義者的積極運作可能會讓我們走回國家主權貨幣的老路並帶來通貨膨脹，這可能會在有些混

亂的情形下達成某種財富重分配，但代價是社會陷入高度緊張以及政治衝突被化約為種族對立。既然維持現狀可能會讓我們遭受重創，只有一個方法能解決問題：必須開闢一條民主的道路，讓我們能離開這條死巷，在法治國的架構下實施必要的財富重分配。

法國需要何種改革？

Quelles réformes pour la France ?

2017 年至 2018 年

論法國的不平等

De l'inéqualité en France

2017 年 4 月 18 日

　　根據某個傳聞已久的說法，法國其實是一個高度平等的國家，可以奇蹟般的躲過襲捲世界各國的不平等問題。若真是如此，這場總統大選中為何瀰漫著對全球化與歐洲的憂心忡忡？首先是因為這個只有法國平等的偉大國家神話太言過其實了，其次是因為主流族群太常利用這個神話來正當化我們法國人的惶惶作態。

　　這不是什麼新鮮事。法國其實是最後一個採行累進所得稅制的國家，直到 1914 年 7 月 15 日才為了戰事經費所需，在最後關頭表決通過，當時這項稅賦在德國、英國、瑞典、美國和日本都已施行，是學校及公共服務的經費來源，有些國家甚至已經實施數十年。直到 1914 年，第三共和的政治與經濟菁英始終固守反對改革的立場，宣稱法國因為大革命的緣故已經實現平等，因此完全不需要一套侵犯與掠劫人民的稅賦，那比

較適合周圍實行獨裁貴族政體的民族使用。事實上，繼承檔案顯示，當時法國的財產與所得集中程度與其他歐洲國家一模一樣，也是高得驚人（也比美國高）。

如今面對我國教育系統日益擴大的不平等現象，同樣的偽善又出現了。在法國，人們出於純正的共和國精神，決定提供三倍於普通大學生的國家資源給菁英院校學生，而一般的大學聚集了許多來自社會弱勢階層的年輕學子。此外，這種菁英主義與緊縮政策的傾向已經造成每位學生獲得的經費在 2007 到 2017 年間減少了 10%（即便大家開口閉口就是知識經濟、創新經濟云云），而從一些政見可以看出，這種傾向在下一屆總統任期中很可能會更加明顯。法國也是唯一一個國家的私立中小學幾乎全部由稅金支應，卻讓學校保有選擇學生的權力，這會造成令人難以忍受的高度社會區隔。但很遺憾的，在這件事上，現狀依然沒有動搖的跡象。

至於貨幣不平等的變化，一份由賈班第（Bertrand Garbinti）與古畢—勒布雷（Jonathan Goupille-Lebret）發表的新論文[1]也證實法國的平等神話有其局限。確實，法國貧富差

---

1 賈班第、古畢—勒布雷、皮凱提合著，"Income Inequality in France, 1900-2014: Evidence from Distributional National Accounts (DINA)"，WID.world，Working Paper Series No. 2017/4。

距邊增的幅度沒有美國那麼嚴重，美國後 50% 貧窮人口在國民所得中的占比真的是一落千丈。不過法國本身也出現貧富差距顯著惡化的狀況。在 1983 到 2015 年間，前 1% 富人的平均所得成長了 100%（已除去通貨膨脹因素），前 0.1% 成長了 150%，而其餘人口僅成長不到 25%（相當於每年成長不到 1%）。光是前 1% 的富有人口就取走全部經濟成長額的 21%，而後 50% 較貧窮的人口則獲得 20%。與「光輝的三十年」相比，差異大得驚人：1950 到 1983 年間，絕大多數人口的所得每年成長近 4%，反而所得最高的群體每年只能成長 1% 左右。「光輝的三十年」對某些人來說還沒有終結，這件事大家並非渾然不覺：只需讀一讀雜誌上刊載的企業高層年薪與財富排名就能略知一二。

上述研究也指出巨額資產的確在快速成長，其中超過 1,000 萬歐元的資產 90% 屬於金融投資，而且這些資產自 1980 至 1990 年代以來不只成長得比 GDP 還快得多，也比資產平均值成長得更快（資產平均值受不動產帶動攀升）。從一年一年富人稅申報的資產筆數與金額也能看到同樣的蓬勃成長。這一群人完全沒有失血：我們觀察到的反而是充滿活力的稅基。

有了這些前提，便很難理解為何有些候選人認為應該停止對金融資產課徵富人稅，或是應該對金融資產所得課徵比勞務

對某些人而言，「光輝的三十年」尚未終結

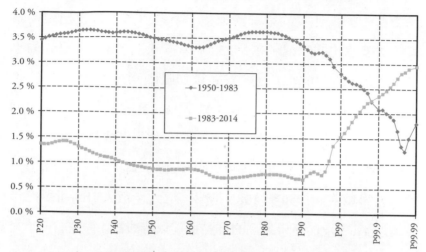

解說：各百分位中，每位成人每年稅前所得實質成長率的平均值。個人數據（已婚伴侶所得則除以2）。

資料來源與序列：賈班第、古畢─勒布雷、皮凱提合著，"Income Inequality in France, 1900-2014: Evidence from Distributional National Accounts (DINA)"，WID.world，Working Paper Series No 2017/4。

所得更輕的稅率。如果要促進社會流動，更合理的做法應該是幫那些為了擁有第一筆房地產而負債的家庭減輕不動產稅（這顯然是最大宗的財產稅：稅收達 300 億，富人稅則為 50 億）。

有些人也許會認為這和政治獻金有對價關係。我們也可以從這些財稅決策中看到某種嚴肅但錯誤的意識型態造成的影響；這種意識型態主張讓越多人、越多地區彼此競爭，越能自然而然實現社會和諧與全民均富。可以確定的是，當最社會上

最脆弱的族群感到被拋棄，且越來越容易受到那些仇外思想的洗腦聲音所誘惑，此時還把全球化的贏家放在第一順位，還想讓法國人重燃對累退稅制的熱情，是很危險的事。我們最迫切需要的，就是停止否認法國存在不平等。

法國需要何種改革？

Quelles réformes pour la France?

2017 年 5 月 16 日

　　艾曼紐・馬克宏（Emmanuel Macron）當選，法國與歐盟就能再起嗎？大家都願意這麼相信，但世事難料。新總統有一些不錯的想法，但整體而言還在草擬階段，也有投機主義之嫌。

　　最令人期待的大工程是法國社會安全制度的革新與統一。和其他國家相比，法國社會福利體系疊床架屋的狀況特別明顯，因此非常複雜也難以理解。

　　退休金的問題更是其中之最。這套制度的財源沒有問題，不過太多類別與規定導致沒有人弄得清楚未來能享有的權利。整體的統一有其必要，對年輕世代尤其如此，因為他們的職涯發展往往包含公部門、私部門及創業等多種經歷，但最後都應該有權得到退休金。我們還必須就新的通則、針對複雜的工作經歷或勞力負荷大的職業規劃的專屬制度……等事項達成共識。這項工作並不是小菜一碟，何況我們的基礎幾近於零──

退休金制度的統一在馬克宏的政見中只占了一行。

另一項重大工程：失業保險制度。這項改革的前提也一樣，就是不能弄錯了目標。大家以為要求失業的求職者遵守更嚴格的規定，就能（可疑地）省下大筆經費，對於自願離職者以及自營工作者的權益是否應擴大保障則很少提及。我們更應該將公部門納入這個制度中，因為任由公部門製造越來越多不穩定且徹底被失業保險制度排除在外的職位，正是最大的偽善。

至於勞動法，大家都知道合理的改革需要哪些條件：除非無限期僱傭合約（contrat à durée indéterminée，CDI）能成為常態，並減少使用定期僱傭合約（contrat à durée déterminée，CDD），否則無法想像無限期聘僱的解約條件能變得更明確，或是有可能更具彈性。另一方面，薪資協商高度自主的結果，為德國帶來深不見底的盈餘，但這些錢並沒有成為協助歐盟平衡發展的稅收。

教育方面，馬克宏的政見中有一個想法很好：對於我們至今只知道汙名化的弱勢學校，終於要實際提供一些新的資源。不過他提出的措施似乎太集中於小學低年級的課堂（至少到國中階段的機會不平等都應該剷除），而且和他宣布的預算裁減政策不太一致，除非他打算大幅增加其他學校的班級規模。打算要回到全世界沒有別的國家採用、一週上學 4 天的問題制度，

同樣凸顯馬克宏路線的模稜兩可：這裡一撮改革主義，那裡一勺保守主義。

更大的問題是，關於教育培訓的實際投資策略，我們一直無法看到一個完整的版本。然而這是十分關鍵的議題。法國的勞動力目前是全球最有生產力的（與德國齊平，且經濟模式比美國平等得多），但這個位子很難坐得牢[1]。這個國家剛從 10 年衰退中走出來——2017 年的人均國內生產毛額比 2007 年時低了 5%——，而高等教育部門因此受到重創，每位學生獲得的資源大減將近 10%。千萬別忘記：法國人口持續成長（與德國相反），而學生數比人口成長得更快。這是再好不過的事，只要我們能投入適當的資源。

關於社會安全體系的財源與稅制，馬克宏先生的立場極度保守。他將一切寄望於提高一般社會捐（CSG），但目前最急迫的是建立所得稅的就源課稅制度。比其他國家晚了半個世紀，法國終於準備在 2018 年 1 月實施這項改革，現在馬克宏先生卻打算延後施行，對一個主張要讓國家跟上時代的人來說真是再諷刺不過！這項改革可減少所得稅和一般社會捐的差異，後者應該要走向累進制，不再依比例計算，而這不只是針

1　參見〈論法國與德國的生產力〉，2017 年 1 月 5 日。

對薪資，退休金與其他所得類型也是如此。

馬克宏先生顯然對累進稅這個概念本身有意見，因為他主張高額金融資產所得的課稅上限為 30%（同額的高勞務所得課稅上限則是 55%），並主張廢除對金融資產課徵財產稅（理由相當奇怪，在他的想像中，金融投資一定會比不動產投資更賺錢）。

最後讓我們談談關於歐盟的改革。其核心議題在於為歐元區建立堅實的民主制度，使我們有能力面對未來的危機[2]。當利率再度上漲，當我們為了做出延長償債期限的艱難抉擇，需要充分的民主正當性時，解決問題的地方將不再是國家元首與財政部長召開的閉門會議。我們將會依靠公共審議與各國提出的多元意見，亦即透過一個由各國議員與歐盟議員共同組成的貨幣聯盟議會來解決。

缺乏有力的民主制度是歐洲所面臨的最大威脅。遺憾的是，從今年法國與德國的選舉看不出任何克服威脅的可能性。

2　參見〈歐元區議會會是什麼模樣？〉，2017 年 3 月 16 日。

雷根十次方

Reagan puissance dix

2017 年 6 月 13 日

　　川普是美國歷史上的不明飛行物,還是可以視為長期趨勢的延續?雖然無意否認「唐老鴨」顯而易見的強項與他操作推特的獨門技巧,但我們不得不承認長期存在的種種因素比他的影響更大。

　　川普最近送進國會的財稅方案正是最佳說明。這套方案包含兩項主要措施:將聯邦課徵的營利事業所得稅稅率由 35% 降低至 15%(川普也希望像他一樣的個人企業主的所得稅可以採用這個稅率);完全廢除遺產稅。這顯然是直接延續了雷根在 1980 年代提出的累進稅廢除政策。

　　讓我們倒帶一下。為了阻擋貧富差距拉大與財富過度集中(當時的觀念認為這有違美國民主精神),同時也為了避免有朝一日成為另一個舊歐洲(在 19 世紀與美好年代〔Belle Époque〕被視為大西洋另一端的貴族寡頭社會,這看法不無道

理），美國人在 1910 到 1920 年代制定了前所未見的累進稅率。這場抑制貧富差距的大規模行動除了涉及所得稅（1930 到 1980 年間，最高額所得適用的稅率平均為 82%）也包括遺產稅（移轉巨額遺產的稅率高達 70%）。

一切改變起於 1980 年雷根當選：1986 年的改革將所得稅的最高稅率降至 28%，並且背棄羅斯福新政（New Deal）時期建立的社會政策，指責這些政策削弱美國國力，讓那些戰敗國更容易追上來。不過雷根讓高額企業稅與遺產稅的高累進稅率維持不變。雷根改革後 30 年，小布希首次嘗試廢除遺產稅後 10 年，川普在 2017 年再度為大企業與富豪送上一波好禮，而這一切發生之前，他廢除了歐巴馬健保（Obamacare）。

而美國國會很可能會跟隨他的步伐。雖然共和黨議員打算新增一個稱為「邊境調整」（border adjustment）的措施，亦即允許出口額可由應稅利潤中扣除，相反的，進口額則不得扣除（即知名的「萊恩方案」〔Ryan Plan〕）。這種混合企業稅與歐洲商業增值稅的破天荒政策惹惱的不只是世界貿易組織（WTO，這倒不是川普所不樂見），還包括進口商（例如沃爾瑪超市〔Walmart〕），這就比較麻煩了。理論上，美元升值可以抵銷這項措施的效果，但實務上，很多因素都會影響匯率，誰都不願意冒險。

最後通過的措施很可能只會針對特定進出口貨物（整件事是為了讓大家都知道共和黨比民主黨更懂得捍衛美國企業，民主黨就是一群狡猾的自由貿易主義者，隨時準備讓利給墨西哥人或其他環伺美國虎視眈眈的國家），不論遺產的問題也好，大減企業稅率的問題也罷，應該都會取得折衷；企業稅率大概會落在 15 至 20% 左右，這可能會導致美國對歐洲與世界各國又一次的財稅傾銷。

　　關鍵問題還沒解決：不論是 1980 年還是 2016 年，一個如此明顯傾向富人而不利弱勢的政策，為何總能吸引多數美國人的支持？典型的回答是全球化與區域之間的過度競爭導致人人都相信自利至上。但這還不是全部：還需再加上共和黨的善於操弄國族主義語彙、助長某種反智主義，更重要的是善於以激化種族、文化與宗教之對立來撕裂大眾。

　　自 1960 年代開始，共和黨就因為部分南方白人中下階層的選票漸漸轉移而蒙受其利；這個群體對民權運動與社會政策不滿，指責社會政策給黑人太多好處。歷經 1972 年尼克森關鍵性的勝選（尼克森的對手是民主黨的麥高文〔George McGovern〕，他主張聯邦應制定全民最低所得，經費由更重的新遺產稅支應：這是羅斯福主義政策的最高峰），1980 年的雷根，最後到 2016 年川普的當選（他和之前的尼克森與雷根一

樣，毫不猶豫的利用種族主義汙名化的武器攻擊歐巴馬健保），
這股源遠流長的力量始終未曾停歇。

與此同時，民主黨的選民越來越集中在教育水準較高的人
口與弱勢族群，從某些角度看來，變得更像 19 世紀末的共和
黨選民結構（優勢的白人與解放的黑人），彷彿繞了一大圈又
回到原點，而羅斯福時代超越種族對立、結合所有中下階級形
成的聯盟不過是一段插曲。

但願歐洲——某些面向有走上相同趨勢的危險，因為中下
階級為了保護自己，對反移民勢力的信賴度越來越高，對自稱
進步派的陣營則較不信任——能懂得從中學到教訓。也願川普
路線可預期的社會失敗不會讓「唐老鴨」不顧一切使出國族主
義的激烈手段，如同眾多前輩所為。

前進的議員們，握緊你們的權力！

Députés marcheurs, prenez le pouvoir!

2017 年 6 月 20 日

　　在國民議會超過 350 個席次中，舉著「共和國前進」（La République en marche，LRM）旗幟的新科議員將取得壓倒性多數。他們會利用優勢站上改革與復興法國政治的前沿嗎？還是會自甘於當個橡皮圖章，乖乖對政府送來的法案投下贊成票，毫無批判精神？

　　第一場實測很快就要到來了，題目就是就源課稅，政府希望延後到 2019 年再實施這個政策，或者永遠不必實施，理由完全出於投機主義且站不住腳。對照新政府對革新法國財稅社會體系展現的所謂決心（可惜一深入細節，這決心就顯得相當模糊[1]），這種退縮令人對未來不抱希望，更擔心每況愈下。此外，和之前說的不同，政府無法不經國會投票便做出此種決定，

1　參見〈法國需要何種改革〉，2017 年 5 月 16 日。

因此國會必須在接下來的幾天或幾週內舉行表決。

非此即彼。要不然就是「共和國前進」的議員堅持守住這項指標性改革，並依照 2016 年秋天結束的上屆議會所通過的 2017 年財政法案，於 2018 年 1 月施行。如此一來我們就明白，新當選的議員已準備在未來的改革中擔起應有的職責，必要時也會與行政權對抗。另一個可能就是他們同意跟隨政府的保守主義，而不幸的是，這似乎是最可能的結果。可見我們打交道的對象是由一群紙糊的改革分子組成的新國會大黨與新政權。

改革在改什麼？ 1920 年，德國和瑞典開始對所得稅實施就源課稅，美國、英國和荷蘭於二次大戰時期開始實施，義大利與西班牙則始於 1960 至 70 年代。在已發展國家中，法國是唯一還沒有推行的。我國稅制與行政體系多麼食古不化，由此可見一斑：在這點上，我們比所有國家落後了半個到一個世紀。

更遺憾的是，就源課稅能夠提高經濟效能，這是所有利害相關者都樂見的。首先是納稅人，納稅人在目前的制度下必須經過一年以上才為他們的所得繳稅，但有時他們的就業與財務狀況已經完全不同。相對的，新制度則可以依每個人的情況即時調整需繳納的稅額。

其次是稅務機關：新制可讓稅務人員集中精力於更重要的事務，尤其是稅務稽查與打擊逃漏稅。

最後是企業：即使有些企業主基於保守心態，主張改革會增加他們的工作（這項理由在所有 100 年前就開始實施改革的國家都出現過……），但實際上從 1945 年開始，法國的社會福利提撥與其他社會捐就是採取就源課徵（如果納入各項社福提撥與一般社會捐〔CSG〕，這些就源課徵的稅收總計超過 GDP 的 20%，相較之下，所得稅占 GDP 的不到 4%），而且擴大到所得稅是一種簡化整體稅制的方法，從結果論，企業以及所有社會成員與經濟主體都將受益。

　　事實上，不斷延後改革帶來的荒謬結果，是讓法國的官僚作業變得前所未有的複雜。一個鮮明的例子：最近才重新命名為就業津貼（prime d'activité）的工作津貼（prime pour l'emploi，PPE）。目前一位領取法定最低工資（smic）、全時工作的受雇者，每月的薪水會被扣除 300 歐元左右（總額 1,450 元扣到只剩淨額 1,150 元），被就源扣繳的項目包括各項社會福利扣繳與一般社會捐。接著，如果他提出申請，幾個月過後，也許他會從家庭補助局（caisses d'allocations familiales）拿到相當於每月 130 歐元的就業津貼。如果就源扣繳的金額減少顯然比較好，這樣每個人每月薪水單上的淨額就會比較高，可以在財務狀況比較確定的情形下安排自己的生活，而不是浪費時間處理一些不確定、給人貼標籤又得碰運氣的行政手續上。為什麼我

們的制度如此荒謬？因為所得稅並不是採就源課稅，以至於工作津貼──制定時被歸為所得稅的範圍──始終無法直接列在薪水單上。如果制度已經改革，包含此事在內的許多具體狀況應該都能解套了。

除了這些實務面向的重要問題，就源課稅的實施還承載著更大的民主、政治與哲學意義。它的重要性在於幫助我們釐清國家與公民／納稅人之間的關係，以一致的方式思考稅與移轉性支付的課題、租稅正義與社會正義的困難，以及合理所得與合理薪資為何的問題。

一般而言，思考這些稅制和課徵型態等問題時，最大的錯誤莫過於把他們當做純粹的技術問題。如果課徵方式不正當、不被人民接受，如果稅賦沒有得到人民同意，公家就不能這麼做。所有重大政治革命的核心動力都是財稅革命。如果當初沒有就源課稅，社會安全制度就不可能建立：我們能想像每個受雇者都簽一張支票給社會安全基金，一年後可以兌現，數額合計超過 GDP 的 20% 嗎？就源課稅始終無法擴大到中央稅一事，反映出法國遇到極大的瓶頸，難以藉由集體力量建立公民／納稅人與中央政府的信賴關係。這個問題和我們的整套社會契約有關。

可惜的是，我們花了數十年的時間反覆辯論法國是否要全

面實施就源課稅，而這項改革每次都被推遲。1999 年，面對部分稅務人員與企業的抗議，喬斯潘（Lionel Jospin）政府終於決定犧牲推動改革的部長蘇泰（Christian Sautter），當時他的改革計畫已被延後一年。這是 18 年前的事。

　　猶豫多時之後，2012 至 2017 年間執政的社會黨政府終於決定提出一套規劃非常完整的政策，並在 2016 年秋天獲得國會同意，可於 2018 年 1 月開始進行改革。當然我們會感到惋惜，這個新制度要是能早一點付諸實行，在選舉之前而不是之後，改革就不會再被推翻。當然我們也可以視之為歐蘭德（François Hollande）任內的最後一次精心佈局，因為他希望這樣能幫助他順利連任；結局我們都知道了。

　　即便如此，這是一項好的改革，而且無疑是數十年來最重要的一項財稅改革，這項隨著 2017 年財政法案在 2016 年秋天獲得國會正式採納的制度也是一個良善的制度，尤其採用了新穎的資訊科技（德國、瑞典、美國及英國在戰間期或二次大戰時期進行改革時並沒有此種技術），所有必要資訊都可以即時傳輸並獲得匿名保護，以確保企業的扣繳稅率是正確的。所有該與稅務人員及企業進行的協商都完成了，沒有人再對改革表示反對，大家都準備在 2018 年 1 月讓新制上路。

　　經過 2016 年秋天議會相當建設性的討論之後，政府甚至

打算讓納稅人可以視其方便選擇適用通用稅率（計算時不考慮納稅人其他所得或家庭狀況）或是個人化稅率（可讓收入較少的伴侶，通常為女性，以低於其伴侶的稅率計算）。歷史上從沒有一個國家在實施就源課稅時能提供這麼多保障與選擇（這是身為後進的優勢：可以擁有更進步的科技。）

然後就在 2017 年 5 月來了一位新總統艾曼紐·馬克宏，自稱是「改革派」的國家元首。在 6 月 7 日，亦即國會初選前幾日所發布的一份新聞稿中，他宣布了什麼？宣布就源課稅的實施延後，期日未定。文中的確提及 2019 年會實行，但既然上一次宣布延後一年是發生在 1999 年，我們的擔憂便不是毫無道理。相關歷史經驗告訴我們，這類改革應該要在五年任期的一開始就推動（何況已經準備好了！），否則無限延後的風險就會很高。

整件事更令人憂心的原因是官方說辭──宣稱企業負擔會太重，還沒完成改革的預備──根本不可信。德國、瑞典、美國、英國、荷蘭、西班牙、義大利等國的企業一個或半個世紀之前（各國不同）就準備好要實行就源課稅了，當時連資訊科技都還沒有出現，政府卻要大家相信法國企業無法在 2018 年準備好實行這套制度？這些實施改革的國家沒有一個後悔過，我們卻還在問法國準備好投入挑戰了沒？整件事完全沒有任何

道理可言。

事實上，全世界都知道延後的真正理由不在於此。其中一部分原因是為了取悅最保守的那群企業老闆，另一個重要原因則是為了保證馬克宏想在 2018 年 1 月進行的小型稅改獲得最大的能見度，亦即要調高 1.7% 的一般社會捐，好填補受雇者社會福利扣繳調低 3% 帶來的財務空缺（主要影響退休人士權益）。改革之後應該會讓薪資淨額提高，而馬克宏不希望就源課稅同時實施，以免模糊焦點。

我就直說了：這藉口令人感到特別悲哀。首先是因為納稅人其實非常清楚這是兩種不同的改革，幾乎不需要花時間解釋。其次是因為調整一般社會捐與社福提撥金比率的妙招，其立論基礎根本不堪一擊：政府實際上是打算讓每月 1,400 歐元以上的退休金縮水，好讓月薪 5,000 歐元、10,000 歐元或 20,000 歐元的人可以多領一點。對那些必須向選民解釋這套重分配邏輯的「共和黨前進」議員們，我祝福他們好運，也希望在適當的時機，他們能證明自己的腦袋比領導他們的「改革派」總統更清楚。在這件事上，合理的方案顯然是以累進稅率做為改革的基礎，亦即不論薪資還是退休金，每月收入越低的人適用越低的稅率，越高的人適用越高的稅率。

無論如何，看到一位總統寧願長期封存像就源課稅這樣的

結構性改革，只為了提高一個小型稅改的能見度（立論基礎的問題暫且不論，它不過是小小的參數調整：提高某項現有的稅率，好讓另一項能降低）。

第二套說辭則完全是錯誤觀念，媒體或出於照單全收或出於資訊不足，有時會散布這種觀念：就源課稅不可能在法國推行，因為所得稅是「家庭化」的，亦即稅捐取決於家庭狀況（有無受扶養兒童與伴侶）。實際上每個國家都是如此。在世界各地，稅捐某種程度上都需考慮受扶養兒童的人數，搭配不同的應稅所得減免或稅捐減免機制。當然這些機制和法國採用的家庭商數（quotient familial）不同，但就結果論，適用的課徵比率同樣取決於受扶養兒童數（考慮到家庭商數的上限，這些機制有時減免程度比法國更高），而且完全不影響就源課稅的實施。也請大家想想，德國和美國在計算稅額時一樣會考慮伴侶的收入，計算機制和法國的伴侶商數（quotient conjugal）十分接近，而這同樣不妨礙近百年前就開始實施的就源課稅。針對上述問題，法國的改革方案其實比其他國家推行過的改革更有彈性，保密措施也好得多。

結論：政府 6 月 7 日發布新聞稿宣布延後改革，彷彿一定都已定案，卻還小心翼翼註明將儘快採取「適切之法律與行政措施」以「安排延後事宜」。事實上，即使新的行政權想要完

全繞過國會的監督，幸好在現行法律規定下也是不可能的。就源課稅的改革案與明確的施行時程已經在 2016 年秋天由國會正式通過，只有經過國會重新表決才能修改時程，延後實施。但願「共和黨前進」的議員們懂得把握這個黃金時機，堅定對民主革新、國家改革與現代化的信念。

附註：最新消息顯示[2]，政府似乎打算將就源課稅延後案和勞動法改革的命令一起包裹表決。換句話說，執政團隊打算利用原意為加速改革的程序來拉下原本箭在弦上的改革！如此一來，支持就源課稅與法國財稅現代化的議員們只有一途，就是在幾天後即將舉行的國會辯論中廢除關於授權立法的那項條文。

2　Sarah Belouezzane 與 Bertrand Bissuel，"Code du travail : ce qu'il y a dans le projet de loi d'habilitation"，刊於《世界報》，2017 年 6 月 21 日。

「企業競爭力與就業振興租稅減免措施」的鬧劇

La comédie du CICE

2017 年 7 月 11 日

又要延後！馬克宏和總理菲力普（Édouard Philippe）領導的政府之前宣布所得稅就源課稅將延至 2019 年實施，理由盡是投機主義考量[1]。即便 2018 年 1 月實施的前置作業已經完成，這項法國人已等待數十年的財稅現代化基礎改革，最終仍可能永無見天日之機會。現在政府又來宣布「企業競爭力與就業振興租稅減免措施」（crédit d'impôt pour la compétitivité et l'emploi，以下簡稱 CICE）將延後到 2019 年才會改為長期調降雇主社福負擔，然而這項改革不只是這次選舉……也是歐蘭德早在 2014 年就承諾要做的事。我就直說了：這兩次退縮令人極度擔憂，也反映新政權並未做好改革國家的準備。或者更可能是一盤大

1　參見〈前進的議員們，握緊你們的權力！〉，2017 年 6 月 20 日。

棋，預告執政者的犬儒態度與欠缺改革誠意。

讓我們倒帶一下。2012 年歐蘭德上台後第一件事就是（錯誤的）廢除前任總統剛實施的雇主社會福利負擔調降措施。接著，數月過後，他發明了知名的「企業競爭力與就業振興租稅減免措施」，根據這個複雜的制度，企業前一年繳納的雇主社福負擔會在一年過後退還一部分。企業完全搞不懂新制度如何運作，往往拿到支票都還不明白是怎麼來的。此外，這類措施最常出現的狀況就是一變再變，幾乎完全無法預測幾年後會如何，使人很難進行長期決策，即使資訊最充分的企業也是如此。事實上，CICE 不過是讓原本就已承載過多的財稅社福制度上更添複雜罷了。

然而歐蘭德的整批技術官僚——領頭的就是共和國的現任總統——仍堅持己見。這個點子太天才了，因為這樣可以把預算支出推遲到 2014 年（因為稅金抵免額次年才會退還，相對的，調降負擔則會增加 2013 年的預算負擔）。靠這種做法，就可以既有奶油吃，賣了奶油的錢又能放口袋：立刻降低歐盟赤字，又能創造就業機會。沒有那麼好的事：我們兩邊都沒得到，一部分原因就是這浪費公帑的複雜玩意。

於是到了 2014 年，歐蘭德最終做出可想而知的結論：必須廢除 CICE，回到長期調降雇主負擔。只不過不管是他還是

現在的馬克宏，顯然對於如何幫我們拔除這顆贅瘤是半點計畫都沒有，而這顆贅瘤是他們自己製造出來的，在這段期間更長成令人咋舌的大小（每年超過 200 億歐元）。麻煩的是，CICE 在規劃者眼中的魅力（可延後支出）現在成了負擔：在廢除措施的那一年（假設為 2018 年）支出會加倍，因為一方面必須退還雇主 2017 年繳納的部分負擔，2018 年應提撥的金額也必須調降。然而現在正是最需要拿出政治魄力的時候，否則這座巨大的機器將生根到永遠。

最令人憂心的是馬克宏先生——和 2014、2015 年的歐蘭德先生一樣——似乎想把維持現狀不變的責任推到雇主身上。具體而言，馬克宏向雇主們提議將 100 歐元的 CICE 抵免額換成 100 歐元的社福提撥優惠，因為他很清楚運作的結果一定會產生額外的 30 歐元企業稅（因為提撥優惠和 CICE 不同，會導致應稅收益增加）。這樣的選擇擺在眼前，企業想當然爾一定會選擇繼續採用 CICE。該結束這齣可悲的鬧劇了：如果政府真的想修補過去的錯誤，就應該拿 140 歐元的社福提撥優惠來交換 100 歐元的 CICE 抵免額，這樣中央的預算負擔才會相同（畢竟會有額外的企業稅收）。

最令人難過的是，這些胡鬧讓我們在核心議題的討論上難以進展，亦即如何改革法國社會安全體系的經費來源，因為

目前顯然過度依賴社福提撥金。除此之外，也必須明確列出替代財源有哪些。有些人認為理想的做法是透過社會商業增值稅（TVA sociale），不過對弱勢族群而言，帳單可能會變得太沉重。唯一可稱為替代方案的是累進制的一般社會捐：必須對各種所得（私部門的薪水、公部門的待遇、退休年金、資本所得）使用相同的課徵方式，並依照整體所得水準制定累進稅率表。與其一概否定減輕雇主負擔，那些成天罵政府的社會主義「投石黨」不如考慮帶起這方面的討論。

　　說了這麼多，結論是什麼？首先，不是宣稱自己是改革派，就會真的成為改革派。絕對的權力使人陶醉，失去所有現實意識。法國的總統制與官場文化一點幫助都沒有。其次，左派如果能著手草擬一些提案，會比較容易與右派和中間路線形成有意義的對抗關係。最後，該是時候脫離目前的「馬克宏瘋」，真正開始討論核心問題的時候了。想要讓這 5 年總統任期與我們的國家走上康莊大道，這是最好的效力方式。

資本法之檢討

Repenser le code du capital

2017 年 9 月 12 日

　　關於政府主張的勞動法改革案，我們該如何看？其中最主要、也是受到最多批評的措施，就是將恣意解聘的補償金上限訂為每服務一年可獲一個月薪水（超過 10 年以上以半個月計）。換句話說，一個雇主可以任意解聘一位在公司服務 10 年的員工，不必證明具備任何「實質且嚴肅的理由」，而法官也不能要求雇主支付超過 10 個月的薪水做為補償。至於一位服務 30 年的員工，他的補償金則不能超過 20 個月。

　　問題在於，從失業補償金與薪資級別調整的角度來看，解聘的社會成本往往高於上述金額。這項形同解聘許可證的政策，其初衷是為了提高聘雇意願，反而可能會強化雇主片面決定的權力，並導致員工產生一種不信任感，難以對公司長期投入心力，也可能導致控告性騷擾或歧視的案件增加（這些不適用補償上限）。如果當初提的是加速法院審理速度可能會更有

用，因為法國法院審理之龜速舉世聞名。

最令人難過的是政府竟然沒有把握這個機會強化員工參與企業治理的角色。尤其是政府當初如果決定一併將企業經營會議中員工代表的席次大幅提高，如同法國工人民主聯盟（Confédération française démocratique du travail，CFDT）所要求的那樣，這項改革將可以更加周全，也有助於推廣一個真正的歐洲經濟民主模型。

讓我們倒帶一下：有時會聽到一些人以為股份公司裡的關於股東與員工權力的規範是在19世紀一口氣全部制定完成的：一股一票，就這麼定了！實際上並非如此。在1950年代，德語國家與北歐國家所制定的法律徹底改變上述平衡。當時標舉的立法目的是提倡「共治」（codétermination），亦即讓資方與勞方能真正共享權力。經過數十年，這些規範越來越穩固，例如現在德國大企業的員工代表在經營會議中擁有半數席次，在瑞典則占三分之一，且員工不需持有公司資本。德國與瑞典社會大多認同這些規範提升了員工對企業經營策略的參與度，並且最終提高了經濟與社會的運作效能。

可惜的是，直到最近為止，這波民主化運動對其他國家的影響力並不如我們想像的那樣廣。尤其在法國、英國與美國社會中，員工的角色長期以來都停留在單純的意見表達。法國

2014 年公布的法律讓員工代表在經營會議中擁有一個具表決權的席位，是史上頭一遭（在 12 席中獲得 1 席，還是相當低）。在美國與英國，所有席次向來都屬於股東，即便相關討論在英國開始越來越有影響力；這些討論是由工黨人士所推動，不過也有一些保守派人士參與。

在這個背景下，如果法國政府決定加大力道，讓員工在經營會議中擁有一定數量的席位（假設仿效德國—北歐式方針，訂在三分之一到二分之一之間），會是一個意義重大的舉措。如此將有助於推廣一套新的企業稅的全球規範，從更廣的層面來看，也能幫助歐洲建立一套真正的經濟與社會方針，亦即一套更有趣、更有想像力的方針，而不是歐盟至今一再強調且推崇到近乎信仰程度的「自由且不被扭曲的競爭」（concurrence libre et non faussée）。

歐洲學者近期的研究也顯示德國—北歐式共治還有很多檢討空間，這個模式本身可以被取代，也可以再改善。例如股東選出的董事與員工之間的對抗有時會讓這場角色扮演陷入空轉，為了解決這個問題，伊旺·麥高格（Ewan McGaughey）[1] 便建議經營會議的成員可以由股東與員工組成的大會選出。如

1　譯註：伊旺·麥高格為倫敦政治經濟學院（LSE）法學博士，現為倫敦大學國王學院（King's College）法學副教授（Reader）。

此一來，董事們推出行動方案時就必須同時考量不同的期望。伊莎貝拉‧費烈拉斯（Isabelle Ferreras）[2] 則主張在企業中實施真正的兩院制，要求股東會議與員工會議必須達成共識，並採行相同的規範與經濟策略決議。茱莉亞‧卡熱（Julia Cagé）[3] 建議巨無霸股東的投票權應該有其上限，反之，小股東與其他「蟻民」（crowdfunder）的份量則相應提高。這個模式的出發點是不以資本持有的比例決定投票權的比例，原本是為了非營利的媒體事業所設計的，亦可擴大適用到其他產業部門。上述研究之間都有一個共同點：他們都指出對權力與財產的思考——我們一度以為這樣的思考在蘇聯造成的災禍之後已然死寂——事實上才剛開始萌芽。歐盟與法國應該全力投入於此。

2　譯註：伊莎貝拉‧費烈拉斯為比利時魯汶大學（University of Louvain）社會學博士，現為魯汶大學社會學教授。

3　譯註：茱莉亞‧卡熱為哈佛大學（Harvard University）經濟學博士，現為巴黎高等政治學院（Science Po Paris）經濟學助理教授。

廢除富人稅：一個歷史的錯誤

Suppression de l'ISF : une faute historique

2017 年 10 月 10 日

　　讓我直接破題：廢除富人稅（impôt sur la fortune，ISF）是道德、經濟與歷史的巨大錯誤。此一決定反映人們打從心底不理解全球化所帶來的不平等挑戰。

　　讓我們倒帶一下。在 1870 到 1914 年間的第一波全球化時期，國際間有一股強大的力量日益茁壯，要提倡一種新的重分配型態與稅制。這種新模式建立在對所得、財產與繼承的累進稅制之上，其目的是希望改善經濟成長收益的分配，以及結構性的降低財產與經濟實力的集中。1920 年代到 1970 年代間能成功實行這種模式的原因，一部分是受到重大歷史事件的推動，但是漫長的思想與政治變遷也是助力之一。也許目前我們看到的正是一場類似運動的開端。面對不平等日益惡化，呼籲重視問題的聲音也日益強烈。當然那些支持封閉身分邊界的人會試圖利用中下階層的被遺棄感，有時如其所願。不過我們也

看到新一波訴求民主、平等與重分配的力量正興起。在未來幾年間,英國可能會因此大幅轉向左派——如果觀察準備參選的民主黨候選人,也許美國在 2020 年也會如此。

在這個情況下,法國在雷根和柴契爾夫人上台近 40 年後的今天打算廢除富人稅,完全是打擊錯誤。送一份財稅大禮給過去數十年已經賺得飽飽、家財萬貫的老年族群,一點意義也沒有。更別說損失的稅收只能以驚人來形容。如果加上送給股利與利息的禮物(改制後最高稅率為 30%,薪資與非薪資執業所得的稅率則是 55%),共計成本超過 50 億歐元。此數額相當於大學與高等教育機構總預算的 40%,而這些預算在 2018 年依舊維持在 134 億歐元之譜,即使學生數不斷增加,而且投資教育訓練理應為第一要務。讓我們賭賭看,幾個月後當政府試圖在緊縮政策外加上菁英取向,學生們是否會想起這件事。

政府的論點是富人稅可能會導致稅收大失血,問題是這種主張完全錯誤。如果冷靜客觀地檢視所有可得的資料——國民經濟會計、所得與財富申報、財產調查,很快就能得到結論:法國的巨額財產都維持得很好,沒有什麼大失血的問題。

讓我們回頭看看一些重要事實(細節皆可至 WID.world 查詢[1])。1980 到 2016 年間,以 2016 年歐元計價,每位成年人的平均國民所得由 25,000 歐元提升到略高於 33,000 歐元,相

當於增加了 30% 左右。這段期間，主要受不動產的帶動，每位成人的平均資產成長了一倍，由 90,000 歐元增加到 190,000 歐元。還有更驚人的：前 1% 最龐大的資產由 140 萬歐元成長為 450 萬歐元，相當於原本的三倍以上，而其中超過 70% 屬於金融資產。至於前 0.1% 的有錢人，其資產高達 90% 屬於金融資產，也是廢除富人稅的最大受益者，他們的資產從 400 萬歐元成長為 2,000 萬歐元，相當於原本的五倍。換言之，最高額的金融資產成長得比不動產還快，然而稅金流失的假設如果成立，結果應該相反才對。

此外，我們在財富排名上也能看到相同結果，且不論在法國或其他國家都是如此。根據富比士的調查，自 1980 年代以來，全球最龐大的財富——幾乎純由金融資產組成——以每年 6 至 7% 的速度成長（除去通貨膨脹因素），相當於全球人均 GDP 與人均財產成長速度的三至四倍。有些人認為這是幾近救世主降臨一般的徵兆，代表企業的正向脈動。事實上，許多繼承而來的財富也呈現相同成長趨勢（巴黎萊雅〔L'Oréal〕創辦人留下的遺產即為一例，其女繼承人日前辭世）。不論在歐美、

1　尤其可參考賈班第、古畢—勒布雷、皮凱提合著，"Accounting for Wealth Inequality Dynamics: Methods, Estimates and Simulations for France (1800-2014)"，WID.world，Working Paper Series No. 2016/5。

俄國、墨西哥、印度或中國，此一趨勢的成因主要也與私有化帶來的好處以及格外有利的獨占地位有關，特別是能源業、電信業及新興科技業。無論如何，縱使每個人對上述各項因素的重要性看法不同，都應該會同意稅率超過 1.5% 或 2%（甚至更高）的富人稅不會對稅基造成太嚴重的傷害，畢竟稅基成長的速度這麼快，而且還有其他事情比送大禮給這些養尊處優的人

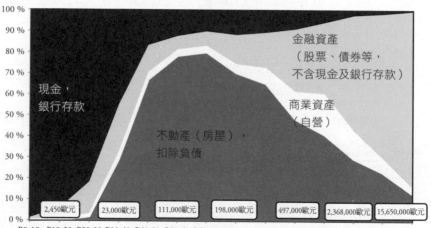

2015 年法國的財產組成

解説：在 2015 年的法國（其他可取得資料的國家亦是如此），下層的財產主要由現金及銀行存款組成，中層的財產主要為不動產，上層的財產主要為金融資產（尤其是股票）。

注意：本圖呈現的是每位成年人的平均財產分布狀況（伴侶共有的財產除以二計算）。

資料來源與序列：參見 piketty.pse.ens.fr/ideologie。托瑪·皮凱提，《資本與意識型態》，同前出處，頁 647。

更加重要。

　　至於把富人稅轉化為不動產財富稅（impôt sur la fortune immobilière，IFI），以免看起來像是只有廢除富人稅，大家對這樣的政治策略都保持沉默。對於一個把財產拿去買房買樓而非投資金融資產、遊艇或其他動產的人課與較高的稅賦，一點都不合邏輯。但願議員們能記得，他們之所以被選出來，並不是為了演這樣一齣鬧劇。

2018 年預算：被犧牲的年輕人

Budget 2018: la jeunesse sacrifiée

2017 年 10 月 12 日

目前為止，關於 2018 年預算的討論集中在送給有錢人的大禮上。事實上，富人稅的廢除與有利於股利及利息的措施將為國家預算帶來超過 50 億元的成本。不過強調月亮背面的陰影，換言之就是 2018 年預算下的輸家，也是非常重要的，尤其是年輕人做出的犧牲，因為高等教育體系中每位學生分配的經費已大幅減少。藉此我也可以就網友對我上一篇文章提出的問題詳加說明[1]。

根據官方數據，政府最近提出的 2018 年財政法案中關於高等教育的數字是略為提升的。「高等教育與大學研究計畫」（Formations supérieures et recherche universitiare）之預算 —— 包括分配給法國所有大學與高等教育機構的所有行政與人事

---

1 參見〈廢除富人稅：一個歷史的錯誤〉，2017 年 10 月 10 日。

費——將由 2017 年的 133 億歐元提高到 2018 年的 134 億歐元 [2]。

如果追溯 2008 年以來從薩科齊（Sarkozy）政府到歐蘭德政府提出的歷屆財政法案，會發現一套類似的溝通策略：給高等教育的預算增加的幅度微乎其微，但大家都在共體時艱，才讓預算能多那麼一點。以總額來說，「高等教育與大學研究計畫」的名目預算從 2008 年的 113 億歐元提升到 2018 年的 134 億歐元。站在官方的立場，面子保住了，大學保住了！只不過他們玩了一個非常粗糙的障眼法。首先我們要考慮物價的上漲：雖然每年漲幅有限（2017 年約為 1%，2018 年應該也相去不遠，但這已經比 2018 年高教名目預算預計提高的 1 億元還要多了），但物價上漲在 10 年間的漲幅仍然接近 10%，足以將 2008 年到 2018 年之間調高的名目預算抵銷一半再多一點。假如以定值歐元，亦即去除通貨膨脹因素之後的歐元來推算，則高教預算在 10 年間由 124 億歐元提升為 134 億歐元（見以下第一張圖）。

此外也相當重要的是，我們必須考慮到學生人數大幅提

2　參見政府提出的正式預算文件，頁 39，https://www.performance-publique.budget.gouv.fr/sites/performance_publique/files/farandole/ressources/2018/pap/pdf/DBGPGMPGM150.pdf

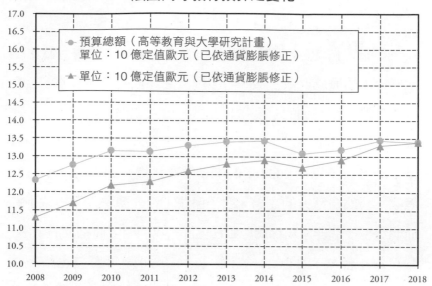

法國高等教育預算之變化

預算總額（高等教育與大學研究計畫）
單位：10 億定值歐元（已依通貨膨脹修正）

單位：10 億定值歐元（已依通貨膨脹修正）

資料來源：作者依據高等教育暨研究部（ministère de l'Enseignement supérieur）的預算資料自行計算。

法國學生總數之變化（不分院校）

學生總數（千人）

資料來源：作者依據高等教育暨研究部的預算資料自行計算。

高，2008 到 2018 年間由稍微高於 220 萬人增加到將近 270 萬人，相當於成長 20% 左右（在此我直接採用教育部公布的學生人數，以及 2017 － 2018 學年度的預測值）（見以下第二張圖）。

如果把高教預算的變化（以定值歐元計算，增加不到 10%）和學生人數的變化（增加 20%）放在一起，勢必會得出這樣的結論，即 2008 到 2018 年間法國平均每生預算下跌將近 10%：

法國平均每生預算下跌情形（以 2008 年為基數 100）

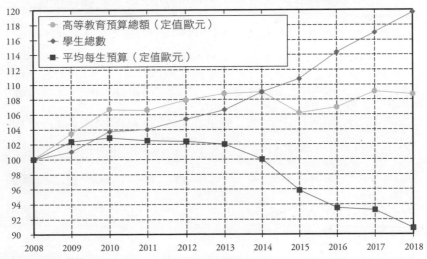

解說：2008 至 2018 年間，法國學生人數成長了 20%，不過高教預算的成長低於 10%（以定值歐元計算），導致平均每生分攤經費降低了 10%。
資料來源：作者依據高等教育暨研究部的預算資料自行計算。

簡單這麼說：預算下降完全是開倒車又可恥——更不用說還公然與歐盟官方的論調相悖；歐盟驕傲的宣稱投資教育與創新就是歐洲的首要目標，但很少費心確認各國是否具備達成目標需要的資源。這令人窒息的沉默與歐盟機構對各種改革下指導棋、提供好建議與壞建議的不遺餘力形成鮮明對比。如果我們的第一步就是在 2008 到 18 年間把每個學生的平均投資額砍了 10%，我們要怎麼在 2020 年以前實現「全球最具競爭力的知識經濟」呢？（2000 年歐盟領袖們在里斯本宣示此一目標，並將初期成果驗收訂在 2010 年，但進度持續落後）

　　同樣要釐清的是，學生人數的增加本身未必構成問題，正好相反：人數增加反映法國人口的動態，也反映年輕人提高自己教育水準的需求越來越高，這是再好不過的事。正因為教育水準高，法國才能成為社會與經濟最活絡的國家之一[3]，我們應該把這一點保持下去。然而前提是要將資源投注進去，目前的狀況則完全不是如此。尤其是大學，10 年前得到的挹注就已經夠少，之後更是每況愈下。大家真的相信這樣的政策能為國家的未來打好基礎嗎？這 10 年來的歷屆政府當然要為這個不堪的現狀負起部分責任，然而其中一大因素在於歐元區國家自

3　參見〈論法國與德國的生產力〉，2017 年 1 月 5 日。

2008 年金融危機以來的管理方式慘不忍睹[4]，例如高失業率、對未來也不太投資，大大犧牲年輕人的利益。

不過目前的政府負有一項特殊責任：首先，現在正是修正方向並承認 2008 年至今所犯種種錯誤的時刻；另一個原因則是 2018 年預算案選擇立刻花費 50 億歐元為富人降稅，卻只給大學與高等教育機構 1 億元（將立刻被通貨膨脹抵銷）。無論各位對調降富人稅和「均一稅」（flat tax）的理由有何看法（我個人認為完全不成立[5]，尤其考量到法國的高額金融資產還是好端端的，根本沒有財稅失血的跡象），只要把這兩個數字放在一起比較，一定會感到訝異，並發覺背後的價值觀十分可議。

假如當初政府決定將這 50 億元分配給高等教育，就能讓 2018 年的教育預算增加近 40%（精準而言是：37%：50 億／ 134 億）。只要編列一半的數額，就能讓高教預算提高近 20%，足以將 2008 到 2017 年間下降的幅度拉回來，甚至足以確保 2018 年的每生平均預算會比 2008 年高出 10% 左右——以 10 年而言，這樣的漲幅一點也不過分，畢竟看看其他國家提供的資源，法國大學是相對貧窮的。

摘要一下：既然在意識型態上選擇把所有資源貢獻給最有

4　參見托瑪・皮凱提，〈2007-2015：漫長的衰退〉，出處同前。

5　參見〈廢除富人稅：一個歷史的錯誤〉，2017 年 10 月 10 日。

錢的群體（實際上往往也是最年長的群體），2018 年預算便是背棄了年輕人，縱使挹注教育、投資未來才該是第一要務。最糟糕的是我國的高等教育也需要徹底改造，而且已延宕太久：大學與高等學院（grande école）之間的差距應該縮小，大學入學申請平台「APB」（Admission post-bac）的運作也該符合民主透明的要求[6]。不過上述改革不可能成功，除非我們能先解決大學經費縮水的問題。假如政府除了撙節之外還打算進行篩選與淘汰（撙節無非另一種財力的篩選與淘汰），我敢肯定只會一敗塗地。

6　參見〈問題重重的 APB 平台〉（Le scandale APB），piketty.blog.lemonde.fr，2016 年 7 月 12 日。

加泰隆尼亞症候群

Le syndrome catalan

2017 年 11 月 14 日

　　加泰隆尼亞危機的發生是否該歸因於馬德里政府過度集權與行事粗暴？或其實是因為不論在西班牙或整個歐洲，鼓勵國際或區域間彼此競爭的思維已經太過火，並持續助長自私自利的心理？

　　讓我們倒帶一下。關於獨立分子為何轉趨強硬，常見的說法是因為 2010 年西班牙憲法法院判定新的加泰隆尼亞自治法案違憲，而在此之前，人民黨議員已多次上訴。事實上，即使有些被法院駁回的措施本質上問題很大（尤其是涉及司法地方化），但法院使用的論證方法引起強烈不滿，尤其是這份法案已在 2006 年由西班牙國會通過（當時多數議員為工人社會黨），也通過加泰隆尼亞自治區的公投。

　　然而我們忽略了一件事，新的財稅地方分權法規於 2010 年通過，不論是加泰隆尼亞或西班牙其他地區都適用。這些法

規於 2011 年施行後，西班牙從此在財稅與預算方面成為全世界地方分權程度最高的國家之一，即便與其他規模更大的聯邦制國家相比也是如此。其中特別值得注意的是，從 2011 年開始，所得稅的基數由聯邦政府與地方政府各分一半。具體來說，在 2017 年，用以支撐聯邦預算的所得稅的各級稅率最低為 9.5%（年度應稅所得低於 12,450 歐元者適用），最高為 22.5%（超過 60,000 歐元者適用）。如果某個大區政府決定就其可以課徵的部分採用相同的稅率，則合計下來，當地納稅人適用的所得稅稅率會在 19 到 45% 之間，而馬德里當局和大區政府則各取一半稅收。每個大區都可以決定自己的課稅級距與附加稅，比聯邦稅更重或更輕都可以 [1]。無論如何，大區政府收取自己應有的稅賦，且不再需要和其他大區分享。

這套制度製造滿坑滿谷的問題。它破壞國家內部的團結意識，並重啟地區之間的對立，更因為涉及所得稅這樣的工具，問題變得格外棘手，而所得稅原本的目的是要減輕最貧窮者與最富有者之間的不平等，與區域認同或職業身分都不相關。自 2011 年開始，這套鼓勵國內競爭的制度也促使富有家庭與

1　針對2017年的稅率清單，參見以下資料第505頁以下：https://www.agenciatributaria.es/static_files/AEAT/DIT/Contenidos_Publicos/CAT/AYUWEB/Biblioteca_Virtual/Manuales_practicos/Renta/ManualRentaPatrimonio2016_es_es.pdf

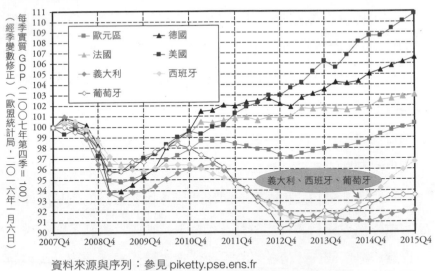

經濟活動水準（GDP）（基數 100 = 2007 年第 4 季）

資料來源與序列：參見 piketty.pse.ens.fr

企業開始採取傾銷與登記擬制稅籍地址（domiciliation fiscale fictive）等策略，長期下來可能會使整個累進稅制遭受破壞[2]。

　　兩相對照，所得稅在美國幾乎一直都是專屬於聯邦的稅，而這個國家的人口是西班牙的七倍，而且眾所周知，他們相當重視地方分權與州權。更重要的是，自從 1913 年創設以來，聯邦所得稅始終能發揮累進稅制的功能，其適用於最高所得的

2　參見 David R. Agrawal 與 Dirk Forenny，"Relocation of the Rich: Migrations in Response to Top Tax Rate Changes from Spanish Reforms"，2018，https://papers.ssrn.com/sol3/papers.cfm?abstract_id=2796472

稅率在 1930 到 1980 年間平均超過 80%，自 1980 至 90 年代以來則維持在稍微低於 40% 的水準。美國各州可以投票制定附加稅，不過實際上此類稅率都很低，一般在 5 到 10% 之間。加州的納稅人（光是加州一州的人口就和西班牙一樣多，與加泰隆尼亞相比則是六倍）肯定很想把交給聯邦的稅金留下一半給自己與兒女，不過事實是他們從來沒有成功過（老實說，他們也沒有真的嘗試過）。

德意志聯邦共和國是一個和西班牙比較接近的例子，他們的所得稅專屬於聯邦：各邦（Länder）無法表決制定附加稅，也無法把任何一分給聯邦的稅金留在自己邦裡，不論巴伐利亞邦的納稅人怎麼想。

在此要特別說明，大區或地方層級的附加稅本身並不一定是不好的（也許在法國可以用來取代居住稅〔taxe d'habitation〕），但前提是要合乎比例。西班牙政府當初選擇和省政府對分所得稅就太過頭了，現在得面對一群加泰隆尼亞人想要透過獨立將稅收百分之百留在境內的問題。

在這場危機裡，歐盟也負有相當重的責任。除了對歐元區金融危機的處理簡直是場災難，尤其是犧牲西班牙的權益[3]，歐

3　參見托瑪・皮凱提，〈2007-2015：漫長的衰退〉，出處同前。

盟數十年來一直提倡一種文明形式，其基本思想是魚與熊掌可以兼得：既可以加入歐洲和全球的廣大市場，又不必真正負起團結互助與挹注公共財的義務。既然如此，何不試著仿照盧森堡模式，把加泰隆尼亞打造成租稅天堂呢？當然歐盟也有某種聯邦預算，不過非常低。重要的是，歐盟預算的精神應該以最有利於歐洲整合為出發點，才是最合理的，其中應該包含一項針對企業所得與高額所得課徵的歐盟共同稅，如同美國的做法（我們也可以做得更好，只是現在還差得遠）。如果歐盟最終能讓團結互助與財稅正義成為其行動的中心思想，就有能力與分離主義對抗。

川普、馬克宏：同一個戰場

Trump, Macron: même combat

2017 年 12 月 12 日

　　大家習慣把川普和馬克宏放在兩邊：一邊是粗俗的美國商人，喜歡發充滿仇外心理與氣候變遷懷疑論的推特文章；一邊是有深度的歐洲知識分子，關心文化間的對話與永續發展。這些說法並非完全錯誤，何況在我們法國人耳裡更是動聽。不過若是更仔細研究兩人推動的政策，各位會驚訝於其中的相似性。尤其是川普和馬克宏一樣，都剛通過相似得不得了的財稅改革法案，而且不可思議的是，兩人的法案都拼命往財稅傾銷的方向傾斜，為富人與移動能力較高的族群謀福利。

　　讓我擇要說明。在美國，參議院已經同意川普法案的幾條主軸：聯邦營利事業所得稅的稅率將由 35% 降至 20%（此外，海外匯回的營收幾乎完全免稅）；針對企業主的所得只課徵 25% 左右的稅率（取代對高額薪資課徵的 40% 最高所得稅率）；針對巨額財富的繼承稅將大幅調降（眾議院通過的版本中甚至

完全將其廢除）。

　　而這是馬克宏與法國的做法：企業稅的稅率將由 33% 逐步調降至 25%；股利與利息所得只課徵 30% 的稅率（取代對最高額薪資課徵的 55% 稅率）；以及將廢除針對金融與商業資產課徵的富人稅（即使對財力較低的人而言，不動產稅前所未有的重）。

　　打從推翻舊政權（Ancient Régime）之後，這兩個國家第一次有人決定制定一套稅制，為最優勢的社會群體持有的各類資產與所得大開方便之門。而且兩邊都提出一個自認無懈可擊的論據：動彈不得、欠缺移動能力的納稅大眾只有一個選擇，就是好好伺候這些富豪，否則他們隨時會離開這塊土地，無法以他們的善行義舉造福大眾（如工作機會、投資與其他一般人做不到的妙招）。川普口中的「工作製造機」（Job creator），馬克宏的「登山嚮導」（premiers de cordée）：他們用不同的語彙指涉這些大眾應該珍惜的、新時代的善人，然而骨子裡並無不同。

　　不論川普或馬克宏，他們肯定都是認真的。縱或如此，他們兩人顯然對全球化造成的不平等挑戰極度缺乏認識。他們拒絕接受明明已有許多證據支持的事實，亦即他們照顧的那個族群早已從過去數十年間的經濟成長中奪走不成比例的好處。他

們的否認現實使我們捲入三項重大危險之中。在富裕國家，中下階層的被遺棄感正助長一種對全球化、尤其是對外來移民的排斥。川普的解決之道是對選民的排外心理大加讚揚，而馬克宏一方面憑恃法國主流輿論對寬容與開放的重視，另一方面將其對手打為反全球化主義者，希望藉此保住政權。不過在現實中，這股潮流暗藏著對未來的重大威脅，不論在俄亥俄州、路易西安納州還是法國或瑞典都是如此。

其次，拒絕打擊不平等讓氣候變遷的挑戰變得加倍棘手。如同江瑟清楚指出的[1]，人們不可能接受為氣候暖化而大幅調整生活模式，除非能保證大家付出的努力是經過公平分配的。假如富人繼續用他們的四輪傳動車和船籍登記在馬爾他的遊艇（可免一切稅賦，包括商業增值稅，《天堂文件》（Paradise Papers）最近證實了這一點）汙染地球，那麼就算再怎麼必要，窮人又為什麼要接受調漲碳稅？

最後，拒絕修正全球化導致的不平等趨勢，會嚴重打擊我們改善全球貧窮問題的能力。從〔2017 年〕12 月 14 日將於《世界不平等報告 2018》（Rapport sur les inéqualités mondiales）[2]

1　江瑟，"Insoutenables Inégalités. Pour une justice sociale et environnementale"，Paris：Les Petits Matins，2017。

2　World Inequality Report 2018，https://wir2018.wid.world/

中公開的全新預測值可以清楚看見：根據所選擇的政策與不平等發展軌跡，從現在開始到 2050 年為止，全球後 50% 弱勢人口的生活條件會呈現完全不同的變化。

讓我們以幾句樂觀的話作結吧：在理論上，馬克宏主張國際合作與歐洲合作的取徑，顯然比川普的單邊主義更有發展性。問題是我們何時才能脫離理論與假設。舉例來說，《全面經濟貿易協定》（CETA）——歐盟與加拿大在《巴黎協定》會後數個月後簽署的自由貿易協定——就沒有任何針對氣候議題與租稅正義的強制措施。至於法國宣稱要對歐盟提出的改革草案，雖然讓我們法國人聽了備感光榮，實際上這些提案空泛至極：我們還是看不出來歐元區議會要如何組成，也不知道權限為何（這顯然是枝微末節）。極有可能這一切最終只是徒勞無功。為了不讓馬克宏的大夢最後成了川普式的噩夢，該是我們拋棄國族主義的小確幸，把心力投注在事實上的時候了。

2018 年，歐盟之年

2018, l'année de l'Europe

2018 年 1 月 16 日

2008 年的金融危機造成全球陷入 1929 年大蕭條之後最嚴重的衰退，其肇因顯然是美國越來越難以忽視的系統缺陷：過度去管制化、貧富差距暴增、窮人負債累累。歐洲既然採取比較平等包容的發展模式，應該可以把握這個機會提倡一套更好的全球資本主義管制體系。喀啦，玻璃裂了：由於成員國之間互信不足，偏偏又被僵硬的法規束縛，歐盟在 2011 到 2013 年間爆發另一波衰退，至今仍元氣大傷[1]。

2017 年川普登上總統大位，顯示美國模式出現新的巨大漏洞。越來越多人將目光轉向歐盟，畢竟許多替代模式（中國、俄國）的演變都令人相當憂心。

然而為了回應期待，歐盟必須克服許多挑戰。首先是整體

1　參見皮凱提，〈2007-2015：漫長的衰退〉，出處同前。

的挑戰：全球化的不平等亂象。如果用歐洲的狀況比美國或巴西好這個理由，是無法讓歐盟公民安心的。受到財稅競爭白熱化的影響，每個國家的貧富差距都在擴大，而這種競爭對移動能力高的人更有利，歐盟也一直在旁煽風點火。我們阻擋不了身分認同轉趨封閉與替罪羔羊的思維所造成的威脅，除非我們能向中下階層與年輕世代提出一套真正能改善不平等並為未來投資的策略。

第二項挑戰：南北對立。這個裂痕在歐元區內急劇加深，原因來自對種種事件的說法相互矛盾，各執一詞所致。德國與法國一直認為自己是幫了希臘一把，因為我們貸款給希臘的利率低於他們在各金融市場上會得到的待遇，只是高於我們在那些市場中放款的利率而已。希臘的解讀則相當不同：德、法更在乎的是金融利潤的油水。事實上，南歐國家被強迫進行債務清理，連帶導致加泰隆尼亞激烈的分離行動，都是法國與德國短視與自我中心造成的直接結果。

第三項挑戰：東西對立。巴黎、柏林與布魯塞爾政府不明白，那些接受大筆公共移轉金（transfert）的國家為何不感恩。但華沙或布拉格政府眼中看到的大不相同，他們大力強調，來自西歐的私人投資讓他們付出極大代價，而且現在流入這些企業老闆口袋裡的利潤已經遠遠超過歐盟轉移給他們的金額。

事實上，如果仔細審視數字，他們的說法並非完全錯誤。在共產國家崩解後，西歐國家（尤其是德國）的投資者逐漸在這些東歐前共產國家裡取得相當可觀的資本：如果以資本存量總額來看約占四分之一（含不動產），若限縮在持有企業則占一半以上（以大企業來看比例更高）。諾瓦科梅（Filip Novokmet）[2] 的研究指出，如果東歐國家的貧富差距擴大得比俄國或美國慢，單純是因為一大部分由東歐國家資本產生的高額所得都流向了外國（不過這種情形和共產黨上台之前並無二致，當時許多資本家也是德國或法國人，偶有奧地利人或鄂圖曼土耳其人）。舉例來說，在 2010 到 2016 年間，每年流向外國的利潤或財產所得（扣除流回國內的同類資金）平均而言相當於波蘭國內生產毛額的 4.7%，在匈牙利則是 7.2%，捷克是 7.6%，斯洛伐克是 4.2%，而這些國家的國民所得也因此流失了這麼一筆。相較之下，在同一時期，來自歐盟的移轉金淨

2　諾瓦科梅，Entre communisme et capitalisme. Essais sur l'évolution des inégalités de revenus et de patrimoines en Europe de l'Est, 1890-2015，博士論文，高等社會科學院（École des hautes etudes en science sociales），2017。亦請參見布考斯基（Pawel Bukowski）與諾瓦科梅，"Inequlity in Poland: Estimating the Whole Distribution by g-Percentile, 1893-1915"，WID.world，Working Paper Series No. 2017/21，以及諾瓦科梅、皮凱提與祖克曼合著，"From Soviets to Oligarchs: Inequality and Property in Russiam, 1905-2016"，WID.world，Working Paper Series No. 2017/09。

額——亦即各國從歐盟獲得的支出總額與繳納給歐盟預算使用的金額之間的差額——便低得多：在波蘭占 GDP 的 2.7%，在匈牙利則是 4.0%，捷克是 1.9%，斯洛伐克是 2.2%（順便記一下，扣除所獲經費之後，法、德、英對歐盟預算的貢獻是正值，約為各國 GDP 的 0.3 到 0.4% 之間）。

當然有人會反駁，主張西歐的投資促進東歐經濟體生產力的成長，因此對所有人都是有利的。不過東歐成員國的領袖總

歐盟東歐成員國的資金流入額與流出額，2010-2016

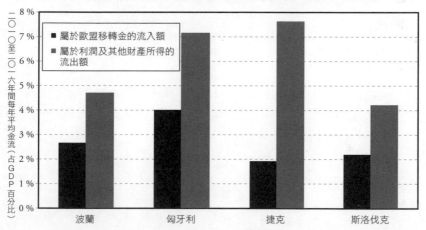

解說：2010 至 2016 年間，每年來自歐盟的移轉金淨額（從歐盟獲得的支出總額與繳納給歐盟預算使用的金額之間的差額）在波蘭平均為 GDP 的 2.7%；同一時期，屬於利潤及其他財產所得的流出額（扣除流回國內的同類資金），則為 GDP 的 4.7%。就匈牙利而言，這兩項數字分別為 4% 與 7.2%。

資料來源與序列：參見 piketty.pse.ens.fr/ideologie。托瑪・皮凱提，《資本與意識型態》，同前出處，頁 743。

是一有機會就提起投資者如何濫用權勢來壓低薪資與維護不合理的巨額利潤[3]。和希臘的例子一樣，這些強勢的經濟大國總是反過來想粉飾不平等的存在：他們會假設市場和「自由競爭」能讓財富公平分配，並認為在這個「自然」平衡下產生的移轉金是制度勝利者的一種慷慨之舉。事實上，所有權的關係總是很複雜，在歐盟這樣龐大的政治共同體中更是如此，單靠市場力量是無法調節的。

　　要想脫離這些矛盾衝突，唯有進行大規模的思想與政治改革，並真正實現歐盟機構的民主化[4]。但願我們能將 2018 年奉獻於此。

3　例如這篇捷克總理的專訪：Andrej Babis，"L'Europe à deux vitesses, çà me fait rigoler"，《世界報》，2017 年 12 月 6 日。

4　參見托瑪·皮凱提，〈「英國脫歐」之後的歐盟重建工作〉，出處同前。

Parcousup：尚有進步空間

Parcousup: peut mieux faire

2018 年 2 月 13 日

　　每個社會都需要一套大敘事來正當化不平等的現象。當代社會的敘事是從功績主義出發：現代的不平等是合理的，因為它是透過自由選擇的過程產生的結果，而當中每個人的機會是相同的。問題是官方的功績主義論述與現實之間存在著巨大的鴻溝。在美國，接受高等教育的機會幾乎完全取決於家長的收入：後 10% 貧窮人口接受高等教育的比例不過 20%，前 10% 富人的比例則超過 90%[1]。必須進一步說明的是，這兩種族群接受的高等教育也完全不同。也許法國的狀況不至於那麼極端，不過我們其實也不太確定，畢竟無法取得相同的資料。

　　在這種情況下，法國學生分發制度的改革，包括由「APB」

1　參見 Raj Chetty、John N. Friedman、賽斯、Nicholas Turner 與 Danny Yagan 合著，"Mobility Report Cards: The Role of Colleges in Intergenerational Mobility"，The Equality of Opportunity Project，2017。

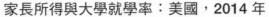

家長所得與大學就學率：美國，2014 年

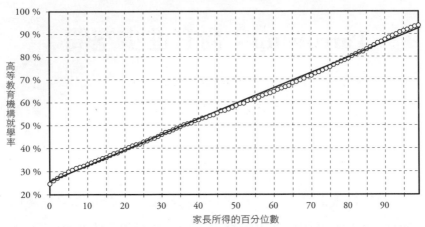

解說：在 2014 年的美國，高等教育就學率（年齡在 19 至 21 歲間，於大學、學院或其他各種高等教育機構註冊的人口比例）在後 10%貧窮家庭的孩子之中不過 30%，前 10%富有家庭的孩子之中則超過 90%。

資料來源與序列：參見 piketty.pse.ens.fr/ideologie。托瑪‧皮凱提，《資本與意識型態》，同前出處，頁 53。

平台改為「Parcousup」平台，看來相當值得期待[2]。不幸的是，這一切很可能只會讓不平等與體制的不透明更加嚴重。

　　話先說在前頭，大學入學審查將會考成績、組別（série）、在校表現納入考量（Parcoursup 的重要創舉）本身未必是件壞

2　政府提出的草案參見：https://www.assemblee-nationale.fr/dyn/15/textes/l15b0391_projet-loi.pdf；2017年12月國民議會通過的一讀版本變化不大，參見：https://www.assemblee-nationale.fr/dyn/15/textes/l15t0061_texte-adopte-provisoire.pdf

事。既然預備班（classe préparatoire）的審查向來都會採計會考成績（不論用 APB 或 Parcoursup 都是如此），也未見任何人抗議，我們也找不到理由反對大學採計。當然，會考成績未必總是很準確，評分機制本身也需要檢討，不過分數多少還是能提供一些有用的資訊，而且照理說會多過目前為止所使用的抽籤制才是（但願如此）。

不過，要阻擋這套制度顯然會製造的不平等亂象與大學的過度分層（hyperstratification），必須先滿足兩個條件。首先，投入大學的資源必須足以讓每位新鮮人得到有品質的教育。這件事之所以急迫，是因為法國教育體制的特色就是非常極端又偽善的二元主義：一邊是資源充足的菁英院校（預備班與高等學院），另一邊是被棄之不顧但理應大量挹注的大學。遺憾的是，政府選擇讓 2008 年以來持續下滑的公共投資繼續下滑，而將手上所有盈餘拿去幫最有錢的人減稅。大家想想，每位學生的平均預算在 10 年間減少了 10%，送給有錢人的 50 億歐元大禮原本可以讓預算提高 40%[3]。

除了資源的問題，我們一定要加入其他標準來平衡會考成績，但為此延伸出的問題目前尚未得到解決。國民議會通過的

3　參見〈2018 年預算：被犧牲的年輕人〉，2017 年 10 月 12 日。

一讀版本規定由每個院校——不論大學或預備班——自行決定錄取獎學金生的最低比例。換言之，在會考成績相同的情形下，獎學金生（約占高中生人數 20%）可能會被錄取，而另一個家長收入稍微超過獎學金門檻的學生則被拒絕。這個設計本身並不差，雖然為了減少門檻造成的影響，若能透過一個細膩精準的制度，以長期且逐漸增加權重的方式評量家庭背景因素，應該是更理想的方式（印度一些大學已經採用這種做法）。

無論如何，要怎麼把這套遲早引爆問題的制度和「Parcoursup」平台結合，這個問題始終沒有人弄清楚。法案中只有提及各院校設定的獎學金生比例應該「由學區主管單位」負責決定（亦即教育廳長〔recteur〕），而主管單位應考量「獎學金生申請人數與總申請人數之比例」，不過也要「與相關教育機構首長商議」，其他則付之闕如。政府多次宣布「Parcoursup」的原始碼會全部公開（其實上一任政府就宣布過了），可是從未確定日期。至於高中生，他們必須在 3 月 13日前決定申請的學校。政府是打算在這一天前公布遊戲規則，還是之後呢？沒有人知道。

法案中同樣規定「每所高中各組別中最優秀的學生可優先錄取任何科系」（尤其是預備班）。不過同樣的，我們所知道的就這麼多：「享有優先錄取身分的學生比例將另以命令定

之」。事實上這只是重覆 2013 年通過的一項條文，而該條文的實際運作方式完全不透明，也只有到分發程序的最後階段，依規定適用最後補考機制時才能發揮象徵性的作用（所以對符合條件的高中生而言已經太晚了，無法真的派上用場）。政府是否打算把「Parcoursup」平台上關於這項規定的原始碼提供學生呢？如果是，會在哪一天呢？一團謎。

讓我把話說清楚：這些問題非常複雜，沒有一個國家的答案能令人完全滿意。不過，既然政府表示要公開透明，就不能繼續像現在這樣諱莫如深，何況除此之外，弱勢族群還面對著不平等與預算緊縮的問題。

建立聯盟中的聯盟

Pour une Union dans l'Union
2018 年 3 月 13 日

　　看完義大利選舉與種種川普式的商業噱頭之後，也許有人會蠢蠢欲動，想打擊歐盟，再拉歐盟一起走上愚蠢的開倒車之路：緊縮移民政策、加強保護主義。在這種情形下，我們也許忽略了兩個關鍵點。

　　其一：和我們偶爾聽到的說法相反，歐洲民粹主義的高漲並不是什麼移民潮所致。事實上，爆發金融危機之前，進入歐盟地區的移民比現在多得多（2000 至 2008 年間每年有 120 萬人）。後來移民人數直線下降（2008 至 2016 年間每年為 50 萬人），雖然當初的地緣政治情勢應該會讓移民之門大開[1]。假如當初沒有犯下經濟政策的大錯，導致 2011 至 2013 年的再度衰退以及南歐國家的失業風暴，歐洲本應可以更加開放——

1　參見托瑪・皮凱提，〈論歐洲的移民處境〉（Sur la situation migratoire en Europe），piketty.blog.lemonde.fr，2016 年 3 月 31 日。

而且現在就能再進一步——，也就不會把爛攤子丟給土耳其難民營，讓他們去處理難民危機。該為民粹主義高漲負責的人是那些在錯誤時機推動撙節政策的人，而不是難民和支持他們的人。

其二：美國的貿易制裁，不管多愚蠢，不過是一些象徵性的故作姿態，好讓川普凸顯自己跟民主黨的區隔，也可以不費什麼成本就讓國族主義者興奮莫名。川普政策的核心，就是在12月通過的稅改政策中遭吞沒的數千億美元，而這次改革的目的是大幅減輕營利事業所得稅與有錢納稅人的財產稅與所得稅。

現在威脅全世界的並不是貿易戰爭，而是社會戰爭，是為了圖利最富有、移動能力也最佳的一群人，一再以財稅傾銷施加的重大打擊。中下階層的被遺棄感因而越來越強烈，公權力則越來越薄弱：所有富裕國家的公有資本都漸漸走向負值，代表私有財產的持有者不只是利用他們的金融資產進而持有全部的公共資產（學校、醫院等），也獲得從未來稅收中抽取一部分的權利。法國最近的時事正好適合說明這種移轉的現象：我們先給了頂級富豪每年60億歐元的財稅大禮，接著提議以80億的價格把巴黎機場公司（Aéroports de Paris）賣給他們。其實把這筆資產免費送給他們還比較簡單。

這種向富豪傾斜的趨勢早就開始了：打從1980年代採取

金融與貿易自由化政策，卻沒有建立新的管制工具與配套課稅措施，就是變化的起點。理論上，解決之道很簡單：必須改變全球化的走向，規定每一份國際條約都要加入促進公平且永續發展的強制規範（最低稅率、碳排放上限等等）。這在技術上沒有任何問題：唯一的困難是每個國家都覺得自己太小，不敢單獨批評現行的條約。面對這樣的全球性挑戰，歐盟負有特殊的責任：歐盟本質上是一個自由競爭區，沒有共同的稅法，而之所以形成調降企業稅的追逐戰和它有很大的關係（現在美國不過是從善如流而已）。一切的起因在於歐盟規定財稅議題必須得到全體同意，而這個規定似乎堅不可摧。

唯一的解決之道，就是法國、德國、義大利與西班牙（這四個國家就代表歐元區 75% 以上的人口與 GDP）能在歐盟之下建立一個有力的政治與財稅聯盟，這個聯盟當然要對所有會員國開放，只是沒有人能讓它動彈不得。馬克宏的各項提案問題在於內容空泛：裡頭提到歐元區的預算，但對負責表決預算的議會如何組成以及做為預算財源的稅賦都隻字未提。

我和亨奈特、薩克利斯特、佛謝共同提議由有意願的國家建立一個新的歐洲大會[2]，由各國議員組成，並依各國人口及

2　參見〈歐元區議會會是什麼模樣？〉，2017 年 3 月 9 日。

政黨比例決定人數。針對為未來投資的預算（教育、再生能源等），這個議會將具有最高表決權，財源則來自共同的企業稅（或許還可再加上共同的高額所得與財產稅）。

上述提案並不完美，但至少存在。選擇由各國議會產生成員的同時，我們也明白法國國民議會與德國聯邦議院尚未打算放棄其財稅決策權。重要的是，各國議會選舉實質上會轉型為歐洲議會選舉：各國國會議員應該說出他們想在歐洲議會裡做的事，不能再抱怨歐盟並把責任推給布魯塞爾。為讓德國人放心，可以增加一項條款，保障每個國家享有的支出接近所繳納的稅金：這項規定的目的不在調配給各國的移轉金，而是為了打造一個民主且具社會意識的公權力，以調節全球化的發展。

讓我們打開天窗說亮話，動起來吧！如果大家無法討論自己想要的歐洲是什麼模樣，這種集體失能可能才是各形各色民粹主義者與川普主義者最大的勝利。

俄國的資本

Le capital en Russie

2018 年 4 月 10 日

　　下個月就是馬克思的兩百歲誕辰。對於俄國這個在蘇聯時期不斷宣稱奉行「馬列主義」的國家目前的悲慘境況，他會有何看法？面對一個在他死後多年才出現的政權，他大概會謝絕承擔任何責任。馬克思成長於以納貢選舉制（censitaire）[1] 為主流、推崇私有財產的時代，當時連奴隸的主人在他們的「財產」受侵害時都可以得到大筆賠償（對托克維爾這樣的「自由派」來說，這是很自然的）。他很難預料到社會民主體制與福利國家會在 20 世紀成功建立。1848 年革命發生時，馬克思 30 歲，1883 年他過世，而凱因斯出生。在他們的時代，這兩個人都曾是筆鋒銳利的專欄作家；當年大家把他們視為引領未來的偉大理論家，顯然是弄錯了。

1　譯註：指基於繳納貢金（cens，一種稅捐）才能獲得選舉權的制度。

無論如何，1917 年布爾什維克派奪得大權時，他們的行動計畫遠不如所宣稱的那樣「科學」。私有財產制會被廢除，大家都明白。但是未來要如何安排生產關係，誰又會是新的主人？要採用何種決策機制，在龐大的國家機器與經濟計畫中，又該如何分配資源？如果沒有找到解答，就會倒退回權力的超級人治；如果沒有成果，大家馬上會找出替罪羔羊，把他們關起來瘋狂清洗。1953 年史達林過世時，蘇聯有 4% 人口關在獄中，其中超過一半是因「竊取社會主義財產」以及其他為了改善日常伙食而為的小竊盜。這就是卡迪歐（Juliette Cadiot）所說的「小偷社會」（société des voleurs），也為一個原本訴求解放的政體一敗塗地的境況下了最佳註解。要超越這種監禁程度，只有往今日美國黑人男性人口去找了（成年男性在監人口占 5%）。

　　蘇聯政府對基礎建設、教育與醫療的投資倒是可以扳回一城：爆發革命之前，俄國人均國民所得一直停在西歐國家的 30 至 40% 左右，1950 年代時卻一口氣躍升至超過 60%。不過 1960 至 70 年代又開始越落後越多，甚至預期壽命也開始減少（承平時代難得的現象）。這個政體在內爆邊緣。

　　蘇聯及其生產制度的解體導致 1992 至 1995 年間生活水準大幅下跌。2000 年開始，人均所得漸漸提升，依購買力平價計

算，2018 年達到西歐國家 70% 左右的水準（但若使用現行匯率計算僅達西歐的二分之一，畢竟盧布很弱）。不幸的是，貧富差距擴大的速度比官方統計數字宣稱的更快[2]。

更廣泛來看，蘇聯造成的災難使人們徹底放棄對重分配的追求。俄國 2001 年後的所得稅率為 13%，不論你的所得是 1,000 盧布或 1,000 億盧布都一樣。就算是雷根和川普對累進稅制的破壞也沒有做到這個程度。俄國沒有任何遺產稅，其實在中華人民共和國也沒有。在亞洲，如果你想不受干擾的把自己的財富傳承下去，最好是死在早期的共產主義國家，千萬不要在資本主義國家如臺灣、南韓或日本，這些地方對巨額遺產課徵的稅率最近提高到 50 至 55% 之譜。

然而當中國政府還懂得保留一定程度對資本外流與私人積累的控制權，普丁所統治的俄國則充斥毫無下限的盜賊政治行徑。1993 至 2018 年間，俄國的貿易順差高得不可思議：長達25 年間，每年平均約為 10% 的國內生產毛額（GDP），合計相當於 250% 的 GDP（兩年半的全國產值）。原則上，這樣應該能讓俄國累積同等規模的準備金：幾乎與挪威在其選民注視下所累積的主權基金一樣多。然而俄國官方公布的準備金數字

2　參見諾瓦科梅、皮凱提、祖克曼合著，"From Soviets to Oligarchs: Inequality and Property in Russiam, 1905-2016"，出處同前。

只有十分之一，亦即不到 25% 的 GDP。

錢都到哪裡去了？根據我們的估算，光是俄國富人持有的海外資產就超過一年的 GDP，相當於官方公布的家戶金融資產總額。換言之，這個國家的自然資源（順帶一提，這些資源最好能留在原地，才能減緩氣候暖化）已遭大量出口，以維持各種讓一小撮人在俄國或全世界持有龐大金融資產的黑箱制度。這些俄國有錢人往來於倫敦、摩納哥與莫斯科之間；其中有些人從未離開過俄國，而是透過海外機構持有國家的財產；許多仲介商與歐美企業也趁機撈了不少油水，而他們目前在體育界或新聞界仍持續這麼做（有人稱之為出於慈善精神）。這些侵吞行為之深之廣為歷史所僅見。

歐盟與其施加貿易制裁，更好的做法是對這些資產發出該有的譴責，並對俄國大眾發出呼籲。如今後共產主義已經成為超資本主義最可怕的出路：馬克思也許會欣賞這種反諷，不過這不構成我們勉強接受的理由。

六八學運與不平等

Mai 68 et les inégalités

2018 年 5 月 8 日

　　六八學運該被送上火堆嗎？抨擊六八學運的人認為這場運動的精神促成個人主義、甚至極度自由主義的勝利。事實上這樣的說法禁不起檢視：相反的，六八學運是踢出第一顆球，揭開法國社會不平等大幅縮小的歷史時期，後來基於完全不同的理由，改善的腳步又漸漸拖沓。這是一個重要的問題，因為它左右著未來的面貌。

　　讓我們倒帶一下。1945 到 1967 年這段時期的法國，最重要的事件除了經濟快速成長，還有一股貧富差距再度浮現的趨勢，因為國民所得中的利潤占比大幅提高之同時，薪資階級也再度變得明顯。前 10% 高所得人口的占比在 1945 年僅占總所得的不到 31%，到了 1967 年已逐步成長至 38%。此時整個國家的重心放在戰後重建，減少貧富差距並非第一要務，更何況每個人都認為歷經戰火連綿（造成破壞、通貨膨脹）與解放之

後的政治動盪（建立社會安全體系、國有化、薪資級距縮小），貧富差距已經大大減少。

在這個新環境下，1950 到 60 年代的幹部階層與工程師的薪資自然而然成長得比中低薪資快，而一開始大家都不覺得有什麼不對勁。最低薪資在 1950 年就已制定，但之後幾乎從未修訂過，以至於和平均薪資的變化相較之下落後了一大截。社會的父權程度前所未見：在 1960 年代，80% 的薪資所得都掌握在男性手中。女性身負眾多任務（尤其是照顧小孩、為工業時代提供溫柔撫慰），但是掌握經濟大權顯然不在其中。社會也瀰漫著生產主義思想：1936 年承諾的 40 小時工時制從未實現，因為工會同意把可用的加班時數全部用完，好讓法國能趕上其他國家。

轉捩點出現在 1968 年。為了解除危機，戴高樂政府簽署《葛內爾協議》（accords de Grenelle），其中一項內容就是最低薪資應提高 20%。最低薪資後來在 1970 年正式與平均薪資（部分）連動，更重要的是，在全面沸騰的社會與政治氣氛下，1968 到 1983 年間的歷任政府都感到有責任幾乎每隔一年就大力「推一把」。這就是為什麼最低薪資的購買力會在 1968 到 1983 年間共計提升超過 130%，同一時間的平均薪資卻只成長了 50% 左右，使得薪資差距大為壓縮。這和前一段時間有明顯

且巨大的落差：1950 到 1968 年間，最低薪資的購買力僅僅成長不到 25%，平均薪資則成長超過一倍。1968 至 1983 年之間，在最低薪資調漲的帶動下，薪資總量整體而言成長的速度明顯超越產值，導致資本在國民所得中的占比大幅下降。不只如此，還調降了工時並增加有薪假日數。

1982 至 1983 年，推力又反轉了。1981 年 5 月大選誕生的社會黨新政府當然希望繼續永遠朝這個方向前進。可惜事與願違，在社會運動的要求下，歷屆右派政府已經大大提升最低薪資的水準，這個選舉制的民主國家已被逼到底線。如果要繼續推進減緩不平等的運動，勢必要創造新的工具，好比：讓員工在公司擁有實質權力、大量投資教育部門、提高教育部門內的平等、建立全民醫療保險與全民退休金制度、發展歐盟的社會安全與財稅制度。社會黨政府沒有這麼做，而是在 1983 年實施「緊縮轉向」（tournant de la rigueur）時把歐盟當成代罪羔羊，即使歐盟和薪資凍漲一點關係也沒有：不管法國經濟要走向開放還是封閉，最低薪資不能永遠以三倍於產值的速度成長。

更糟的是：自 1988 年開始，法國政府大力參與歐洲國家針對企業稅的財稅傾銷熱潮，接著透過 1992 年《馬斯垂克條約》（traité de Maastricht）的簽訂，建立起一個純粹無比的貨幣與貿易聯盟，沒有共同預算或共同稅制，也沒有政治治理

機制。一種沒有國家、沒有民主制度、沒有主權的貨幣：經過2008 年金融危機後，我們已見證這種模式多麼脆弱，而這種模式也是 10 年衰退的肇因之一，讓我們至今仍元氣大傷。

今日，社會民主體制的危機在歐洲遍地開花，最大的原因就是國際主義的半途而廢。20 世紀時，尤其是在 1950 到 80年代，人們曾在民族國家內部思考並實際找到新的勞資關係共識。這些成就不可否認，同時也極度脆弱，因為各國政策被日益白熱化的國際競爭綁架，動彈不得。解決之道並非背棄六八精神、背棄社會運動：相反的，我們必須以學運精神為基石，發展一個改善不平等的新國際主義計畫[1]。

---

1 更深入的討論請見托瑪・皮凱提，《二十世紀法國的高所得階層》（Les Hauts Revenus en France au XXe siècle），出處同前。

「移轉金聯盟」的幻象

Le fantasme de l' «union de transfert»

2018 年 6 月 12 日

　　正當義大利和西班牙的政治危機越演越烈，法國與德國看起來依舊無法對歐盟改革形成任何具體且有企圖心的提案。然而這四個加起來就占據歐元區四分之三 GDP 與人口的國家，只需要找到一個共同基礎，彼此達成共識，就能突破這個困局。該如何解釋他們的裹足不前？又為何會如此嚴重？

　　在法國，最流行的理論叫做「都是別人的錯」。我們既年輕又有活力的總統不是已經針對歐元區及其預算與議會提出非常棒的改造方案了嗎？壞就壞在：我們的鄰國無法理解，也無法拿出高盧人一般的膽識來回應！上述懶人理論的問題在於大家琅琅上口的法國提案根本不存在：沒有人能以三行字解釋完新的預算要以何種共同稅為財源，負責執行新財稅主權的歐洲區議會要如何組成……等等。所以請各位問問你最喜歡的馬克宏派朋友，做個確認，若是你沒有這種朋友——沒人是完美

的——就寫信問你最欣賞的報社吧！這有點像是 1789 年的革命人士沒有去組成國民議會，立刻投票廢除特權階級並制定新的稅制，只是宣布要花點時間好好研究如何成立一個研究委員會，將來才能拯救舊政權。這就是做實事和說空話的差別。

事實上，法國的提案太空泛，要填進什麼相互矛盾的東西都可以。而問題就在於此：任何國族主義和反歐盟的論述都能闖進來。現在我們可以很輕鬆的譴責梅克爾畏畏縮縮，事實上她對「法國提案」的反應不只是戒慎恐懼而已。根據最新消息，她可能會對歐元區投資預算說「好」，不過條件是預算得非常低（低於歐元區 GDP 的 1%）。除此之外，她顯然對可做為財源的共同稅隻字未提（因此很可能最後會在會計帳上大搬風，把原有的預算回收使用，就像容克〔Juncker〕[1]的計畫一樣），對至關重要的歐元區民主化工作當然也沒有任何建議。一切只是因為他們打算把歐洲穩定機制重新包裝為「歐洲貨幣基金」（Fonds monétaire européen），這件事很清楚地反映一種極度保守的觀點：這是要將國際貨幣基金組織（IMF）的模式套在歐盟政府上，亦即一個由財政部長與技術幕僚領導的不透明的治理團隊。這和在議會中進行公開、民主與正反意見並陳的審

1　編註：容克，前盧森堡首相（任期為 1995-2013 年），前歐盟委員會主席（任期為 2014-2019 年）。

議模式背道而馳，而最後的決定都應該先經過審議才對。在共產政權與牢不可破的行政黑幕終結 30 年之後，梅克爾與德國竟然還想要這麼做，實在令人痛心。

不過就算我們可以輕鬆譴責梅克爾怕事，法國媒體現在也該明白，梅克爾不過是呼應馬克宏的畏縮，而他其實抱持著相同的保守立場。追根究柢，這兩位領導人都不希望對目前的歐洲進行任何重大改變，因為他們陷入相同的盲目：他們認為德、法兩國狀況並不差，而且對南歐國家的沉痾毫無責任。他們抱著這種想法，任由一切走向不可收拾的狀態。他們在 2015 年把希臘羞辱了一番，當時希臘的「極左」政府也許做得不夠完美，但至少還提倡對底層窮人及移民要有團結互助的精神，後來到了 2018 年，德、法面對的是義大利的極右政府，這個政府唯一的共同目標——還符合歐盟規章——就是驅逐外國人。

該如何從困局中脫身？問題在於許多德國與北歐的領導人這些年來都告訴他們的選民，說歐洲所有問題都源自於南歐人的懶惰，說南歐人一直想要他們的錢，說只要南歐人捲起袖子來工作，像德國人或荷蘭人那樣出口商品，一切就會解決。在經濟領域裡，這類論調就跟國民陣線與北方聯盟（Ligue du Nord）的承諾一樣虛妄（因為如果全歐元區都像德國一樣出超，世界上沒有人能消受得了）。不過現在這個「移轉金聯盟」

（用正確的德文說就是 Transferunion）的幻象阻斷了一切思考的可能。

　　要想突破，我們就應該建議未來歐元區的預算——其財源來自對營利事業所得、高額所得及高額財產課徵的共同稅，並經真正的民主議會投票通過——要讓各國獲得的好處與其稅捐貢獻相符（移轉金淨額可以 0.1% 或 0.5% 的 GDP 為限）。這種狹義國家觀點的互助精神還不夠理想，不過老實說，重點並不在此：我們最大的目標是讓歐洲擁有一個能對最強勢的經濟主體課稅的公權力，而且課徵的強度至少要和最弱勢者一樣重，這樣才能為將來的發展投資，並減少各國內部的貧富差距。我們快開始討論心目中的歐洲吧！出發！

歐洲、移民與貿易

L'Europe, les migrants et le commerce

2018 年 7 月 10 日

歐洲各國領導人正打算限縮歐盟會員申請條件的此刻，試著更深入了解目前移民的現實處境，以及從更大的尺度了解歐洲在全球化發展中的定位，應該多少有些助益。我們能取得的資料雖不是無懈可擊，但已足以確定重要的數值大小。其中最完整的是聯合國人口司所整理的資料，他們是依據各國提交的人口統計數據，並經過繁瑣的均一化處理（homogénéisation）[1]。這些資料讓我們了解世界各國移入或移出的人數變化，其中也包含具高度敏感性、針對未來數十年做成的《世界人口展望》報告（World Population Prospects）。如果檢視最新公布的資料，可發現兩項清晰可見的事實。

首先，移入富裕國家的人口流量（扣除移出後之淨額）從

---

[1] 《世界人口展望》報告，聯合國，https://population.un.org/wpp/

2010 年開始減少。在 1990 到 1995 年間，每年移入人數為 200 萬左右，1995 至 2000 年為 250 萬，接著在 2000 到 2010 年間突破 300 萬大關，2010 到 2018 年間又回跌到 200 萬左右，而聯合國預測未來幾年也將維持在這個水準。目前富裕國家的人口合計接近 10 億（歐盟有 5 億、美加有 3.5 億、日本及大洋洲國家有 1.5 億），也就是說 1990 年代每年的移民人口低於 0.2%，2000 到 2010 年間上升到接近 0.3%，到了 2010 年後下降至 0.2% 以下。上述流量看來不多，從某個角度來看也的確不多：1990 至 2018 年的全球化發展偏重於金融貿易活動，其移民人口從未達到 1870 至 1914 年間的規模。

不同之處在於，新一波移民的跨文化融合度更高（上一波人口遷徙主要發生在北大西洋兩岸），而且這些人移入的是一個人口停滯的環境：此時許多富裕國家每年的出生數都低於人口的 1%，這代表每年若移入 0.2% 或 0.3% 的人口，長此以往就會造成人口結構的劇烈改變。這件事本身不構成問題，但最近的經驗顯示，很不幸地有一些人因此得以成功操作認同政治，若是欠缺適當的政策來增加工作機會、住房與必要的基礎建設，更容易造成這種結果。

聯合國資料凸顯的第二個驚人結論，則是移民減少的主因在於歐盟的作為。移入歐盟的移民（扣除移出之淨額）從 2000

到 2010 年間的每年近 140 萬人降到 2010 到 2018 年間的不到 70 萬人，減少了一半，雖然有難民大量湧入並在 2015 年達到高峰。美國比歐洲更快從 2008 年的經濟衰退中站起來，而移入該國的流量一直很穩定（2000 到 2010 年之間每年為 100 萬人，2010 到 2018 年間則為 90 萬人）。

還有一項事實值得和前兩者放在一起看。根據歐洲央行（BCE）的最新資料，歐元區的貿易順差在 2017 年達到 5,300 億歐元，將近歐元區 GDP（11 兆 2,000 億歐元）的 5%，2018

歐盟與美國的平均移入人數（扣除移出人數後的淨額）（單位：千人／年）

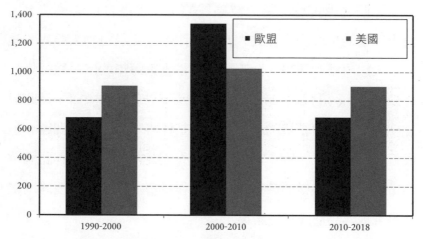

解說：2000 至 2010 年間，歐盟每年的平均移入人數（扣除移出人數後的淨額）接近 140 萬人，2010 至 2018 年間則為 70 萬人左右。
資料來源：聯合國，《世界人口展望》報告，2018。

年時也呈現相同走勢[2]。換句話說，歐元區國家每生產 100 單位的商品與服務，在境內的消費只有 95 單位。兩者的差距看起來很小，但是年復一年都是如此，實際上便相當可觀。在經濟史上從來沒有、或至少從有貿易統計資料（亦即 19 世紀初）以來，人們從未見過如此龐大的經濟體製造出如此驚人的貿易順差。有些石油國家的順差也許偶爾會超過 GDP 的 5% 或 10%，但相較於全球經濟，他們的經濟體規模小得多，人口也不多（以至於握有資源的幸運兒們不太知道能做什麼，只能在海外累積資產）。這種極度不正常——至少是史無前例的狀況——主要是德國引起的，但它不是唯一的原因，例如義大利的貿易順差自 2015 年以來便高於 GDP 的 3%。

對於支持市場全知且永遠有效率的人而言，這種狀況可能是人口老化的合理後果：既然預期將來勞動力與產值會變得微乎其微，甚至歸零，歐洲應該做的事很簡單，就是為老年儲備資金。事實上，原因更應該是缺乏政治引導下的過度競爭以及過於苛刻的薪資，才會讓經濟成長受到壓抑，貿易順差不斷膨脹。

還須提醒各位的是，歐元區現在也處於基本預算「順差」

2　歐洲央行經濟公報（Bulletin économique de la BCE），2018 年 6 月，圖 3.1，p. S8，https://www.ecb.europa.eu/pub/pdf/ecbu/eb201804.en.pdf

的狀態：納稅人繳的稅超過享有的經費，兩者落差超過 GDP 的 1%。正如川普的預算赤字只是讓美國的貿易赤字更龐大，歐盟的預算盈餘也只是讓我們的貿易順差更嚴重。如果歐盟希望有一天能重振其整合機制，第一件該做的事就是重新學習投資與消費。

社會本土主義，義大利的噩夢

Social-nativisme, le cauchemar italien

2018 年 9 月 11 日

2018 年春天開始，治理義大利的是一個奇怪的社會本土主義聯盟，成員包括五星運動（M5S），一個反體系、反菁英的政黨，無法依照我們習慣的左、右派來分類，不過這個黨的主打議題之一是制定基本收入；另一個成員則是聯盟黨（Lega），前身為北方聯盟，原為主張區域主義（régionaliste）的反課稅運動，現在部分轉向國族主義，專長是驅趕外國人。如果用我們想像的義式風情來解釋「社會本土主義」（social-nativisme）這個前後矛盾的新鑄詞，就大錯特錯了。事實上，這種既絕望又矛盾的聯盟之所以崛起，所有歐洲國家政府都有責任。就算我們小心提防，義大利社會本土主義的噩夢可能很快就會近在眼前，首先是因為它對整個歐洲的影響，其次是因為我們不能排除其他國家也可能出現類似的聯盟，包括法國。

讓我摘要一下。五星運動在南義的中下階層以及對各政

黨都已失望的選民中最受歡迎，他們承諾改善社會問題以及讓被遺棄的區域獲得發展，以此誘惑選民。聯盟黨吸引反移民的中下選票，尤其在北部，他們甚至擁有由幹部階層與憎恨稅務人員的自營作業者組成的基本盤。五星運動與民主黨（Partito Democratico，由前左派政黨組成，現在的立場介於中間偏左與中間偏右，詳情不明）一度打算組成聯盟，不過民主黨最後拒

1945 至 2020 年歐洲與美國左派得票情形：從勞工政黨到高學歷政黨

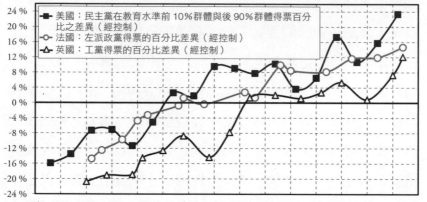

解說：1950 至 70 年代，美國的民主黨、法國的左派政黨（社會主義—共產主義—基進派—環保運動）以及英國工黨的票數來自學歷較低的選民；1990 至 2010 年間，這些政黨的支持者轉為學歷較高的選民。

資料來源與序列：參見 piketty.pse.ens.fr/ideologie。托瑪・皮凱提，"Brahmin Left vs Merchant Right: Rising Inequality and the Changing Structure of Political Conflict，WID.world"，Working Paper Series No 2018/7；亦重覆出現於托瑪・皮凱提，《資本與意識型態》，同前出處，頁 844。

絕了，因為他們更希望打倒民粹主義者。

　　後來五星運動與聯盟黨共同推出一份政見，主軸包括五星運動所提倡的基本收入（類似法國的就業所得互助金〔RSA〕），以及聯盟黨所主張的「均一稅」（flat tax），亦即不分所得高低都課以相同稅率，這意味著累進稅制將全面瓦解（累進稅制即所得越高稅率越重），也會損失大筆稅收。五星運動與聯盟黨結盟的一大原因也在於激烈的反難民政策，而代言人就是內政部長薩爾維尼（Matteo Salvini），亦即聯盟黨的領袖；他花了一整個夏天阻擋救援船靠岸，無視於一切規範，然而此舉卻令他民調急速上升。這兩個黨還同意採取一些會引爆爭議的做法，例如反對疫苗，因為疫苗背後是自以為無所不知的菁英以及貪婪的藥廠。

　　這鍋意識型態的大雜燴為什麼能維持下去呢？以法國來說，我們知道現在的「法蘭西不屈黨」（La France Insoumise）和這種聯盟的最大差異何在：對移民秉持互助精神以及支持累進稅制仍然是他們的核心價值之一（雖然我們仍會憂心梅蘭雄最近對就源課稅之「魔障」發表的布熱德主義〔poujadisme〕[1]

言論）。五星運動分子居然會力推「均一稅」一事，凸顯他們在政策規劃上根本缺乏骨幹，也凸顯義大利政治緩慢崩解帶來的毒害（戰後形成的政黨體系自 1992 年開始瓦解），此外更凸顯數十年來反課稅與財稅傾銷的語彙造成了何種傷害（既然最有錢的人可以逃稅，其他人也無計可施，何不直接幫所有人減稅？）

不過大雜燴如果行得通，主要原因在於義大利的領袖們很擅長譴責法國政府自我中心，一邊對難民說教，一邊關上邊界與大門，他們更廣泛譴責歐洲國家的偽善，對義大利強加嚴格的預算法規，讓他們無法投資、無法從 2008 年的風暴及隨之而來的債務清理中恢復元氣。更重要的是，大家還記得匈牙利總理奧班（Viktor Orban）與薩爾維尼會面時發表的反移民團結宣言，當時奧班這麼說：「我們已經證明可以由陸上阻擋移民，〔薩爾維尼〕則證明可以由海上阻擋。」我們也該注意薩爾維尼的話：「今天開啟的是一條共同的道路，接下來幾個月還有許多不同階段的工作，要讓勞動、醫療與安全生活的各項權利成為首要任務。這些都是歐盟菁英不願給我們的。」

德派也曾在國民議會選舉中頗有斬獲。後來布熱德主義（poujadisme）便衍伸為一負面語彙，意指以保護產業利益為中心、反動守舊、煽動民眾且厭惡政府集中管理的心態。

薩爾維尼之所以非常危險，主要是因為他有能力將本土主義的社會論述、移民論述以及關於債務的論述連結在一起，再將這些全部包裝在對菁英分子偽善態度的批判之下。既然歐洲央行可以印數十億元的鈔票來拯救各家銀行，為什麼不能幫幫義大利，把債務期限延後到方便還的時候？只要歐盟無法提出更有力的說法，這個聽來合乎常識的論調就會保有其吸引力。波蘭與匈牙利的非自由派政權為了安撫輿論，也投入經費實施家庭補助與退休金等社會福利措施，而這些都是親歐盟的政府一直不願意做的。

　　當然，大家可以賭賭看義大利民眾是否會繼續反對硬碰硬，反對回到使用里拉與通貨膨脹的時代。我們也可以這麼想：歐盟該把握時機，把早該制定的振興經濟政策與財稅正義政策完成，向中下階層證明自己是最有能力的守護者。只要各國的中間派繼續採取同樣的反社會自由主義，社會本土主義就還有大好日子等著他們。

巴西：備受威脅的第一共和

Brésil: la Première République menacée

2018 年 10 月 16 日

在美國，直到 1960 年代中期，過去的奴隸才終於擁有和白人坐同一輛巴士、上同一間學校的權利，也是到此時他們才取得投票權。在巴西，窮人的投票權是 1988 年頒布的憲法所賦予，亦即 1994 年南非首次舉行所有種族都可參與的選舉之前數年。

三者比較的結果也許會令人吃驚：比起其他兩國，巴西過去是一個民族混合程度較高的國家。在 2010 年的最新人口普查中，48% 的人口表示自己是「白人」，43% 表示自己是「混血」，8% 表示自己是「黑人」，1% 表示自己是「亞洲人」或「原住民」。事實上，超過 90% 的巴西人擁有多種血統。儘管如此，社會對立與種族對立之間依然有密切關連。除非巴西能擺脫種族問題，否則就會像一些人說的，繼續當一個「從心歧視」（racisme cordial）的國家。這個國家的民主還很年輕、很脆弱，

而且目前正經歷一場十分嚴重的風暴。

　　巴西在 1888 年廢除奴隸制度，當時奴隸在某些省分仍占據人口的 30%，尤其是東北部（Nordeste）的產糖地區。除了最極端的奴隸問題外，巴西的勞動關係長期以來處於極度緊張的狀態，在地主、農產加工廠工人與沒有土地的農民之間尤其嚴重。政治層面上，1891 年頒布的憲法特別明定不識字的人不得擁有投票權，1934 年與 1946 年的憲法也延續這項規定。在此制度下，1890 年代有 70% 的成年人口被排除在選舉活動之外，到了 1950 年還有超過 50% 的人不能參與，1980 年時仍有 20% 左右。實際上，不只是前奴隸而已，更廣大的貧窮人口也被這個制度排除在政治活動之外長達一個世紀。相較之下，印度很快就在 1947 年實施真正的全民普選制，儘管還有歷史遺留的巨大社會裂痕與法規斷層，國內的貧窮問題也十分嚴重。

　　在巴西，並未因為政治活動排除文盲，就出現積極的教育政策。如果這個國家一直都如此不平等，主因就在於資產階級從來不曾真的嘗試翻轉這沉重的歷史遺緒。公共服務與開放大眾就讀的學校，其品質長期以來都極為低落，而且到現在還不夠充足。

　　必須等到軍事獨裁政權（1964-1985）結束、1988 年憲法頒布之後，投票權才普及全民且沒有教育程度限制。第一次全

民總統普選舉行於 1989 年，而曾任車床工人的魯拉（Lula）不但能進入第二輪，還拿到 47% 的選票。2002 年他大獲全勝，在第二輪拿到 61% 的選票，2006 年連任時也獲得同樣高票。曾因教育程度不高而飽受譏嘲、說讓他代表巴西出訪不夠體面，魯拉的勝選象徵巴西進入全民普選的時代。相反的，波索納洛（Bolsonaro）[1] 的勝選標誌著巴西出現可怕的倒退，也絕非一次普通的政黨輪替，畢竟先前工黨（Partido dos Trabalhadores，PT）與羅賽芙（Dilma Roussef）[2] 曾再度奪得勝利（2010 年獲得 56% 支持率，2014 年獲 52% 支持率），而且選民結構在社會階層、種族與地理關係上都撕裂得越來越嚴重[3]。

好戰分子、沙文主義、恐同心理，這位里約的眾議員更反社會又仇視窮人，他的超級自由主義經濟計畫正反映了這些特質。波索納洛也搭上對白人統治時代的懷舊風潮，雖然這個國

1　編註：波索納洛，第 37 任巴西總統，任期自 2019 年 1 月 1 日起。當選總統前圍里約熱內盧聯邦議員。

2　編註：羅賽芙，巴西經濟學家，第 36 任巴西總統，任期自 2011 年起，至 2016 年被彈劾下台為止。

3　針對巴西選民分裂的變化，參見 Amory Gethin，"Cleavage Structures and Distributive Politics. Party Competition Voter Alignment and economic inequality in comparative perspective", Master Analysis and Policy in Economics，École dèconomie de Paris，2018。

家的「白人」已經不再是主流族群（2000年人口普查時仍占54%）。由於2016年羅賽芙被革職下台，2018年魯拉的競選之路又受阻，波索納洛的當選可能會留下可怕的遺害。

但是工黨執政時並沒有犯錯。由於提高最低工資並建立新的家庭津貼制度（稱為 Bolsa Familia），在經濟成長的同時，貧窮率也降到史無前例的低。此外，工黨為中下階層、黑人、混血族群制定了大學名額的保留機制。不過，由於選舉制度沒有改革，工黨一直沒有成功改善因結構造成的累退稅效果（電費的間接稅高達30%，高額所得稅的稅率卻只有4%）。結果就是成功改善了貧富差距，犧牲的卻是中產階級而非頂層富豪[4]。

20世紀的進步派陣營能成功減少貧富差距，是因為他們為了一個企圖心強烈的平等議程而奮鬥，不只以政治改革為基礎，也將財稅與社會改革納入其中。美國人必須在1913年修改憲法，才能創立聯邦所得稅與遺產稅，這套制度後來成為史上最重的累進稅，也成為新政的經費來源。英國人必須廢除上

4　針對巴西貧富差距的變化，參見 Marc Morgan，"Falling Inequality beneath Extreme and Persistent Concentration: New Evidence for Brazil Combining National Accounts, Surveys and Fiscal Data, 2001-2015"，WID.world，Working Paper Series No. 2017/12。

議院的否決權，法國人必須廢除參議院的否決權，否則 1945
年的社會改革永遠不可能實現。今日，進步派陣營不願針對美
國、歐洲或巴西的體制民主化工作進行任何具前瞻性的討論。
然而讓改弦易轍成為本土主義和反動分子的專利，並非拯救平
等與民主之道。

《世界報》與億萬富翁

Le Monde et les millliardaires

2018 年 11 月 13 日

　　《世界報》的股權結構就要改變了。一位法國的商業銀行家要將他的持分賣給一位捷克億萬富翁，而這位富翁以煤礦致富，也是避稅天堂的常客。我們該適應這種情形嗎？或者該是時候好好思考何種稅務與法律體制有助改變媒體經營模式？我要表明：本文絕對無意質疑記者們或報紙高層，他們為了從股東那裡取得他們所能取得對新聞獨立的最佳保障，勇敢且正直的奮鬥著，而這點不論在《世界報》或其他報社都是一樣的。不過這不妨礙我們思考應該改變哪些法律才能避免未來出現這類情形。

　　讓我說明一下，不論在法國或別的國家都有一些限制媒體財產集中的法規。不過這些法規規範不足且鮮少被使用，不曾更新也沒有順應數位時代而調整，除此之外，這些法規從來沒有嘗試界定報社各單位的法律形式。我們繼續依照這樣的原則

思考：媒體正常的組織型態就是股份公司，以「一元一票」為基本原則，亦即投資 10 億元的人的票數就應該是投資 1 元的人的 10 億倍。然而三百六十行，行行的組織型態都完全不同。我們可以想想教育業、文化業、醫療業，他們總計可提供的工作機會遠高於媒體業及汽車產業。在這幾個產業中，如果決定成立私人機構，當事人通常會採取協會或基金會等形式，美國或國際上許多大型大學都是如此。現行法規一般禁止以股份公司的型態成立小學或高中，大學雖然可以這麼做，寥寥幾個實例的結果都是一場災難（例如川普大學），以至於後來幾乎沒有人仿效。

讓我們以哈佛大學為例。該校 370 億美元的基金是靠著校友與億萬富翁的捐款累積起來的，歷年捐款產生的金融孳息也十分重要，除此之外，眾多研究計畫是靠公共基金資助，而且若是沒有各種基礎建設與公立中小學，這些幾乎都不可能存在。無論如何，如果一位慷慨的捐款人捐錢給哈佛，他當然可以得到某些好處，例如被提名進入經營會議，有時候甚至可以讓捐款人的一名子女獲得錄取，即使成績未達標準。在這方面，我們應該嚴肅考慮減少這些好處。在錄取程序以及這些大學的治理上，公權力的角色應該要比現在重要得多才是正常的，其實過去就是如此，未來也可能會回復如此：一切都取決於立法

者。同樣重要的是，和股東相比，這個慷慨捐款人的地位十分不穩定：很難說經營會議會在什麼時候把他撤換，更重要的是他完全無法威脅要收回他的錢。他的捐款已經永久成為大學校務基金的一部分，儘管如此，他還是捐了。

相反的，媒體業的慷慨捐款人／股東卻可以隨時威脅要拆夥並取回屬於他們的錢，就像現在《世界報》的狀況一樣，而這正是癥結所在。既然是媒體業，考量到組織結構必須經常調整，理想的方式應該是採取介於基金會與股份公司之間的型態。舉例來說，依照卡熱（Julia Cagé）提議的非營利媒體事業型態[1]，記者、讀者、捐款者的投資可以依其規模給予不同待遇。在一定門檻以下，這些投資可以讓當事人取得相當高的投票權，必要時也可以退還（無法獲利）。高於門檻以上，這些貢獻便類似於永久性的捐贈（不可退還，如同哈佛的例子），而且取得的投票權有一定上限（比哈佛的制度理想）。舉例來說，我們可以設想超過公司資本 10% 的投資只有三分之一可以換得投票權，而金額最低的投資人的投票權則可以提升到同一水準。假如目前那些湧入媒體業的億萬富翁都如他們所說的那樣不為私利，那麼與記者、讀者、沒那麼有錢的捐款者一起

1　參見卡熱，Sauver les médias. Capitalisme, financement participatif et démocratie，出處同前。

分享權力應該不成問題才是。

　　目前阻礙多數意見通過上述改革方案的原因為何？或許是害怕讓億萬富翁們不開心，更重要的是有基本財務需求。畢竟，既然是無法返還的捐贈，合理的做法應該是讓教育捐款或醫療捐款所享用的租稅優惠也能擴大到媒體業，而這件事一直不被接受。其實這筆錢會是很好的投資，也可以輕輕鬆鬆透過課徵金融資產富人稅回收。如果政府無法回到一開始走錯的地方重新來過，將會很難說服全國人相信他們確實將租稅正義與打擊民粹主義放在心上。

愛歐盟，就要改變它

Aimer l'Europe, c'est la changer

2018 年至 2020 年

歐盟民主化宣言

Manifeste pour la démocratisation de l'Europe

2018 年 12 月 10 日

　　這篇宣言是由一群知識分子與學者共同撰寫（瑪儂・布居〔Manon Bouju〕、盧卡斯・江瑟、安—洛荷・德拉特〔Anne-Laure Delatte〕、史蒂芬妮・亨奈特、托瑪・皮凱提、紀堯姆・薩克利斯特、安端・佛謝），並獲超過十萬名歐盟公民簽署（www.tdem.eu）。

　　我們，來自不同背景與國家的歐洲公民，今天要公開呼籲歐盟的政策與體制應徹底轉型。這份宣言包含具體提案，尤其是一份民主化條約草案及一份預算草案，有意願的國家可直接採用並施行，沒有任何一個國家可以阻止希望前進的國家這麼做。所有歐盟公民、認同這份宣言的歐洲公民，都可以上線簽署[1]。任

1　www.tdem.eu

何政治團體都可以取用修改，使其更加完善。

　　經歷英國脫歐，幾個成員國又選出反歐盟的政府來領導，我們已不能再維持過去的做法。我們不能再只想著等待下一個出口、下一場崩毀，而不從根本改變現在的歐盟。

　　今天的歐洲大陸處於腹背受敵的困境，一邊是以驅趕外國人與難民為唯一政見的政治團體，而此一政見現已開始執行；另一邊則是一些政黨，他們自稱屬於歐洲，但內心深處仍繼續想像純粹的自由主義與全面競爭（國家、企業、區域、個人）就足以構成一個政治計畫的內涵，卻沒有體認到餵養被遺棄感的正是社會遠見的闕如。

　　有些社會運動與政治運動試圖打破這種無可救藥的對話，他們嘗試開啟歐盟的政治、社會與環境改造之路。原因在於十年的金融危機終結後，歐洲自身的緊急狀況層出不窮：結構性的公共投資不足，尤其在教育與研究領域；社會不平等加劇；氣候暖化加速；移民與難民的收容危機。不過這些運動往往無法規劃出具體的替代方案，亦即無法精確描述他們希望未來歐盟該如何組織，歐盟內部又該如何民主地進行決策。

　　我們身為歐盟公民，將這份包含具體提案的宣言、條約與預算交由公眾檢視。這些內容並非無懈可擊，但至少是寫出來了：任何人都可以拿去修改得更加完善。這份提案建立在一個

很簡單的信念上：歐盟應該為其公民打造一個有助社會融合、公平且永續的全新發展模式，而歐盟無法只靠模糊且抽象的承諾就說服大家。歐盟無法和它的公民和解，除非能具體證明自己有能力團結歐洲人，並且以公平的方式，讓全球化的贏家為歐盟現在迫切需要的公共財費用做出貢獻：換句話說，必須讓大企業交出比中小企業更多的錢，最富有的納稅人也該貢獻得比最弱勢的人多，而目前的狀況並非如此。

我們提案的核心在於建立一份民主化工作的預算，而該預算需經具最高位階的歐洲大會討論並表決通過，藉此讓歐洲獲得需要的公權力，一方面能儘快處理歐洲的急迫問題，又能在重視永續與社會互助的經濟架構下產出一批公共財。如此一來，我們才能讓《羅馬條約》[2] 簽訂時就寫下的承諾真正發揮其意義，亦即「在進步的同時保持生活條件與勞動條件的平衡」。

這份預算的財源，如果歐洲大會同意，將來自四項具體標誌上述歐洲互助精神的重要稅賦，而這些稅課徵的對象將是大企業的營收、高額所得（每年超過 20 萬歐元者）、高額財產（超過 100 萬歐元者）以及碳排放量（一公噸最低金額為 30 歐元，並以每年調高為目標）。如果預算金額能像我們提議的一樣設

2　編註：《羅馬條約》，1957 年由法國、西德、義大利、荷蘭、比利時、盧森堡六國簽署的條約，正式官方名稱為《建立歐洲經濟共同體條約》。

定在 4% 的 GDP，就可以支應歐洲的研究、教育與大學經費，這是一個極具前瞻性的投資計畫，可以改變我們的經濟成長模式、為安頓移入人口提供經費，並為參與轉型工作的各方提供支援；不只如此，還能將一部分操控預算的空間還給各成員國，讓薪資或消費行為所承擔的稅捐累退效果減輕一些。

我們無意藉此建立一個「移轉金的歐盟」（Europe des transferts），從「模範生」國家身上拿錢，再轉給沒有那麼模範的國家。民主化條約的草案[3]清楚傳達這個訊息，規定每個國家獲得的經費支出與繳交的預算收入之間的落差以該國 GDP 的 0.1% 為上限。如果雙方有共識，可以調高上限，但真正的重點不在於此：最重要的目的是縮小各國**國內**的貧富差距，並為**所有**歐洲人的未來投資（其中優先考慮的當然是歐洲的年輕人），而不是讓**某一個**國家享有比另一個國家更多的優惠。計算落差時會排除該國為達成共同關注的目標而支出的經費與投資，這些共同目標當然也是有利於所有國家的，例如對抗氣候暖化。由於民主化工作的預算會為歐洲的公共財提供經費，而所有成員國都可以以類似的方式享受這些公共財，所以實際上會創造歐洲各國**之間**的聚合效應。

3　www.tdem.eu

由於我們必須加快腳步，也必須幫助歐盟擺脫技術官僚的束縛，所以我們提議成立一個可以討論與表決這些新的歐洲稅以及民主化預算的歐洲大會，而不必一開始便修改所有歐盟相關條約。

　　這個歐洲大會當然必須和現有的各個決策組織對話（尤其是由歐元區各國財政部長每月會以非正式形態開會的歐元集團〔Eurogroupe〕），不過當意見分歧時，歐洲大會將擁有**最終決定權**。這是因為它能提供一個場所，讓新的**跨國政治空間**能在此形成，各黨派、社會運動團體和非政府組織（NGO）終能在此攜手合作。不過效率也是一個因素，因為有了歐洲大會，歐盟終於不必再永無止盡的卡在跨政府協商的過程中動彈不得。大家別忘了，目前歐盟對財稅議題採用的一致決原則，好幾年來讓任何一種歐洲稅都無法通過，並且助長向財稅傾銷急速傾斜的決策一再出現，讓最有錢也最有移動能力的族群獲利，儘管官方有種種說詞，這類現象現在依然持續發生，未來若是沒有制定其他決策機制，想必也會繼續如此。

　　既然這個歐洲議會有能力通過財稅案，甚至觸及各成員國之間的民主、財稅與社會契約，把各國國會與歐洲大會連結在一起便十分重要。賦予各國國會核心地位，將使各國國會選舉實質上變成歐洲大會選舉：各國議員不能再只是把責任推給布

魯塞爾，他們別無選擇，只能向選民解釋未來打算在歐洲大會提出的草案與預算。透過將歐洲各國國會議員聚集在同一個議會中，可望產生共同治理的習慣，而目前這種習慣只存在國家領導人與財政部長之間。

這就是為什麼我們會在民主化條約中提議，歐洲大會 80% 的成員應該由加入條約的各國國會議員組成（依各國人口及政黨比例分配），其他 20% 成員則來自目前的歐洲議會（依政黨比例分配）。這樣的設定需要經過深入討論。特別要強調的是，我們的計畫搭配較低的國會議員比例一樣可行（例如 50%）。不過比例如果過低，可能很快就會看到歐洲大會在推動所有歐盟公民走向新社會契約與財稅契約時，出現正當性不夠強的問題，而民主正當性在國內選舉與歐盟選舉之間引發的矛盾也許很快就會危及整個民主化計畫。

事不宜遲，現在就必須行動。雖然我們希望所有歐盟國家都能儘快加入這個計畫，雖然能由四個歐元區大國（共占超過全區人口及 GDP 的 70%）先通過草案是最理想的，但在我們的規畫之中，即使不是所有國家，只要有國家願意加入，這整份草案在法律面與經濟面上都能通過並施行。這一點十分重要，因為如此一來，希望加入的國家與政治團體就可以立刻通過這份草案或是更完善的修正版，將意願具體表現出來。我們

要呼籲所有人，為歐洲的將來負起責任，共同參與明確且有建
設性的討論。

「黃背心」與租稅正義

«Gilets jaunes» et justice fiscale

2018 年 12 月 11 日

　　「黃背心」（gilets jaunes）之亂向法國與歐洲[1]拋出一個重大問題：租稅正義的問題。自從當選之後，馬克宏便一直在向全國人解釋珍惜「登山嚮導」（premiers de cordée）的必要性，還有降低高額財產的稅負乃重中之重，而第一步就是廢除富人稅。他迅速推進這一切，帶著無所不能與完全問心無愧的態度。即便是 2007 年的薩科齊在處理稅盾（bouclier fiacal）時都顯得謹慎許多，雖然 2012 年時他不得不廢除這項措施。無可避免的，所有不認為自己是「登山嚮導」的人會有一種被遺棄而且被馬克宏的言論羞辱的感覺，而這就是法國走到今天這般境地的原因。當權者犯下一系列事實、歷史與政治上的錯誤，我們現在必須盡快把握機會改正過來。

　　一開始，馬克宏試圖證明廢除富人稅是合理的，因為富人

1　參見〈歐盟民主化宣言〉，2018 年 12 月 10 日。

稅導致資產大量流出法國。問題是從事實的角度來看,這句話完全錯誤。資料顯示,從 1990 年開始,富人稅的申報資產筆數與金額便顯著上升且居高不下。每個層級的富人稅都出現這種變化,尤其在最高額的群體中,金融資產的筆數與金額比不動產成長得更快,而不動產又成長得比 GDP 及薪資總額快得多。2001 年與 2008 年的股市下跌使漲勢暫時冷靜下來,不過

1990 至 2022 年富人稅的稅收:中斷的強勁漲勢

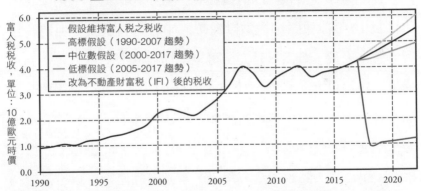

解說:法國富人稅的稅收在 1990 到 2017 年間成長了三倍(由 10 億成長為 42 億歐元),同時期的名目 GDP 則成長了一倍。原因在於富人稅的申報資產筆數與金額大幅成長,而且各層級皆是如此,尤其是最高額的層級中,高額金融資產的成長比不動產更快。即使有各種優惠及上限(如 2007 年的稅盾),即使富人稅的門檻逐漸由 1990 年的 60 萬歐元提高到 2012 年的 130 萬元,稅收依然大幅成長。2018 至 2022 年的預測是基於三項假設:家戶總資產成長的速度會與之前的趨勢相同(三種變數),富人稅的級距分層會依照平均資產成長率調整,以及高額資產成長的速度會和平均值相同。所以這些是最保守的預測值,畢竟富人稅的財稅稽查其實有很多改善空間(例如申報額可預先帶入)。
資料來源與序列:piketty.blog.lemonde.fr,2018 年 12 月 11 日

危機一過去，長期趨勢又回復原本的路線。

　　總體而言，富人稅的稅收在 1990 到 2017 年間成長了三倍，由 10 億成長至超過 40 億歐元，同時期的名目 GDP 則成長了一倍。即使歷年來富人稅的納稅人可享有許多減稅、免稅措施及課稅上限，即使適用富人稅的門檻逐漸由 1990 年的 60 萬歐元資產淨額提高到 2012 年的 130 萬元（扣除主要自用住宅價值的三成後），這一切還是發生了。

　　另一方面，富人稅的財稅稽查一直不夠徹底。舉例來說，所得稅 10 年前便開始提供自動帶入申報資料服務，但始終沒有涵蓋富人稅，雖然銀行完全可以把所有必要的資料傳送到稅務部門。2012 年，資產低於 300 萬歐元以下者甚至不用再分項列舉（此後只需要填寫資料總額，根本無法有系統的稽查）。如果以更好的方式管理，現在富人稅可以帶來超過 100 億的稅收。不過這一點也不令人驚訝，畢竟不動產稅可以帶來超過 400 億的稅收，加上資產又高度集中（尤其是不用課不動產稅的金融資產）[2]。

　　儘管如此，在這種法規與（無力的）行政之下，富人稅的

2　參見〈廢除富人稅：一個歷史的錯誤〉，2017 年 10 月 10 日，以及賈班第、古畢—勒布雷、皮凱提合著，"Accounting for Wealth Inequality Dynamics: Methods, Estimates and Simulations for France (1800-2014)"，出處同前。

稅收卻在 1990 年到 2017 年之間由 10 億元成長為 40 億元。參酌資產的變化趨勢，到了 2022 年，上述稅收應該會高達近 60 億元。廢除富人稅並實施不動產財富稅之後，2018 年的相關稅收已掉到幾乎不超過 10 億元：我們倒退了 30 年，而且從現在開始到 2022 年為止，每年會損失至少 50 億元稅收。

政府的第二項錯誤是歷史問題：他們弄錯了時代。我們都知道美國與英國在 1980 年代開始逐步削弱累進稅制，而歐洲在 1990 年代及 2000 年代初也有一些政策仿效英美，例如德國與瑞典凍結了富人稅（瑞典還凍結了遺產稅）。儘管如此，我們是否很確定這些政策的效果一如預期？2008 年金融危機之後，尤其是在川普當選、英國脫歐與歐洲各地仇外選票爆增之後，大家更明白貧富差距擴大與中下階層的被遺棄感會帶來多麼巨大的危險，許多人也體認到資本主義需要新的社會調節機制。情勢既然如此，還在 2018 年為富人錦上添花，實在不是太聰明的舉動。如果馬克宏想當一位 2020 年代而非 1990 年代的總統，他得快點調整腳步了。

最令人難過的是在氣候戰場上令人髮指的浪費。碳稅要成功，就要將碳稅的成果全部投注到協助社會度過環境轉型。政府做的卻正好相反：針對 2018 年增加的 40 億元燃料稅與 2019 年預計將再增加的 40 億元，政府只打算撥出其中不到 10% 給

各項配套措施，剩下的實質上用於支撐廢除富人稅與資本所得均一稅的政策。

　　如果要挽救他的總統任期，馬克宏必須馬上恢復富人稅，並將這些稅收拿來補償那些受碳稅調漲衝擊最深的人，因為他們需要恢復原本的步調。假如馬克宏不這麼做，代表他寧可選擇跟富人站在一起的過時觀念，不惜犧牲對抗氣候暖化的戰役。

1789 年，債務歸來

1789, le retour de la dette

2019 年 1 月 15 日

在「黃背心」運動的過程中，我們看見舉辦公投取消政府債務的想法漸漸發酵。對有些人而言，這種義大利人之前已經說過的言論，反映「民粹主義」有多麼危險：我們怎麼能想像債務不用還？事實上，歷史告訴我們，當債務高到這種程度，訴諸特殊手段是很常見的事。儘管如此，公投並不能解決如此複雜的問題。要取消一筆債務還有很多方法，對社會也有不同的影響。這正是我們需要討論的事，而不是丟給其他人決定，或等未來發生危機再說。

為了讓每個人都能形成自己的意見，我會在本文中提供兩組資訊，首先是歐洲的現行規範，其次是這種規模的債務在歷史上是如何解決的。

讓我們從歐洲的規範開始，大部分人都不了解，也容易產生混淆。許多人一直在引用「3% 規則」，不了解為何義

大利會落入千夫所指的境地，他們原本規劃的赤字是 2.5%
的 GDP，後來則讓步改為 2%。原因在於《馬斯垂克條約》
（1992 年）的規範已經被 2012 年通過的新預算條約修正。
這份條約全名為《穩定、協調與治理條約》（Traité pour la
stabilité, la coordination et la gouvernance，簡稱 TSCG，又稱歐
洲財政協定）[1]，其中規定今後各國赤字不得超過 GDP 的 0.5%
（第三條），不過也有例外，若該國債務「明顯低於 GDP 的
60%」，則赤字可達 1%。除非有「特殊情形」，違反上述規
定即需接受懲罰。

　　讓我進一步說明，這些規定針對的赤字都是次要赤字
（déficit secondaire），亦即已支付債務利息後的赤字[2]。如果某
個國家的債務相當於 100% 的 GDP，而利率是 4%，則利息會
是 GDP 的 4%。為了將次要赤字控制在 0.5%，該國必須取得
3.5%GDP 的基本預算盈餘。換句話說，該國納稅人必須繳納
比他們享受到的經費更多的稅金，而且要達到 3.5% 的差距，
也許數十年都要維持如此。

1　https://www.consilium.europa.eu/media/20386/st00tscg26-fr-12.pdf
2　關於債務利息及歐元區的平均基本預算盈餘，參見歐洲央行，《經濟公報》
　（Economic Bulletin），2018 年 12 月，頁 36、圖 27（Chart 27），以及頁
　S23-S25，https://www.ecb.europa.eu/pub/pdf/ecbu/eb201808.en.pdf

歐洲財政協定的做法並非不合理：只要不允許取消債務，又假設通貨膨脹幾近於零且經濟成長有限，那麼唯有龐大的基本預算盈餘才可能讓相當於 100%GDP 的債務減少。然而我們必須衡量這樣的決策會如何影響政治與社會。

　　雖然歐元區的利息由於少見的低利率（可能不會永遠如此）而減輕了負擔，目前相當於 2% 的 GDP（平均赤字為 1%，基本盈餘為 1%），等同於一年超過 2,000 億歐元，相較之下，伊拉斯莫斯計畫每年獲得的經費只有區區 20 億元。這也是一種選擇，但我們真的確定這是為將來儲備最好的方式嗎？假如能把這麼大筆錢投資在教育研究上，歐盟就能超越美國，成為全球最重要的創新據點。義大利的利息相當於 3% 的 GDP，是該國的高等教育預算的六倍[3]。

　　可以確定的是，歷史告訴我們還有其他處理方式[4]。大家經常提起的是 20 世紀的幾筆巨額債務。戰爭結束後，德國、法國和英國欠下的債務高達 200 至 300% 的 GDP，而且從來

3　關於義大利繳交利息的時間表，參見歐洲央行，Statistical Data Warehouse，"Italy. Government Debt Securities: Debt Service"，https://sdw.ecb.europa.eu/reports.do?node=1000003919

4　關於 18 至 20 世紀的債史，舉例來說，可參考托瑪・皮凱提，《二十一世紀資本論》，同前出處，第 3 至 5 章；完整的序列資料請見皮凱提、祖克曼，Capital is Back: Wealth-Income Ratios in Rich Countries 1700-2010，*Quarterly Journal of Economics*，vol. 129，No. 3，2014，p. 1155-1210。

沒有還款。這些債務在幾年間歸零，原因綜合了債務的直接免除、通貨膨脹以及對私人財產課徵特殊稅（這和通貨膨脹殊無二致，只是比較文明：既可以讓最有錢的人貢獻得更多，又不會影響中層階級）。德國外債因為 1953 年《倫敦債務協定》（Accord sur les dettes extérieures allemandes）而凍結，1991 年正式歸零。如此一來，法國和德國便處於沒有公共債務的狀態，有能力為 1950 到 1960 年代的經濟成長挹注經費。

不過最適合相互對照的是 1789 年的大革命。由於無法讓有錢有勢的階級繳納稅金，舊政權累積的債務高達一年左右的國民所得，如果算進賣掉的職位或官位（這是國家立刻獲得金錢的一種方法，代價則是未來可由人民身上課徵的收入），甚至可達一年半。1790 年，國民議會終於出版記名的年金總分類帳（grand livre des pensions），其中包含朝臣們的年俸（rente）與支付給前高官的費用，這些支出比平均所得高了 10 或 20 倍，令人髮指（突然想到可與最近成為公共議題的歐盟執委會主席薪資相比較）。這一切終結之後，取而代之的是一套稍微公平一點的稅制，還有「三分之二破產券」（banqueroute des deux tiers）與「指券」（assignat）的嚴重通貨膨脹。

相較之下，目前的情況既更複雜（每個國家都擁有一些他國的債務）也更單純：由於有歐洲央行，我們擁有一個能凍結

債務的機關，而且如果成功設立具有最高權限的歐洲大會，我們也可以通過更公平的歐盟稅制[5]。不過如果我們繼續推說要讓歐洲的有錢人繳稅是不可能的，說只能讓無法離開的階級付錢，那麼激烈反抗將是我們無從閃躲的未來。

5　www.tdem.eu

美國的富人稅

L'ISF en Amérique

2019 年 2 月 12 日

　　會不會給馬克宏致命一擊的不是「黃背心」，而是麻州的
參議員呢？伊麗莎白・華倫（Elizabeth Warren），哈佛大學法
律系教授，不能說真的是查維茲主義或都市游擊隊的信徒，但
是已宣布參加 2020 年的民主黨初選。近日她公開宣布一項顯
然會是未來選戰重點的政見，亦即她要創建美國第一項真正的
聯邦富人稅。經賽斯和祖克曼仔細計算，並獲得最優秀的憲政
主義者背書，華倫提議 [1] 對 5,000 萬至 10 億美元之間的財富課
以 2% 的稅率，10 億美元以上者則課以 3%。草案中也規劃了
相當於資產價值 40% 的「退場稅」（exit tax），適用於那些選

---

[1] 參 見 https://www.warren.senate.gov/newsroom/press-releases/senator-warren-unveils-proposal-to-tax-wealth-of-ultra-rich-americans。亦 請 參 考 賽 斯、祖 克曼，"How would a progressive wealth tax work? Evidence from the economics literature"，2019 年 2 月 5 日，https://eml.berkeley.edu/~saez/saez-zucman-wealthtaxobjections.pdf

擇離開美國並放棄公民身分的人。華倫的富人稅適用於所有資
產類型，沒有任何免稅機制，對於不提供確切海外資產資料的
個人或政府並設有嚇阻性的罰則。

相關討論才剛開始，草案中的稅率表可以再擴充並提高累
進程度，例如針對身價數十億的富豪可每年調升 5 至 10%。可
以確定的是，財稅正義將成為 2020 年總統大選的核心議題。

累進稅制的發明：所得稅的最高稅率，1900-2018

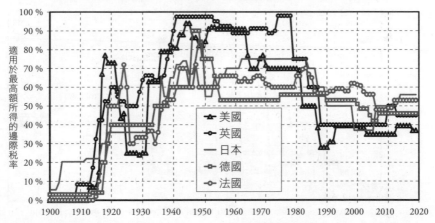

解說：在 1900 到 1932 年間的美國，適用於最高額所得的邊際稅率平均為
23%，1932 到 1980 年間為 81%，1980 到 2018 年間為 39%。同一時期，英
國的最高稅率為 30%、89% 與 46%，日本為 26%、68% 與 53%，德國 18%、
58% 與 50%，法國為 23%、60% 與 57%。所得稅累進程度在 20 世紀中達到最
大值，美國與英國尤其明顯。

資料來源與序列：參見 piketty.pse.ens.fr/ideologie。托瑪・皮凱提，《資本與意
識型態》，同前出處，頁 525。

紐約州眾議員歐加修─寇蒂茲（Alexandria Ocasio-Cortez）已提出對最高額所得課以 70% 之稅率，桑德斯則主張對最高額遺產課以 77% 之稅率。雖然華倫的草案最具新意，但三個方案其實是互補的，也應該相互吸取長處。

　　為了解釋原因，讓我們倒帶一下。1880 到 1910 年間，美國的工業與金融資產集中度越來越高，整個國家的不平等程度

累進稅制的發明：遺產稅的最高稅率，1900-2018

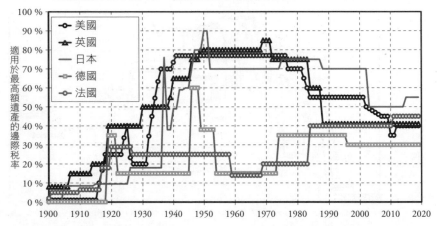

解說：在 1900 到 1932 年間的美國，適用於最高額遺產的邊際稅率平均為 12%，1932 到 1980 年間為 75%，1980 到 2018 年間為 50%。同一時期，英國的最高稅率為 25%、72% 與 46%，日本為 9%、64% 與 63%，德國 8%、23% 與 32%，法國為 15%、22% 與 39%。遺產稅累進程度在 20 世紀中達到最大值，美國與英國尤其明顯。

資料來源與序列：參見 piketty.pse.ens.fr/ideologie。托瑪・皮凱提，《資本與意識型態》，同前出處，頁 525。

快要變得和舊大陸不相上下，此時一項支持改善財富分配的政治運動開始發展，且極具影響力。他們首先在 1913 年建立了聯邦所得稅，並在 1916 年建立聯邦遺產稅。1930 至 1980 年間，美國適用於最高額所得的稅率為 81%，適用於最高額遺產的稅率為 74%。各種證據都顯示，美國的資本主義並未因此被摧毀，正好相反。美國的資本主義變得更平等、生產力更高，而當時的美國也不曾忘記他們的繁榮是來自教育的進步以及對教育訓練的投資，而非對財產及貧富差距的信仰。

其後，雷根與接下來的布希、川普嘗試摧毀這份遺產。他們依恃大眾對歷史的健忘，煽動認同的分裂，背棄了美國的平等主義傳統。看到目前的倒退，可見這種政策的破壞力多麼強。相較於 1930 至 1980 年間，1980 到 2020 年間的人均國民所得少了一半。微薄的經濟成長被有錢人一口叼走了，結果導致後 50% 人口的所得陷入完全停滯。現在突然有一股力量訴求回歸累進稅制與更徹底的正義，這是理所當然的事，只是來得太晚。

與過去不同之處在於，現在是要在所得稅與遺產稅之外創立一種每年繳納的累進富人稅。這是一種有益於正義與效率的重要發明。兩次世界大戰之後，尤其在日、德、義、法與眾多歐洲國家，為了清理公共債務，曾成功實施許多針對不動產、商業資產與金融資產的特殊稅。這種針對最高額私人資產課徵

的一次性稅賦，其稅率通常為 40 至 50%，甚至更高。至於每年課徵的財產稅，由於是常態性的制度，稅率必須較低。不過這些稅率也必須夠高，才能真正促成財富的流動。由這個角度來看，遺產稅來得太晚：我們不能等到貝佐斯（Bezos）或祖克伯（Zuckerberg）都 90 歲了才要他們開始繳稅。依照華倫提議的 3% 稅率，一項 1,000 億元的靜態資產要回歸社會需要花 30 年。這是個不錯的開始，但是有鑑於巨額金融資產平均增長的現象，顯然應該把目標設定得更高（5 至 10% 或更多）。

　　同樣關鍵的是應該將所有稅收投入於降低貧富差距，尤其美國的財產稅（property tax）與法國的不動產稅（taxe foncière）現在都對最弱勢的族群造成莫大壓力。問題在於這兩種古老的財產稅——和有些人以為的不同，它們不只是針對納稅人持有的住宅（與財產所得完全無關，這點不難接受，至少對持有龐大資產的人而言是如此），也包括商業資產（辦公室、土地、倉庫等）——打從 18 世紀之後就不曾真正全盤檢討過。該是時候讓這兩種稅轉為針對資產淨額課徵的累進稅，並讓首次購買不動產而背負債務的家庭因此大幅減稅。但願美國即將展開的選戰與法國針對「黃背心」的爭論能讓我們終於有機會深入討論財產稅與財稅正義。

愛歐盟，就要改變它

Aimer l'Europe, c'est la changer

2019 年 3 月 12 日

　　愛歐盟，就是想要改變它。十年來，德國和法國的政府都宣稱他們是歐洲愛好者，但事實上他們更像是歐洲守舊者。他們不希望現在的歐洲有任何根本的變動，因為害怕會失去手上的權力，以及他們自以為對布魯塞爾事務握有的操控力。他們這麼做，是讓自己成了為歐盟掘墓之人。即使英國脫歐，似乎也沒有讓他們心中泛起一絲懷疑。

　　最新劇情發展：艾麗榭宮所謂的「法德協議」於 1 月重啟談判，而這份協議中提議組織一個法德議事大會，讓兩國的議員可以共同討論國防或公司法等事務。這計畫好極了……除了這個大會純粹屬於諮詢性質，沒有任何實質權力。儘管如此，還是可以將我們急需的財稅正義措施交由這個大會進行表決，好比為我們通過一個真正有一致性的碳排放稅，讓大量排放者比小量排放者繳更多的稅。目前的狀況正好背道而馳：以競爭

及歐洲規範為名，對那些開車去上班的人課好課滿，卻對那些搭飛機去度週末的人免徵燃油稅。法德兩國的領導人宣稱對氣候暖化的問題十分憂心，可是他們打算如何用如此荒謬的稅制來說服大家接受抗暖化政策呢？

從更高的角度來看，把時間花在解釋為何不可能對全國富人課稅，卻沒有針對更高層級的協調合作提出任何具體方案，實在說不通。對此，法德議會應該也可以負責就針對大企業營收及高額所得與資產的共同稅進行表決。這是很簡單的邏輯問題。如果一個大規模的聯邦共同體是藉由商品、人員與資本自由流動的協議而結合，則賦予中央政府課徵最具重分配效果的稅捐的重大任務是非常合邏輯的。在美國，高所得與遺產的累進稅主要由聯邦政府管理，和營利事業所得稅相同，而各州的稅捐主要為（準）比例稅或間接稅。歐洲的做法相反：歐盟負責管理商業增值稅，至於營所稅、所得稅與財產稅則任由各國陷入瘋狂競爭。歐盟就是這樣掀起全球競相降低企業稅稅率的風潮，並把增稅集中在底層民眾身上。這一切的根源在於歐盟及其機關是為了管理一個大市場而成立的，他們不知如何適應新的挑戰。

其結果，稅制越來越向移動能力最高的人傾斜，以致中層與中下階層民眾承受的租稅競爭的成本越來越沉重，可能會超

越貿易整合的利益。換言之，這數十年來底層人口對歐盟的不信任日益加深，並非出於不理性的執念，反而是反映無所不在的現實與基本觀念的偏差，而我們必須在一切不可挽回之前儘快修正。

不過事實上，成立法德議會——成立後立即對義大利、西班牙與所有有意加入的國家開放，且具備表決財稅正義有力措施的能力——並非遙遠的烏托邦。我們現在就可以推行。這整套制度可以減輕底層民眾的納稅負擔，並為綠色轉型政策提供財源。有一份由歐洲各地的法學者與公民擬定的詳細提案，已獲得超過 10 萬人連署支持 [1]。這份提案可以、也應該再改善。重要的是，各國政府與各政治團體可以公開推出明確的提案，不要再辯稱一切都不可能，也不要再以他人的畏縮當擋箭牌。此外，既然無法立刻說服歐盟 27 國，我們就必須下定決心快刀斬亂麻，由一小群一小群國家分別成立一些政治組織，以補足歐盟機關的作用。現有的機制被一致決的規定所阻礙，如今事實已證明它們無法通過任何一種共同稅，因此我們必須建立新的機制，只要能證明它的運作效率，其他國家便會加入。

法國與德國政府之所以拒絕改變歐盟，原因顯然在於他們

1　www.tdem.eu

內心深處依然堅信租稅競爭的優點多過不便之處，或者認定好處還不夠大到值得打掉重練。他們的想法其實不合時宜：法德政府始終不曾接受貧富差距的擴大正越演越烈。如果在 1990 年代，他們的立場是站得住腳的。不過，繼 2008 年金融危機證明歐元與歐盟的脆弱後又過了 10 年，事情已不再相同。如果歐盟不能實現財稅正義，那麼國族主義將獲得最終的勝利。

印度的基本收入

Le revenu de base en Inde

2019 年 4 月 16 日

　　世界歷史上規模最大的一場投票剛剛在印度展開：選民人數超過 9 億之多。大家常說印度人是從英國人身上學會議會民主的藝術，這句話不能說完全錯誤，只是必須加上一句：印度人把這項藝術擴展到前所未有的規模，在一個擁有 13 億人口的政治共同體中實踐，還需面對無數的社會文化對立與語言鴻溝，讓事情加倍複雜。

　　與此同時，英國正勉力維持著大不列顛群島的完整。繼 20 世紀的愛爾蘭之後，在 21 世紀初的現在，也不是不可能輪到蘇格蘭退出英國與英國議會。至於歐盟與其 5 億居民，他們始終無法制定符合民主精神的規則，讓任何一種共同稅通過，並且持續讓人口不到全歐盟 0.1% 的盧森堡擁有否決權。與其以專業語言包裝這美好體系中一切都不可能改變的說詞，歐盟領導人不妨看看印度共和國的情形，以及他們的聯邦制與議會制

共和國模式。

　　儘管如此，在這世界上最大的民主國家裡，顯然並非一切都是美好的玫瑰色。巨大的貧富差距與改善太慢的貧窮率正在侵蝕印度的發展。在本次選戰中出現的重要創見之一，就是國民大會黨（Indian National Congress）提議引進基本收入制度，亦即所謂「NYAY」（nyuntam aay yojana，保證最低所得）。該黨主張的金額為每月每戶 6,000 盧比，依購買力平價計算後，相當於 250 歐元左右（是依照現行匯率換算的三分之一），這在印度算不上少（其每戶所得中位數不超過 400 歐元）。可利用這個制度的是印度 20% 最窮的人口。施行成本雖可觀（略多於 GDP 的 1%），尚不至窒礙難行。

　　一如以往，對於這類提案，最重要的是不要停下腳步，不要以為基本收入就是藥到病除或銀貨兩訖再無相干。要達成財富的公平分配與公平永續的發展模式，必須依靠整套社會安全、教育與財稅措施的支撐，基本收入只是其中一項而已。如同巴帝（Nitin Bharti）與江瑟所指出 [1]，印度的醫療公共支出在

1　巴帝、江瑟，"Tracking Ineqaulity in India. Is the 2019 Election Campaign up to the Challenge?"，WID.world Issue Brief 2019/2。針對印度政治對立的轉型，參見 Abhijit Banerjee、Amory Gethin、 皮凱提，"Growing Cleavages in India? Evidence from the Changing Structure of Electorates, 1962-2014"，WID.world，Working Paper Series No. 2019/05。

2009 到 2013 年間及 2014 到 2018 年間停滯於 GDP 的 1.3%，連教育投資也減少了，從 3.1% 下降到 2.6%。印度還未在改善金錢窮困與上述社會投資之間找到微妙的平衡點，這是印度不如中國之處，中國懂得動用更多資源來提升全體人民的教育與醫療水準。

儘管如此，國大黨提案的優點在於強調重分配的問題，而且能超越配額與「保留額」機制的做法。這些機制固然讓一部分種姓制度底層的人可以進入大學、擔任公職、參加選舉，但還不足夠。

這項政見的最大限制在於國大黨對財源的問題三緘其口。這樣非常不好，因為這原本會是個好機會，可以讓累進稅制重新發揮功能，並為 1980 與 1990 年代的新自由主義時期畫下句點。更重要的是，國大黨原本可因此更明顯的拉近與社會主義及低種姓政黨（社會黨〔SP〕、大眾社會黨〔BSP〕）組成之新聯盟的距離；這些政黨提議針對超過 2,500 萬盧比的財產制定 2% 的聯邦稅（依購買力平價計算，相當於 100 萬歐元），可望帶來相當於「NYAY」所需費用的稅收，也會強化聯邦所得稅的累進程度。

究其根本，這場選舉真正的重要性在於成立一個主張平等主義且跨文化的印度左派聯盟，唯有如此才能與仇視穆斯

林、與企業友好的印度人民黨（BJP）所抱持的印度國族主義
對抗。不確定的是這次是否這樣就足夠。國大黨過去是來自中
間派的大黨，目前依然由不太受歡迎的拉胡爾・甘地（Rahul
Gandhi）領導（出身尼赫魯—甘地家族），相對的，印度人民
黨則明智地讓莫迪（Modi）成為第一位出身貧寒的黨主席。國
大黨擔心若是太直接了當地與左派政黨建立聯盟，會被壓制並

印度各種姓階層與宗教信仰對印度人民黨的支持率，1962-2014

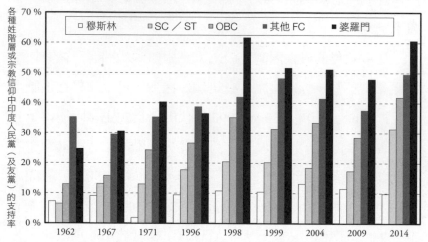

解說：2014 年，10%的穆斯林選民投給印度人民黨（印度國族主義者）及其友
黨，SC／ST 族群（即表列種姓〔scheduled caste〕或表列部落〔scheduled
tribe〕，屬於低種姓）支持率則為 31％，OBC（其他落後階層〔other backward
classes〕，即中級種姓）為 42％，其他 FC（先進階層〔forward classes〕，婆
羅門以外的高種姓）為 49％，而婆羅門支持率為 61％。
資料來源與序列：參見 piketty.pse.ens.fr/ideologie。托瑪・皮凱提，《資本與意
識型態》，同前出處，頁 1074。

失去執政地位。另一方面，莫迪握有印度大企業的資助，而印度在這方向是出名的極度缺乏管制。此外，莫迪巧妙利用查謨—喀什米爾邦（Jammu-et-Cachemire）普爾瓦馬（Pulwama）發生的攻擊事件，隨即發動空軍突擊，令反巴基斯坦派感到大快人心，同時指控國大黨及左派政黨與伊斯蘭原教旨主義者勾結（只有法國是如此），而這可能會成為選戰的轉捩點。

　　無論如何，在世界各地政治意識型態轉型的浪潮帶動下，播下的種子終將發芽。印度人辯論過、做過的決定都會與我們越來越相關。由此看來，此次印度選舉的確是一場世界級的重要選舉。

歐盟與階級對立

L'Europe et le clivage de classe

2019 年 5 月 14 日

　　脫歐公投三年後，歐洲下一屆選舉前夕，人們依然對歐盟抱持強烈懷疑，在最弱勢的社會階層中尤其如此。這是大患，也是舊患。四分之一世紀以來，所有徵詢公民意見的結果都顯示，中下階層人口對於打造歐洲共同體的提案一致反對，而富裕與優勢階層則表示支持。1992 年針對《馬斯垂克條約》的公投顯示，所得、財產或學歷較低的選民有 60% 投下反對票，而高所得、財產或學歷者有 40% 投下贊成票，兩者差距相當大，以致贊成票總計只有小勝（51%）。2005 年的歐盟憲法公投重演舊事，只不過這次僅有 20% 的上層選民表示支持，80% 的下層選民則表示反對，反對票因此大勝（55%）。2016年脫歐公投亦同：這一次有 30% 的上層選民熱切希望留在歐盟，不過 70% 底層選民想要退出，所以脫歐派以 52% 得票率獲勝。

該如何解釋與歐盟有關的投票為何總是帶有如此顯著的階級對立成分？對立的狀況現在變得比較不明顯，因為長期以來各政黨的選票結構已不再擁有那麼清楚的階級結構，呈現三種面向但朝同一個方向拉扯的社會分裂（學歷、所得、財產）。從 1970 至 80 年代以來，英法兩國的高學歷人口明顯朝左派政黨傾斜，但高所得與財產的人口對本身在重整中的右派政黨的支持率仍然稍微高一些。相對的，1992 年、2005 年及 2016 年的歐盟表決案中，左右兩陣營的知識與經濟菁英都支持歐盟，而左派及右派的底層人口則表示反對。

　　要解釋這個狀況，優勢階級自有一套說法：中下階層的人是國族主義者與排外人士，甚至是跟不上時代的人。不過最自然而然排斥大眾的就屬菁英人士了。有一個簡單得多的解釋：歐盟的維繫就是靠擴大區域競爭以及進行財稅與社會傾銷，為最具移動能力的經濟主體謀求利益，它幾十年來便是這麼茁壯起來的，而客觀上，歐盟是靠優勢階級的獲利運作的。只要歐盟不採取具象徵意義的有力措施來減緩貧富差距，好比實施對有錢人課得重、窮人則課得輕的共同稅，這種情形便會持續下去。

　　對歐盟的各種觀點彼此對立並非新鮮事，從歷史的角度重新觀察將會更為清晰。1938 年，英國一群年輕人發起聯邦聯

盟運動（mouvement Federal Union）[1]。這個運動很快獲得大學重量級人物如貝佛里奇（William Beveridge）與羅賓斯（Lionel Robbins）的加入，並啟發邱吉爾規劃「法英聯盟」（Union fédérale franco-britannique）並於 1940 年 6 月提出成立計畫，但遭當時逃亡至波爾多的法國政府拒絕，他們寧可把所有的權力交給貝當（Pétain）。有意思的是，1940 年 4 月有一群英國與法國大學學者聚集在巴黎，開會研究聯邦聯盟的運作如何可能。他們先由法—英聯盟的規模開始，再擴大到整個歐洲，但並未達成共識。經濟自由主義濃度最高的觀點是由海耶克所主張，他期待一個純粹的經濟聯盟，以競爭原則、自由貿易與貨幣穩定性為基礎。羅賓斯的立場與他相當接近，不過在他的規畫中，若商品自由貿易與人員自由流動不足以幫助分散財富與減少不平等，可能需要建立聯邦預算，更重要的是建立聯邦遺產稅。其他成員所持觀點則更接近民主社會主義，首先是社會保險的信徒貝佛里奇，還有社會學家芭芭拉·伍頓（Barbara Wootton），她提議制定聯邦所得稅與遺產稅，稅率超過 60%，再加上一套所得上限及最高繼承額的制度。在一份針對

1　參見Or Rosenboim的精彩著作，The Emergence of Globalism. Visions of World Order in Britain and the United States, 1939–1950，Princeton：Princeton University Press，2017。

聯邦聯盟計畫之經濟與社會內容的不同意見紀錄上可以看出與會學者的意見分歧。以上種種關於聯邦聯盟運動的辯論在歐洲各地產生迴響。舉例來說，激進的共產主義者斯皮內利（Altiero Spinelli）當時被墨索里尼囚禁在牢獄之中，他在 1941 年撰寫《倡議自由統一的歐洲宣言》（Manifeste pour une Europe libre et unie），又稱《文托泰內宣言》（Manifeste de Ventotene，文托泰內即他被囚禁的那座島嶼），便是從中獲得啟發。

　　然而目前仍沉浸在海耶克觀點中的歐盟未必只有一種命運。歐盟的旗幟現在掌握在一些人手中，被他們用來貫徹自身的階級考量。然而我們可以選擇記住，歐盟其實也可以以不同的方式組成，伍頓、貝佛里奇還有羅賓斯 80 年前就曾這麼考慮過。

中間路線環保運動的幻象

L'illusion de l'écologie centriste

2019 年 6 月 11 日

好消息：從歐洲議會選舉的結果來看，法國與歐盟的公民似乎更擔心氣候暖化。問題在於，這次投票對於核心議題的辯論幾乎沒有幫助。具體而言，環保主義者打算和哪些政治勢力一起執政？行動方案為何？在法國，綠黨的確拿下十分光榮的成績：13% 的支持率。不過回顧 1989 年歐洲議會選舉時他們拿下的票數已經是 11%，1999 年拿到 10%，2009 拿到 16%，看來綠黨距離成為獨立多數黨不只一步之遙。綠黨將在歐洲議會中取得接近 10% 的席次（751 席中取得 74 席），表現比僅占 7%（51 席）的這一屆好，因為不過如此一來，綠黨就必須表明對政黨結盟的態度。不過綠黨領導人沉醉在勝利——尤其在法國的勝利——之中，不願表示他們希望和左派還是右派聯手執政。

然而大家看得越來越清楚，要克服面對氣候問題的挑戰，

如果沒有從各個層面縮減社會不平等的強大力量，是不可能成功的。目前不平等現象如此嚴重，朝節約能源前進依舊是痴人說夢。原因首先在於碳排放量高度集中於富裕人口。從全球來看，前 10% 富人需為將近一半的碳排放量負責，而光是前 1% 富人的碳排量就超過全球後 50% 人口的總和。可見光是大幅減少富人的購買力就能對全球排放量的減少帶來實質幫助。

全球碳排放量分布情形，2010-2018

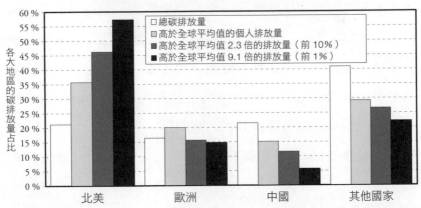

解說：2010 至 2018 年間，北美國家（美、加）在總碳排放量（直接加間接）之中的占比平均為 21%；在高於全球平均（每年 6.2 噸二氧化碳）的個人碳排放量中占 36%；在高於全球平均值 2.3 倍的排放量（亦即全球個人碳排放量前 10% 的群體，占據總排放量的 45%，而後 50% 排放量低的人口僅製造 13%）之中占 46%，而在高於全球平均值 9.1 倍的排放量（亦即全球個人碳排放量前 1% 的群體，占據總排放量的 14%）之中占 57%。

資料來源與序列：參見 piketty.pse.ens.fr/ideologie。托瑪・皮凱提，《資本與意識型態》，同前出處，頁 777。

此外，如果不能向中層和中下階層人口證明頂層人口也會做出貢獻，我們很難想像要如何讓他們同意改變生活模式（但不改變不行）。法國 2017 到 19 年上演的政治劇情為這種正義的需求做出極具代表性與戲劇性的示範，卻不尋常的消失在選戰之中。在 2017 年的法國，大眾對碳稅原理的接受度相對高，而且預計在 2030 年之前將持續提高碳稅，以使法國能依照《巴黎協定》的承諾降低排放量。但是要讓民眾接受碳稅調升，碳排大戶受到的影響至少一定要和弱勢族群一樣大才行，碳稅的收益也一定要全部挹注在能源轉型上，並為受衝擊最深的家戶提供協助。馬克宏政府所做的卻正好相反：弱勢族群支付的燃料稅被用來支應別的優先事項，頭一件就是富人稅與資本利得累進稅的廢除。如同法國公共政策研究院（Institut des politiques publiques，簡稱 IPP）所指出[1]，2017 到 19 年間，馬克宏政府讓前 1% 富人的購買力提高了 6%，前 0.1% 富人則提高了 20%。

看到社會的不滿，政府原本應該會選擇取消給富人的禮物，好好把這些經費貢獻在氣候議題與補償弱勢者。想都別想：

---

[1] Mahdi Ben Jelloul、博齊奧（Antoine Bozio）、Thomas Douenne、Brice Fabre 與 Claire Leroy 合著，"Budget 2019: l'impact sur les ménages"，會議論文，Paris: Institut des politiques publiques，2018 年 10 月 11 日。

就和 2007 到 2012 年間沙克吉處理稅盾政策一樣固執，馬克宏寧願堅持送富豪們大禮，並取消調高碳稅（目前無人知曉何時會再調漲），完全無視於《巴黎協定》。選擇以廢除富人稅為其最具代表性的政策的同時，這位總統所屬的政黨等於承認他們的確承繼了自由主義與親商界的右派傳統。從社會學來看，馬克宏的選民結構集中於擁有高額所得與資產的人，2017 年是如此，2019 年更是如此，可見上述說法可以成立。

在這些前提之下，我們不妨想一想，法國或德國的綠黨為什麼打算和自由派與保守派共同執政呢？想要晉升大位是人性，但是他們確定這麼做是為了地球著想嗎？假如法國的左派和環保人士現在聯合起來，會比自由派和國族主義者勢力大。如果他們現在在歐洲議會裡聯手，顯然會形成最大的團體，可以發揮更大的影響力。要讓這樣的社會聯邦主義—環保陣線能夠成形，各左派政黨也必須有點長進了。法國的法蘭西不屈黨或德國的左翼黨不能再只是說想改變歐盟現狀，或是想退出各條約：他們必須說明自己希望加入哪一種新的條約。至於社會主義者或社會民主派，由於執政的緣故，他們對政治制度的崩解負有巨大的責任，在其重建工作上又扮演著核心角色。他們必須承認過去的錯誤：現有的歐盟架構大多是由他們打造的，尤其是創造資本自由流通卻不搭配課稅或共同管制措施，或是

讓大家相信他們會重新協商相關條約，事實上心中半點譜都沒有。要在歐洲構築一個公平且永續的發展模式是可能的，但是這需要經過審議並做出艱難的選擇。這再次證明我們該停止鬥雞模式，從現在就開始挽起袖子做事。

印鈔票救得了我們嗎？

La création monétaire va-t-elle nous sauver ?

2019 年 7 月 9 日

在 2007 到 08 年爆發金融危機之前，歐洲央行的資產負債表（亦即所持有的資產與對外放款的總和）接近 1 兆歐元左右，相當於不到歐元區 GDP 的 10%。2019 年，其資產負債表達到 4.7 兆歐元，相當於歐元區 GDP 的 40%。2008 至 2018 年間，歐洲央行因此開始印鈔票，價值相當於超過一年半的法國 GDP、一年的德國 GDP 或 30% 的歐元區 GDP（相當於 10 年間每年加印價值 3%GDP 的鈔票）。舉例來說，這筆可觀的資金相當於同時期歐盟總預算的三倍（總預算相當於 1% 的 GDP，不分經費類別，包含農業部門、伊拉斯莫斯計畫到區域基金及研究經費在內）。這些資金讓歐洲央行有能力大舉投資金融市場、購買公家或私人債券，以及放款給銀行部門以保證其清償能力。

這些政策顯然防止了 2008 年的「大衰退」演變為「大蕭

中央銀行資產負債表規模，1900-2018

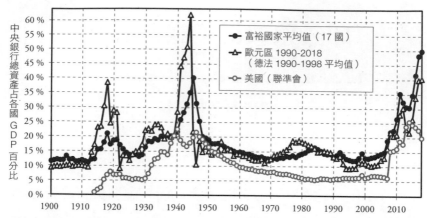

解説：歐洲央行總資產占歐元區 GDP 百分比由 2004 年 12 月 31 日的 11%成長為 2018 年 12 月 31 日的 41%。1900 年至 1998 年的曲線表示從德、法央行資產負債表得出的平均值（高峰為 1918 年的 39%與 1944 年的 62%）。美國聯準會（1913 年成立）的總資產從 2007 年占美國 GDP 的 6%成長為 2014 年末的 26%。

注意：富國的平均值為以下 17 國的算術平均數：德國、澳洲、比利時、加拿大、丹麥、西班牙、美國、芬蘭、法國、義大利、日本、挪威、荷蘭、葡萄牙、英國、瑞典、瑞士。

資料來源與序列：參見 piketty.pse.ens.fr/ideologie。托瑪·皮凱提，《資本與意識型態》，同前出處，頁 812。

條」，一如 1929 到 1935 年間的景況。在當時，各央行充斥著以不干涉原則為中心的自由主義教條，任由越來越多銀行宣告破產，這加速了經濟崩潰、失業率暴漲、納粹主義茁壯與戰爭的迫近。至少在這一點上，我們從歷史中學到教訓，而且 2008 年時（幾乎）沒有人提議再實行一次「清算主義」

（liquidationnisme），這顯然是個好現象。面對全球化下的金融資本主義陷入岌岌可危的狀態，各國央行事實上是唯一可以在危急之中防止破產如山倒的政府機關。

棘手的是，光靠央行印鈔票、開管理委員會並不能解決以上所有問題，而且這些事件持續因社會觀感而受到嚴重擾亂。2008 年以前，主流意見認為應該禁止（或至少不建議）進行如此龐大的印鈔行為。這個觀念是經過 1970 年代的停滯性通膨（stagflation，同時出現成長疲軟與通膨率上升）之後，在 1980 年代成形的。1992 年的《馬斯垂克條約》即是在此氣氛下成形，後來歐元才得以在 1999 至 2002 年間誕生。2008 年開始的大規模印鈔讓上述共識灰飛煙滅。自從歐洲央行滑鼠點一下就能創造 30% 的 GDP 來拯救銀行之後，現在歐洲許多人提高分貝（以《財政—氣候協定》〔pacte finance-climate〕草案為例）要求政府以同樣的方法提供能源轉型經費、減少貧富差距或挹注教育研究。美國與世界其他地區也出現類似要求。這些要求合理且正當，不可能永遠揮揮手就掃到一邊。

然而有好幾個點需要釐清。各國央行非常可能還會再擴大資產負債表的規模（日本及瑞士央行已達到 GDP 的 100%[1]），

1　參見〈綠色貨幣時代〉，2020 年 5 月 12 日，圖「央行與金融全球化發展」（Banques centrales et mondialisation financière）。

以便因應未來的金融危機，或只是單純跟從私人機構金融資產負債表的趨勢（目前已超過 GDP 的 1000%，而 1970 年代則為 300%）。只是這種無止盡的追逐戰一點也不可靠：最好還是制定必須的管制措施，以終結過度金融化（hyperfinanciarisation）的現象，讓私人機構的資產負債表消滅。

此外，在成長疲軟、幾近零利率、零通膨率的情形下，透過央行支持，增加政府舉債來投資氣候政策和教育訓練是很合理的。格外弔詭的是，我們發現在教育部門的公共支出總額（含初等、中等及高等教育）方面，富裕國家從 1980 年代以後便停滯於 5%GDP 左右，雖然與此同時，一個年齡階層接受高等教育的比例從低於 20% 提升到超過 50%。不過就歐洲而言，我們需要的是深層的思想與政治改造。投資、債務與貨幣的問題需要在一個議會架構下公開辯論，以此取代預設（卻老是被規避）的預算規範與慣用的閉門會議。這些決策需要整個社會的參與，不能丟給財政部長會議或央行總裁會議來決定。

最後也是最重要的，我們不能讓 2008 到 2018 年的貨幣擴張政策帶來新型態的貨幣主義迷思。這個時代面對的沉重考驗（氣候暖化、不平等擴大）需要的不只是動用相應的資源，還需要我們為貢獻度的分配建立一套新的正義規範，亦即需要由民選議會通過採累進稅率的所得稅、財產稅與碳排放稅，以及

建立新的金融資訊透明體制。有錢好做事，前提是不要落入拜金主義，以及要適得其所：讓這項工具在稅捐與議會保有核心地位的集體機制中發揮作用。

何為公平的退休金？

Qu'est-ce qu'une retraite juste?

2019 年 9 月 10 日

　　雖然目前還是沒有明確的時程表，運作方式也不確定，法國政府看起來卻相當堅定，要啟動對退休制度的大改革，以期統一目前適用於各類系統的規定（如公務員、私人機構受雇者、地方自治團體、自營工作者、特殊制度等等）。我必須說清楚：建立一套一體適用的制度是件再好不過的事，而且這類改革在法國實在來得太晚。年輕世代，尤其是轉換過多種身分的人（私人或公家受雇者、自行創業、海外工作經歷等），經常不知道他們累積了多少退休金。這種狀況造成難以忍受的不確定感並加深他們對經濟的焦慮，即便我們的退休金制度整體而言並沒有財務問題。

　　不過，宣示了釐清與統整退休金的目標之後，其實就沒有更深入的內容了。事實上，要統整相關規定有很多種方法。然而沒人能保證執政者有能力獲得關於統整方法的可行共識。

政府提出的正義原則看起來簡單且合理：每提撥一歐元，就應該有權獲得一歐元退休金，與所屬的系統以及薪水或執業所得的高低無關。問題在於，這項原則等於讓目前的薪資不平等顯得不可撼動，即便有時落差如雲泥之別（有些人的工作時間破碎且工資過低，有些人則獲得不成比例的高薪），也讓薪資不平等延續到這些人退休且高度依賴他人之時，一點都沒有特別「正義」之處。

德勒瓦法案（projet Delevoye）[1]注意到這些難處，宣布四分之一的提撥金將繼續用於「團結互助」（solidarité），亦即可用於給兒童或工作空窗期的補貼，或是支應低薪者的最低退休金等等。麻煩的是退休金的計算方式充滿爭議，尤其是這種推算方式完全忽視關於預期壽命的社會不平等。舉例來說，如果一個低薪員工的退休生涯是 10 年，高階幹部則是 20 年，則政府漏未考慮到前者繳的提撥金很大一部分實際上是用於資助後者的退休生活（對勞動繁重度的微弱考量完全不足以彌補）。

1　編註：保羅・德勒瓦（Jean-Paul Delevoye）為 2019 年 9 至 12 月間負責法國退休金制度改革的高級政府專員。德勒瓦表示，法國有四十二種退休金制度，為求公平應改為所有人適用同樣規則的制度。然而這個改革計畫在 2019 年 9 月引發巴黎地鐵大罷工，因按原制地鐵勞工可在 51 歲退休，早於法國一般勞工的退休年齡 62 歲，巴黎大眾運輸公司工會認為新制沒有考慮到地鐵勞工勞動的特殊性。律師、醫護人員、飛行員、空服員也對新制提出抗議。德勒瓦後被媒體揭露未公開申報有利益衝突的兼職，而於同年十二月辭職。

從更宏觀的角度來看，為了定義「團結互助」的內涵，當然需要設定很多判準。政府的提議值得讚賞，但絕不是唯一可行的。展開廣泛的公共與公民討論，並且醞釀出一些替代方案，是極為重要的事。例如德勒瓦法案中規定，依法定最低工資（smic）計算，完整職業生涯（繳納 43 年提撥金）可享有的薪資替代率相當於 85%。接著提高到 1.5 倍最低工資時，替代率立刻急降到 70%，之後直到 7 倍最低工資為止（即每年薪資總額為 12 萬歐元），都保持在恰好 70% 的水準。這是一個選擇，但還有其他的。例如我們可以想像替代率從最低工資者的 85% 逐漸降到 1.5 至 2 倍最低工資者的 75 至 80%，再逐漸降到約 5 至 7 倍最低工資者的 50 至 60%。

同理，政府草案規劃的財源來自退休提撥金（cotisation retraite），就所有年薪總額低於 12 萬歐元者而言，整體稅率設定在 28.1%，但一超過這個門檻，稅率便急降至只有 2.8%。根據官方理由，新制退休金的上限就是以 12 萬歐元的薪資水準計算。德勒瓦的報告中甚至表示滿意，因為高階幹部必須繳納沒有更高稅率門檻的 2.8% 提撥金，反而代表他們在退休後的第三人生甚至第四人生都和其他社會階層團結在一起。順帶一提，政府又忽略了，年薪 10 萬到 20 萬元之間的受薪者通常預期壽命都相當長，由預期壽命較短的低薪族群所繳納的提撥金

很大一部分都由他們享受。無論如何，超過 12 萬元的薪資只貢獻 2.8% 給「團結互助」實在太低了，尤其事涉薪酬等級，其正當性本身就有可爭議之處。

從更宏觀的角度來看，也許該是放棄古老觀念的時候了，別再認為要減少貧富差距就該透過所得稅，畢竟退休金制度可能只會複製這些貧富差距。在一個天價高薪以及退休、依賴人口的問題再度引起矚目的時代，最容易理解的正義原則也許是所有等級的薪酬（包含最高額）都要以同樣的比率為退休金經費貢獻（即使年金本身有其上限），對所得分布的頂層人口適用較高稅率的做法則留給所得稅。

我就直說了：光是社會正義這個概念本身就讓目前的法國政府非常頭大。就像大家都知道的，他們選擇讓最有錢的族群拿到享有租稅大禮的遊戲資格（廢除富人稅、對股利及利息課徵「均一稅」）。如果他們現在不要求最優勢的族群做出重要貢獻，將會很難讓人相信政府的退休金改革法案具備正當性。

邁向循環經濟

Pour une économie circulaire

2019 年 10 月 15 日

提到循環經濟，大家通常會想到垃圾或材料的回收以及自然資源的節約使用。不過，為了形成一個永續且公平的新體系，整個經濟模式都需要重新規劃。以目前如此巨大的財富落差，任何有企圖心的環保目標都不可能達成。要做到節能，只能靠經濟與社會的節制，而不是靠財富與生活水準的過度膨脹。我們必須透過民主審議來構築關於社會正義、教育正義、財稅正義與氣候正義的新規範。這些規範應該揚棄現今經濟力的高度集中。21 世紀的經濟應該反過來以權力、財富與知識的常態循環為基礎。

靠著財富與教育的分散，社會與人類的進步才能在 20 世紀成為現實。奠基於可追溯至 18、19 世紀的思想基礎，一股積極改善社會不平等與提高流動性的力量在 1900 至 10 年代與 1970 至 80 年代之間快速茁壯，原因包括教育經費空前充裕、

股東與員工的權利找到新平衡（尤其北歐國家）、累進稅制使所得與資產得以流通（美國尤其明顯）……等等。

這股力量在 1980 到 90 年代間中斷，這是後共產主義時期的幻想破滅以及雷根的政策大轉向造成的鐘擺效應所致。後共產主義因此成為超級資本主義的最佳盟友：為圖利少數群體，自然資源遭過度開採與私有化；透過租稅天堂系統性地規避法律制度；徹底剷除各種累進稅制。在普丁治下的俄國，所得稅率為 13%，不論收入是 1,000 盧布還是 10 億盧布都一樣。同樣的誇張行徑也出現在中國，圍繞統治者的權貴各自據地為王，子孫繼承時也不需繳納任何遺產稅。香港就是一個令人吃驚的例子，被納入號稱奉行共產主義的政權之下，卻讓它成為比過去更加不平等的國度。

雷根 1980 年代的政策轉向沒有那麼極端，他將適用於頂層富人的稅率由 70% 調降到 30%。雷根批評源自新政的重分配與平等主義已經做過頭了，他希望這麼做能終結這種現象，他也認為身處反共聖戰中的美國因此國力受損。藉由鬆綁企業家的活力，雷根承諾將開創一個空前成長的新時期。的確，不平等將會擴大，會有更多億萬富翁，但這一切會帶來各種有利大眾的創新發明，讓全世界都能受惠。事實上，億萬富翁對美國經濟的掌控自 1980 年代後大幅提高，美國的財產集中度也

越來越接近歐洲在 20 世紀初的高峰。

問題在於經濟成長並沒有變得更活躍：人均國民所得的成長率掉了一半（1950 到 1990 年間為每年 2.2%，1990 到 2020 年間為 1.1%）。薪資出現停滯，懷疑全球化的人越來越多。川普式的國族主義傾向日益強烈，直接因素便是雷根主義的失敗：既然經濟自由主義不足成事，只能抨擊墨西哥人和中國人竊取了美國白人辛苦勞動的成果。

實際上，從雷根的失敗更可看到財產與權力的極度集中並不符合現代的循環經濟所需。不是因為一個人 30 歲時賺了不

美國的經濟成長與累進稅制，1870-2020

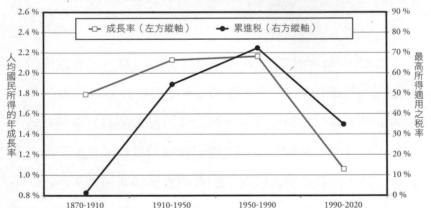

解說：美國人均國民所得的年成長率由 1950 至 1990 年的 2.2％降為 1990 至 2020 年的 1.1％，同一時期，適用於最高所得的邊際稅率則由 72％降為 35％。資料來源與序列：參見 piketty.pse.ens.fr/ideologie。托瑪・皮凱提，《資本與意識型態》，同前出處，頁 634。

少錢，到 60 歲、70 歲或 80 歲的時候，股東權力就應該繼續集中在他手上。經濟成長趨緩的原因還包括教育投資從 1990 年代開始出現令人憂心的停滯現象，以及教育機會不均的鴻溝，這點不論在美國或歐洲都相同。

氣候變遷的挑戰與國際對不平等亂象的關注可以成為改變的契機，不過我們還有很長一段路要走。經濟合作暨發展組織（OECD）對跨國企業利潤稅的計畫只涉及剩餘的一小部分利潤而已，所提出的分配原則也較有利於富國而非窮國（國際企業稅制改革獨立委員會〔ICRICT〕所做的研究也顯示如此[1]）。本週剛在美國出版的《不公不義的勝利：如何扭轉貧富不均？資本主義與租稅正義的民主激辯》（The Triumph of Injustice）[2]由賽斯與祖克曼合著，書中指出還有更大膽的解決方案，以金融資訊透明化與回歸累進稅制為終極目標，希望藉此為全民醫療與教育服務以及環保轉型籌措經費。這些想法能在美國民主黨中得到支持，尤其是華倫與桑德斯的支持，令人

1　國際企業稅制改革獨立委員會（Independent Commission for the Reform of International Corporate Taxation，ICRICT），"Icrict Response to the OECD Consultation on the Review of Country-by-Country Reporting (BEPS Action 13)"，https://www.icrict.com

2　法文版書名為 Le Triomphe de l'injustice. Richesse, évasion fiscale et démocratie，Cécile Deniard 譯，Paris：Seuil，2020 年。〔按：中文版為陳儀譯，八旗文化出版，2020 年〕亦請參考 http://taxjusticenow.org/#/

油然升起樂觀之心。

　　但歐盟不能再這樣一派悠閒，等著改變的風從美國吹來。為了打破窠臼，讓綠色新政（Green New Deal）終於能有血有肉，當務之急便是在歐洲大力推行社會正義與租稅正義措施。也唯有這麼做，才能期待英國工黨人士再度成為歐洲的一分子，並防止未來的選舉中發生保守派大勝的災難。柏林圍牆倒塌 30 年後，該是時候重啟步伐，踏上邁向平等、循環經濟與參與式社會主義[3]之路了。

3　參見托瑪·皮凱提，《資本與意識型態》，同前出處。

藉經濟正義之力，走出認同衝突

Sortir du conflit identitaire par la justice économique

2019 年 11 月 12 日

　　長久以來，歐洲人都保持著一定距離，看著混合社會與種族議題的衝突形塑著美國的政治分裂與選民對立。然而慮及法國與歐洲的認同衝突越來越嚴重，恐怕形成禍患，歐洲人不妨好好研究一下他山之石。

　　讓我們倒帶一下。在 1861 到 1865 年間爆發南北戰爭時，民主黨曾是支持蓄奴的政黨，在 1930 年代逐漸轉變為支持羅斯福與新政的政黨。回到 1870 年，當時民主黨已開始自我改造，重新站在一種可稱為「社會差異主義」（sociale-différentialiste）的意識型態上：亦即對黑人採取不平等與隔離主義的粗暴態度，對白人（尤其是愛爾蘭與義大利新移民）則比共和黨更傾向平等主義。民主黨促成 1913 年聯邦所得稅的制定，並在 1929 年大蕭條之後推動社會保險的發展。到了 1960 年代，受到黑人運動人士積極施壓，加上地緣政治情勢變

化（冷戰、去殖民運動），民主黨終於準備拋棄過去隔離主義的沉重包袱，轉而支持民權運動與種族平等。

從這個時點開始，共和黨漸漸吸引到種族歧視者的選票，更精確地說，是所有認為州政府與高學歷白人菁英只想著照顧弱勢的白人的選票。這個變化始於 1968 年尼克森參選與 1980 年雷根參選，2016 年隨著川普參選又繼續擴大，因為川普把雷根主義及其繁榮願景在遭遇經濟挫敗後產生的國族與認同論述進一步深化。既然共和黨人的敵意如此鮮明（從雷根對「welfare queen」的汙名化——所謂「福利女王」代表他眼中懶惰的黑人單親媽媽形象——到川普在沙洛斯維〔Charlottesville〕暴動事件後對白人至上主義者的支持），當我們看到黑人選民從 1960 年代以來對民主黨的支持率始終高達 90%，便不會感到驚訝。

在歐洲，這種認同對立正一點一滴增強中。右派對非歐洲國家移民的敵意讓這群選民只能逃到幾個不排斥他們的政黨底下（也就是左派），這個狀況反過來助長右派的不滿，指控左派政黨偏袒移民利益。舉例而言，2012 年法國總統大選第二輪時，祖父母中至少有一人來自非歐洲國家的選民（占選民的9%）有 77% 投給社會黨候選人，來自其他歐洲國家的移民（占19%）支持率則為 49%，非外國移民的選民（占 72%）支持率

也是 49%。

與美國相比，歐洲「少數族群」的不同之處在於民族混合度較高（北非第一代移民中 30% 為跨族通婚，而北美黑人中只有不到 10%），原則上應該能減少對立。可惜的是，宗教因素與伊斯蘭問題（美國大多沒有）反而讓情況變得嚴峻。

從這個角度來看，歐洲的情形和印度比較接近，印度人民

政治衝突與種族認同：美國，1948-2016

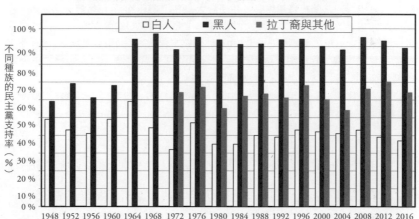

解説：2016 年，民主黨候選人在白人選民（占全體選民 70%）中獲得 37% 支持率，在黑人選民（占 11%）中獲 89% 支持率，在拉丁裔及表示屬於其他種族的選民（占 19%，其中拉丁裔占 16%）中則獲得 64% 支持率。1972 年，民主黨候選人獲得 32% 的白人選民支持（占全體選民 89%），82% 的黑人選民支持（占10%），以及 64% 的拉丁裔及其他種族（占 1%）。

資料來源與序列：參見 piketty.blog.lemonde.fr。托瑪‧皮凱提，《資本與意識型態》，同前出處，頁 947。

政治衝突與血統：法國與美國

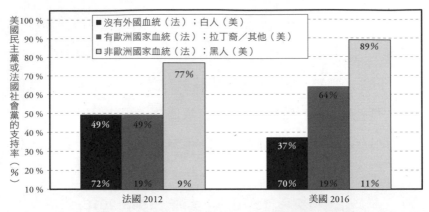

解説：2012年，法國社會黨候選人在總統大選第二輪時獲得49%無外國血統（祖父母非外籍）與有歐洲國家血統（主要為西、義、葡）的選民支持，以及77%擁有非歐洲國家血統（主要為北非及撒哈拉沙漠以南國家）的選民支持。2016年，美國民主候選人在總統大選中獲得37%的白人選民支持，64%的拉丁裔及其他種族選民支持，以及89%的黑人選民支持。

資料來源與序列：參見 piketty.blog.lemonde.fr。托瑪．皮凱提，《資本與意識型態》，同前出處，頁955。

黨（BJP）的印度國族主義便是奠基於對穆斯林少數族群的排斥[1]。在印度，身分認同的對抗延伸到牛肉的消費與素食文化。在法國，對抗的焦點則是頭巾問題，兼及一些裙長或在海灘穿貼身褲的問題。不論印度或法國，都可以在印度教徒與政教分離派國民陣線選民（laïcard-frontiste）這兩種群體身上觀察到相

1　參見〈印度的基本收入〉，2019年4月16日，圖「印度各種姓階層與宗教信仰對印度人民黨的支持率，1962-2014」。

同的反穆斯林狂熱，這種狂熱的另一種具體形式，便是在言詞上對所有捍衛少數族群人權的人極度兇狠（幾乎要指責他們是聖戰士的共犯）。而這些捍衛少數族群人權的人，不論在印度或法國，有時也在激化矛盾的邊緣，例如當他們捍衛戴頭巾的正當權利多過支持不戴頭巾與不承受這種落後觀念的壓力時。

該如何停止這種致命的衝突升溫？第一件事是將討論焦點放在經濟正義與打擊不平等及歧視。許多研究都指出，如果學歷相同，姓名聽起來像是阿拉伯／穆斯林背景的人往往得不到任何工作面試的機會。我們必須儘快建立一些指標來追蹤這些歧視行為與相關制裁的變化，以達到扼阻的效果。

從更廣泛的角度來看，正因為缺少經濟議題的討論，才助長了認同的摩擦與無止盡的衝突。一旦我們放棄想像不同的經濟政策，老是用同一套說詞，說政府除了邊界什麼也管不著，那麼可想而知，政治討論的焦點當然會集中在邊界與身分認同上。到了這個時候，所有不願看見身分國族主義與菁英自由主義之間醞釀的風暴成真的人，都應該冷靜下來，合力形成一套經濟轉型計畫。要達成經濟轉型，必須實現教育正義、超越資本主義的財產觀念，並針對歐盟相關條約的重議提出具體且具企圖心的計畫。如果我們無法超越這些瑣碎糾紛與古老仇恨，那麼襲捲一切的恐怕會是極右派的仇恨。

幾種可能的全民退休金制度

Plusieurs retraites universelles sont possibles

2019 年 12 月 10 日

    理性客觀的討論幾種替代性的退休金改革方案，可能嗎？從政府的態度來判斷，我們不禁懷疑。當政者只想用以下模式進行討論：要嘛你支持我的計畫（只是十分空泛），要嘛你是一個主張舊特權、拒絕改變的老骨頭。

    這種二元觀點的問題在於，打造一套全民制度的方法實際上有很多種，對社會正義和縮小不平等的強調程度各有不同，可以是法國總工會（CGT）長期主張的「退休金機制共同家園」（maison commun des régimes de retraite），也可以是德勒瓦報告中提出的計畫。2008 年時，我曾和博齊奧（Antoine Bozio）合寫過一本小書[1]，提出一些可行的制度統整方向。這本書有許多力未有逮之處，出版後的種種討論讓我能夠釐清許多重要之

---

1   博齊奧、皮凱提合著，*Pour un nouveau système de retraite. Des comptes individuels de cotisations financés par répartition*，出處同前。

點。特別值得一提的是，書中提及的許多解決方案都將預期壽命的社會不平等納入考量：直接一點，可由各職業別的實際壽命著手（例如可藉此修正工人的退休生涯平均為 10 年，幹部則為 20 年之問題）；間接、概略的做法，可結構性地提高高所得群體的提撥金比例，因為他們平均可領更久的退休金，並提高給低薪群體的年金水準，因為他們領退休金的時間平均較短。這本書只有列出上述方案，並未做出明確的決定，這可能沒有真正回答到問題，而目前政府的計畫也落入同樣的情形。

經過再三思考之後，我認為直接的做法是不可行的。最好還是明快採取間接的做法，在退休金的計算中引進較有利中低薪勞工的處理方式，以修正預期壽命差距的影響。對一個複雜難題而言（除了薪資水準，影響這些差距的因素還有很多，因此還需考慮某些職業勞力特別繁重的問題），這個答案並不完美，不過再怎麼說也比傳統的做法好一些，至少不是承認問題很龐大又複雜，然後完全不採取任何實質作為來解決。

從更大的角度來看，除了預期壽命的問題，過去認為退休金制度只會把職業生涯的不平等延伸到人生第四階段，在我看來這個觀念已經過時。眼看勞動市場中的不平等不斷擴大（有些人的工作十分破碎，有些人獲得天價高薪），高度依賴人口為人類及文明帶來新的考驗，該是時候採用重分配效果更好的

退休金制度了。具體而言，我們必須盡全力保障與改善最低額的退休金（領一至三倍最小工資的群體），就算必須要求持有高額所得與資產的族群付出更多代價。

政府計畫的最大問題在於缺乏社會正義方面的企圖心，其整體行動也是如此。他們讓公部門和私部門的受薪階級彼此對立，其實這些人的收入和那些從馬克宏上台之後便大享租稅優惠（富人稅、均一稅）的人相較之下微不足道。其實我們可

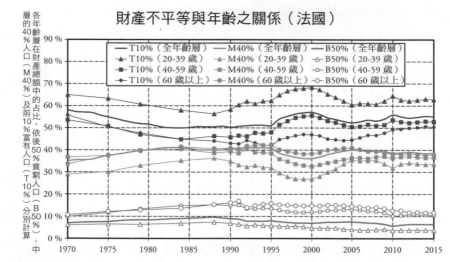

財產不平等與年齡之關係（法國）

解說：在2015年的法國，在20至39歲的年齡層中，後50%貧窮人口（B50%）持有的財產占比為4%，中層的40%人口（M40%）則持有34%的財產，前10%富有人口（T10%）持有62%的財產。超過60歲的人口之中，這些占比分別為12%、38%及50%。財產集中度在每個年齡層中都非常高。
資料來源與序列：參見 piketty.pse.ens.fr/ideologie

以想像一種在社會面上更公平的全民制度，而這也和總工會對「退休金機制共同家園」的想法以及工人民主聯盟（CFDT）的一些訴求不謀而合。舉例來說，德勒瓦草案中規定，領取法定最低工資達完整職涯（繳納 43 年提撥金）的人可領取的年金為最低工資的 85%，接著薪資水準不過提高到 1.5 倍最低工資，替代率立刻降至 70%，然後一直維持在 70% 的水準，直到 7 倍最低工資為止（年薪總額 12 萬元）。這是一個選擇，但還有其他可能。我們也可以想像替代率在最低工資水準為 85%，2 倍最低工資者為 80%，3 倍最低工資者為 75%，到 7 倍最低工資時為 50%。我們也可以選擇再把退休人士的生活水準差距縮小一些。

無論如何，重要的是新的全民退休制能提供「確定的補助額」，亦即事先依照不同薪資等級適用的替代率算好確定的退休金，而不要使用點數制，這可能會使人看不見未來的悽慘打擊，10 年來公務員點數凍結的情形恰可為證。事後看來，我們在 2008 年出版的書中為了跳脫點數制邏輯而想出來的歐元帳戶制度，與確定補助額的制度相比，資料透明度較差，也比較容易製造焦慮。

最後，全民退休金的財源必須建立在團結互助的精神之上，而且人人都要做出貢獻，尤其是生活最優渥的人。所有受

薪階級都應該適用至少 28% 的提撥率，包括薪資最高的群體，而不是讓超過 12 萬歐元的階層一下降到 2.8%。我們也可以想像一套累進級距表，讓擁有高額所得與財產的人做出更多貢獻，因為在我們的社會中資產不平等的狀況非常嚴重，不論在老年人口或勞動人口中都是如此。可能的全民退休金制度有很多種：該是展開公共討論的時候了。

否認完氣候問題，又否認不平等問題

Après le déni climatique, le déni inégalitaire

2020 年 1 月 14 日

　　繼否認氣候問題——現在這立場至少表面上乏人問津——之後，我們是否會看到否認不平等問題的力道增強？法國政府顯然就是如此，他們從 2017 年以來的一切行動似乎都出於一個觀念，亦即這個國家的麻煩來自於太過平等。這就是為什麼在總統任期一開始就要送禮物給最富有的人。這也是為什麼政府無法理解當前社會運動對正義的呼求。具體而言，全民退休金制度是可能的，不過唯一的前提是必須盡一切努力改善中下階層退休人士的處境，就算必須要求擁有最高所得與財產的階層付出更多代價。處於上層的人必須了解，老化與生命的最後階段會為尊嚴與平等帶來新的挑戰。

　　從更大的角度來看，當世界各地許多人都動員起來要求實現正義，我們會發現與商業界關係密切的媒體漸漸唱起一首旋律，要粉飾過去數十年來日益嚴重的不平等現象。當然，沒有

人會期待《經濟學人》週刊站在平等之戰的最前線，不過他們也不能因此扭曲自己確認過的事實。

更令人遺憾的是，從 2008 年金融危機以來，富裕國家的政府沒有付出任何實質努力來推動財富分配的資訊透明。聽到這麼多關於租稅天堂、銀行資料自動傳輸……的華麗言詞，我們應該會期待金融不透明獲得改善。原則上所有國家現在都有能力收集和發表銀行資料與稅務資料，讓我們能追蹤不同所得

全球不平等的大象圖（courbe d'éléphant），1980-2018

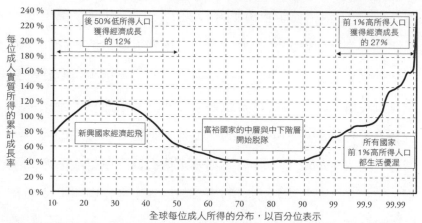

解說：全球所得排名後 50%的人口在 1980 到 2018 年間出現購買力的大幅成長（增幅在 60%到 120%間）；全球前 1%高所得人口的購買力成長更驚人（在 80 至 240%之間）；相對的，中層階級的購買力成長相當有限。簡而言之：全球所得分布中，下層與中層之間的落差減少，中層與上層之間則擴大。
資料來源與序列：參見 piketty.pse.ens.fr/ideologie。托瑪・皮凱提，《資本與意識型態》，同前出處，頁 41。

或資產規模的財富分布，尤其是頂級富豪的狀況。遺憾的是，這些都沒有發生。隨著許多國家廢除財產與資本利得的累進稅，我們甚至發現非常多國家的公開資訊越來越難取得（尤其法國，不過德國、瑞典和美國也是）。不僅學者，政府機關往往也必須使用雜誌上刊載的財富排名，這些資料的確能顯示頂層富豪的財富持續成長，卻不能滿足我們有權要求的資訊透明及嚴謹等條件，而這些條件是對上述重大問題進行民主辯論的基礎。我們以為自己生活在「大數據」的時代。對那些壟斷市場的私人大企業來說或許是如此，因為大家任由他們無恥地掠奪個人資料。然而談到關於財富分配與必要的重分配的政府統計資料，我們其實是生活在一個大黑幕的時代，而以專業手段維護著這塊黑幕的盡是一群反對縮小不平等的人。

再者，我們太常忘記，要解決環保難題唯有把改善不平等放在政府行動的核心。我們的確應該重新檢視用來衡量經濟與社會進步的各項指標。第一件當務之急是政府和媒體應停止使用「國民生產毛額」（GDP）這個概念，而將焦點放在「國民所得」上。請大家注意兩項重要差異：國民所得相當於 GDP 扣掉流向外國的所得（或加上來自國外的所得，視各國情形而定），再扣掉資本的消耗（原則上包含各種形式的自然資本消耗）。舉一個簡單的例子：如果從地下開採價值 1,000 億歐元

的碳氫化合物（或從海中捕撈等價魚類），就是增加了 1,000
億歐元的 GDP。但是由於碳氫化合物（或魚類）的存量也減
少了這麼多，所以國民所得一毛都沒增加。更甚者，如果燃燒
這些碳氫化合物導致空氣變得不適合呼吸、地球變得不適合生
存，在這種情形下產生的國民所得其實是負的，只要我們將碳
排放的社會成本正確納入計算。

使用國民所得與國民資產的概念而不要使用 GDP，以及
把焦點放在分布而非平均值上，這麼做不足以解決所有問題，
遠遠不能。同樣迫在眉睫的是增加更多專門針對氣候與環境的
指標（例如排放量、空氣品質或生物多樣性）。不過如果以為
將來進行相關辯論時可以略過一切關於所得或財產的概念，單
靠這些指標就足夠，可能就想錯了。要建立大多數人都能接受
的、新的正義規範，一定要先衡量各社會群體所需付出的代價，
要做到這一點，必須要有能力比較一國之內以及各國之間的不
同財富階層，並加上時間因素。不是把所有關於所得或經濟成
長的概念一股腦丟進垃圾桶就能拯救地球。如果忽視社會議
題，環保訴求的政黨可能反而會落入抱著一群優勢選民取暖的
境況，並讓保守人士與國族主義者繼續握有政權。氣候與不平
等的挑戰只能靠大家團結合作才能克服。由此看來，我們更應
該同聲一氣，對抗否認氣候與不平等這兩個問題的力量。

社會聯邦主義 vs. 國族自由主義

Social-fédéralisme contre national-libéralisme

2020 年 2 月 11 日

　　就這樣，英國在幾天前正式脫離歐盟了。別誤會了：加上 2016 年川普當選美國總統，這代表全球化歷史上的一場大風暴。這兩個國家在 1980 年代選擇了雷根與柴契爾的超級資本主義，從此貧富差距便以前所未有的速度急劇擴大，而 30 年後，他們選擇支持國族主義與回歸某種國界思維與民族認同。

　　我們可以從好幾種角度觀察此一轉向。從某個角度來看，它反映了雷根主義與柴契爾主義的失敗。英美的中層與中下層人民未曾感受到整合式自由主義（libéralisme intégral）所承諾的繁榮。隨著時間過去，他們越來越覺得國際競爭與全球經濟體系把他們吃乾抹淨，所以他們要找出兇手。對川普而言，兇手就是墨西哥勞工、中國以及所有來自世界各地的狡詐之人，是他們偷走了美國白人辛勤勞動的成果。對脫歐派來說，兇手是波蘭人、歐盟以及所有奪走英國榮光的人。長期而言，開倒

車的國族主義與認同政策不會解決任何我們現在遇到的巨大挑戰，包括不平等與氣候的問題，更何況川普派與脫歐派製造的財稅與社會傾銷讓最富有與移動能力最高的人獲利，帶來另一重挑戰，而這些只會加深不平等與挫折感。不過，在此時此刻，由於缺乏其他更有說服力的說法，對有投票權的選民而言，國族主義加上自由主義的論述往往依然是唯一能回應其痛苦不安

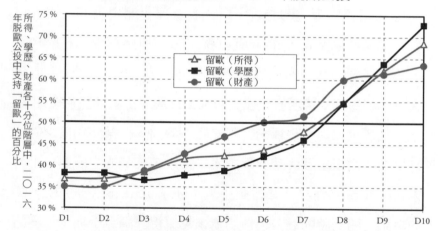

英國的歐盟議題對立：2016 年脫歐公投

解說：2016 年的脫歐公投結果（「脫歐」以 52％支持率勝出）呈現顯著的社會分裂：所得、學歷、財產十分位的頂層大多投給「留歐」，而十分位底層則支持「脫歐」。

注意：D1 代表最底層的 10％（適用於所得、學歷、財產三種分布），D2 代表接下來的 10％群體……，而 D10 代表最頂層的 10％。

資料來源與序列：參見 piketty.pse.ens.fr/ideologie。托瑪・皮凱提，《資本與意識型態》，同前出處，頁 989。

又可靠的新選擇。

事實上，這種意識型態的失控遠遠不只是英美國家的問題。幾乎世界各地都面臨身分認同與仇外心理的試煉，包括義大利與東歐，不論巴西或印度。在德國，「中間右派」剛在圖林根（Thuringe）選出一個高度右派色彩的地方政府，而這在戰後是第一次發生。在法國，恐懼阿拉伯人的歇斯底里反應達

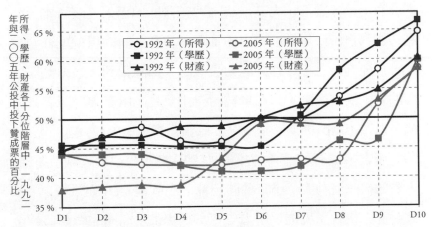

法國的歐盟議題對立：1992 年與 2005 的公投

解説：1992 年的《馬斯垂克條約》公投（贊成票以 51％支持率勝出）和 2005 年的歐盟憲法條約公投（贊成票以 45％支持率落敗）皆呈現顯著的社會分裂：所得、學歷、財產十分位的頂層大多投下贊成票，而十分位底層則投下反對票。
注意：D1 代表最底層的 10％（適用於所得、學歷、財產三種分布），D2 代表接下來的 10％群體……，而 D10 代表最頂層的 10％。
資料來源與序列：參見 piketty.pse.ens.fr/ideologie。托瑪・皮凱提，《資本與意識型態》，同前出處，頁 926。

到高峰。似乎越來越多媒體認為「左派」應該為全球伊斯蘭主義擴張負責,理由是他們的姑息、第三世界主義與選舉主義。實際上,如果來自北非或撒哈拉沙漠以南國家的選民把票投給左派政黨,最大的因素莫過於右派與極右派對他們表現出的強烈敵意,美國黑人選民與印度穆斯林選民的遭遇也是如此。

先把國家的特殊狀況擺在一邊,我們必須先分析英國脫歐事件本身的意義:它是 1980 年代以來經濟全球化組織方式的集體失敗的結果,在歐盟內部尤其明顯。歷來每一位歐盟領袖都負有一部分責任,尤其是法國與德國的領導人。讓資本、商品與服務自由流通,沒有集體管理,沒有共同的租稅或社會政策,優先為最有錢與移動能力最佳的人口謀福利,最弱勢與脆弱的人則受到輾壓。只有單純的自由貿易、所有人對所有人的競爭以及市場法則無法構成一套政策規畫或發展模式。

確實,歐盟曾在全球經濟的整體組織規畫中加入兩項要素:人員的自由流動與一小筆共同預算(占歐盟 GDP 的 1%),預算財源來自各國稅捐,用來支應富國提供給窮國的微薄移轉金(約為富國 GDP 的 0.5%)。加上共同貨幣(西非國家也有),歐盟與世界上其他自由貿易區不同之處就在於此,例如北美國家(墨、美、加)便沒有實施人員自由流通,也沒有共同預算或區域性結構基金。問題在於這兩項要素並不足以讓所有成員

國團結，合為一體。脫歐派押寶的目標很單純：目前的全球化路線可以讓他們擁有商品、服務與資本的自由流通，又能保有對人流的控制權，而且不必為共同預算出錢。

要避免歐盟陷入這個致命陷阱的唯一辦法，就是從「社會聯邦主義」出發，徹底重新界定全球化的遊戲規則。換句話說，自由貿易的前提是必須接受強制性的社會目標，讓最富有及移動能力最高的經濟主體做出貢獻，為永續且公平的發展模式服務。

摘要一下：國族主義者攻擊的對象是人員流通；社會聯邦主義必須把矛頭指向資本流通與富人階級的租稅豁免。博蘭尼（Karl Polanyi）與鄂蘭（Hannah Arendt）已經分別在 1944 年與 1951 年批評過社會民主派對資本流動過於天真，又有志一同的小心翼翼；這個教訓到今天還是適用。為了朝上述方向前進，重新架構各歐盟條約與國際條約勢在必行，而第一步可以由幾個國家開始。在實現目標之前，每個國家都可以、也應該採取單邊鼓勵措施，例如對來自實施財稅傾銷的國家或企業的進口產品課稅。如果我們不以堅定的新方案來對抗國族自由主義，他們將橫掃一切，片甲不留。

法德議會，歐洲財稅正義
獨一無二的機會

L'Assemblée franco-allemande,
une opportunité unique pour la justice fiscale en Europe
2020 年 2 月 21 日

我與瑪儂・布居、盧卡斯・江瑟、安—洛荷・德拉特、史蒂芬妮・亨奈特、紀堯姆・薩克利斯特、安端・佛謝（均為〈歐洲民主化宣言〉[1] 起草者）共同撰寫的專文。

2020 年 2 月 5 日、6 日，在史特拉斯堡的歐洲議會半圓會場舉行了第三屆法德議事大會（Assemblée parlementaire franco-allemande，APFA）。這個地點具有高度象徵意義，因為事實上，如同德國聯邦參議院主席蕭伯樂（Wolfgang Schäuble）所呼籲，

1　www.tdem.eu

新議會不只是一個雙邊組織，還具有為整個歐盟示範的性質。

　　這個議會由 50 名法國議員與 50 名德國議員組成，規模無人能及，它的創建是為了讓兩個歐盟最大國的合作制度化，並成為依 1963 年 1 月 22 日〈艾麗榭條約〉（traité de l'Élysée，又稱德法友好條約）成立的法德部長會議的對等議事機構。法德議會必須監督執行的除了 1963 年條約，也包括 2019 年 1 月 22 日馬克宏與梅克爾在艾克斯─拉夏佩爾（Aix-la-Chapelle）簽署的〈法德合作條約〉。這份條約的第一條如下：「兩國將深化在歐洲政策上的合作〔…〕，並著手打造一個具競爭力的聯盟，其根基為強盛的產業基礎，此即繁榮之基礎，並將促進經濟、財稅與社會之匯流，以及一切面向的永久存續。」從中我們辨認出歐盟各條約制定者精練的修辭手法：首先是「競爭力」，接著是「經濟、財稅與社會之匯流，以及〔…〕永久存續」，這是從《馬斯垂克條約》便建立起的歐盟優先次序。這大概就是為什麼法德議會最念茲在茲、積極推動的計畫是建立一個工作小組，負責「協調法國與德國的商業與破產法」以便「改善法德經濟體面對全球競爭加速之競爭力」。儘管如此，協調法德財稅與社會制度之工作小組的成立，雖有德馬西（Fabio De Masi，德國左翼黨）與歐波諾（Danièle Obono，法蘭西不屈黨）的支持，卻很可惜地無法通過多數決。

這個歐盟商業法典計劃在專業法律領域的教授與學者眼中其實十分先進，議會還可施力的部分相當有限，然而它遠遠比不上歐盟現在面對的巨大考驗。在社會不平等與環保危機令西方民主體制的最後一道防線危在旦夕的此刻，強調法典計畫令人想起 1990 年代單一市場的「一切照舊」（business as usual）與其主要獲利者。

相對的，建立法德議會這個不折不扣的「示範實驗室」，應該會是實驗如何直接翻轉歐盟慣常階層架構的好機會。在稅制與社會法的問題上，法德議會具備等同於民主國家國民議會的正當性。這些問題今後應該被放在工作清單第一順位，這樣才足以應付目前排山倒海而來的急迫需求，也才嚴格符合〈法德合作條約〉第一條所稱之平衡。事實上，這個議會一旦鬆開財稅議題必須獲得成員國一致同意的枷鎖，就可以彌補歐盟創建之初遺留至今的禍患。在不同的多數黨組合下，它可以形成費宏（Richard Ferrand）[2] 所說的「烏托邦」，不過和他引述拉馬汀（Lamartine）時提及的「早熟的真實」（vérité prématurée）意涵不同。它更接近萊特（Erik Olin Wright）所說的「真實烏托邦」，亦即此時此刻就可立刻建立的一種制度或

2　譯註：現任法國國民議會議長，「共和國前進」黨員。

一些做法，它們是理想世界的雛型，能幫助我們突破歐盟的現狀。

　　既然這個議會沒有前例可循，它當然可以提議（例如）法德將直接企業稅的制度調為一致，從而使歐盟商業法典更加完整。歐盟從 1960 年代就夢想能做這件事！法德企業稅制統一的重要性無他，正是打破財稅與社會傾銷的惡性循環，而這些也是歐盟自 1980 年代中期以來的隱憂；同時也如同〈法德合作條約〉前言所提倡的，代表「為歐盟內部**日益增強**的社會與經濟匯流而努力」。打擊財稅與社會不平等的關鍵力量之一就在其中；財稅與社會不平等正在撕裂我們的歐洲社會，因為他們打擊各國潛在的道德經濟（économie morale），並為民粹主義與獨裁者的批評聲勢添柴加油。

　　同理，法德議會也應該為制定頂級富豪稅成立一個工作小組，雖然德國正為此激烈辯論；社會民主黨（SPD）公開表示支持富人稅（包括財長蕭茲〔Olaf Scholz〕），經濟合作暨發展組織亦同，而根據德國《世界報》（Die Welt）最新的民調，58% 的德國人表示贊同。畢竟，在法德議會的運作下，連鎖效應會一百八十度反轉，打破一味降低標準的瘋狂行徑；而且法德兩大經濟引擎所形成的聯合經濟體代表歐元區超過 50% 的GDP，這股龐大力量足以讓這些財稅議題成為歐洲政策的核

心，也足以促使其他歐洲夥伴們加入更有利且公平的稅制所形成的良性循環。

　　透過稅捐釋出的所得，正如我們在《歐洲民主化宣言》中主張的，可以用來支撐許多歐洲的公共財，諸如大學、研究工作、能源轉換，或者各種法德合作計畫或歐盟計畫，只要是經法德議會認可且在緊縮時期結束後重新被德國政府列入政治議程者，都可獲得長期投資。此刻歐盟正準備再次召集會議討論歐洲的未來，法德議會或可提供一條政治復興之路……只要它能下定決心從各議員所屬國家的社會與財稅危機著手，而不要回到歐盟的老套路。好了，繼蕭伯樂在議會協議簽約日的談話後，輪到我們來激勵來自德法的 100 位議員，這全新議會的拓荒先驅們，即便在萊茵河的這一側他們受盡批評與譏嘲──讓我們說：「脫下手套，接受挑戰吧！」

拯救美國民主的桑德斯

Sanders au secours de la démocratie états-unienne

2020 年 3 月 10 日

　　讓我直接破題：巴尼・桑德斯（Bernie Sanders）在美國與歐洲主流媒體上受到的對待是不公平且危險的。幾乎在各大新聞台與大報都可以看到候選人桑德斯被稱為「極端主義者」，而對上川普，只有像拜登（Joe Biden）這樣的「中間派」候選人才有勝算。這種帶有偏見與相當不嚴謹的對待令人感到遺憾，因為仔細檢視事實之後，可知長期來說，只有類似桑德斯提出的計畫性革新才能醫治危害美國民主的不平等病灶以及中下層民眾的選舉冷感。

　　讓我們從他的計畫開始。像桑德斯那樣大聲疾呼，主張與目前極度不平等的私人保險制度相比，全民公共健康保險可以更有效率且以低廉成本照顧美國民眾的健康，這種言論並不是什麼「極端主義」。相反的，他的主張完全符合眾多研究與跨國比較研究的成果。在這個人人哀嘆「假新聞」（fake news）

滿天飛的年代，有候選人以檢證過的事實為基礎，擺脫權謀之士的木語（langue de bois）[1]，是正向的好事。同理，桑德斯主張對教育及公立大學挹注大量公共投資，也是有道理的。回顧歷史，20世紀的美國榮景是建立在比歐洲進步的教育制度以及某種程度的教育平等，絕對不是靠著崇拜不平等與無限制的財富積累，也就是雷根在1980年代想塑造的替代模式。雷根政策轉向的失敗如今昭然若揭，除了人均國民所得成長率只剩一半，貧富差距之大也前所未見。桑德斯的主張很簡單，就是回歸美國發展模式的源頭：廣施教育。

桑德斯也提議大幅調高最低薪資水準（美國在這項政策上長期領先全球），並仿效數十年來在德國與瑞典獲得成功的共同經營制（cogestion）以及讓員工在管理會議中擁有投票權的做法。大體而言，從桑德斯的提議來看，他屬於實用主義的社會民主派，試圖從現有的經驗中提取最好的部分，而且怎麼看都不「激進」。當他決定走得比歐洲的社會民主派更遠，例如主張對億萬富翁課徵每年8%的聯邦富人稅，他的提議反映美國財富集中度過高的現實，也反映美國各州的稅務與行政能力，這點也有歷史為證。

---

1 譯按：木語指的是抽離事實、不直接回答問題、模稜兩可、故意操弄訊息來誤導對方的表達方式。

現在讓我們談談民意調查的問題。反覆宣稱要打敗川普最好選拜登，這些說法的問題在於完全沒有客觀事實基礎。如果檢視現有的資料，例如 RealClearPolitics.com 所匯集的資料，會發現在所有全國民調結果中，桑德斯超越川普的差距都和拜登一樣多。這些調查距離選舉當然還很早，但這點對拜登和對桑德斯來說並無不同。在許多關鍵州，只有桑德斯和川普對決才能勝出，例如賓州與威斯康辛州。如果分析針對剛結束的初選的民調，桑德斯顯然能動員比拜登更多的中下層選票。當然，拜登能吸引相當多黑人選票，這是拜當年歐巴馬—拜登搭檔所賜。不過桑德斯獲得極高比例的拉丁裔選民支持，在 18 至 29 歲與 30 至 44 歲的選民中都輾壓拜登。更重要的是，這些民調都顯示桑德斯在最弱勢族群（所得低於年薪 5 萬美元、無高等教育學歷）之中表現最佳，相反的，拜登在最優勢的族群（所得超過年薪 10 萬美元、有高等教育學歷）之中最受歡迎，不論在白人選民或少數族裔選民中都是如此，與年齡也無關。

　　但我們知道，最弱勢的社會群體可動員的潛力最高。廣泛而言，美國的投票率一直相對低落：幾乎不超過 50%，反觀法國與英國長期都在 70 至 80% 之間，直到最近才下跌。如果更仔細觀察，會發現美國後半部貧窮人口的投票率也結構性地低於前半部的富人，差距約在 15 至 20% 左右（歐洲從 1990 年

代開始也出現落差，雖然尚不及美國明顯）。

　　讓我說清楚：美國中下階層的投票冷感由來已久，顯然無法一夕扭轉。然而除了徹底重新設定民主黨政策平台的方向，並在全國競選活動中公開討論這些想法，我們還能如何挽救？那種認為再怎麼做都無法增加中下層選票的犬儒心理極度危險，不幸的是在民主黨菁英之間相當流行。長遠來看，這種犬儒主義將使民主選舉體制本身遭受破壞。

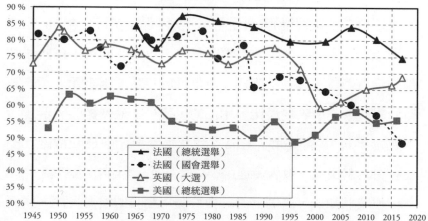

投票率變化，1945-2020

解說：1965年以來，總統選舉投票率相對穩定地維持在80至85%之間（除了2017年曾小跌至75%）。國會選舉投票率的下滑則明顯許多，1970年代前為80%，2017年則低於50%。英國的投票率一度下滑，又於2010年後上升。美國的投票率一般在50%至60%之間浮動。
資料來源與序列：參見 piketty.pse.ens.fr/ideologie。托瑪・皮凱提，《資本與意識型態》，同前出處，頁860。

投票率與社會對立，1945-2020

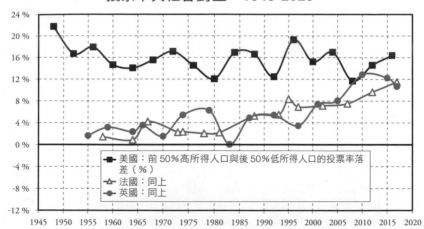

圖例：
- ■ 美國：前 50%高所得人口與後 50%低所得人口的投票率落差（%）
- △ 法國：同上
- ● 英國：同上

解說：1950 至 1970 年代間，法國與英國前 50%高所得人口與後 50%低所得人口的投票率落差只有 2 至 3%。其後落差擴大，在 2010 年代達到 10 至 12%，十分接近美國的水準。

資料來源與序列：參見 piketty.pse.ens.fr/ideologie。托瑪・皮凱提，《資本與意識型態》，同前出處，頁 861。

避免最糟的情形

Éviter le pire

2020 年 4 月 14 日

新型冠狀病毒（COVID-19）引發的危機是否會加快全球化自由貿易的終結，並讓更公平永續的新發展模式快速興起呢？有可能，但沒有什麼是不勞而獲的。在目前這個階段，最迫在眉睫的絕對是掌握危機的規模，用盡一切努力來避免最糟糕的狀況，亦即大量人命成為病毒的祭品。

讓我們看看流行病學模型的預測。如果不採取任何措施，COVID-19 可能會導致全球約 4,000 萬人死亡，其中法國占 40 萬人，相當於總人口的 0.6%（全球人口為 70 億人，法國人口近 7,000 萬人）。這幾乎相當於多了一整年的死亡人數（法國每年死亡 55 萬人，全球為 5,500 萬人）。實務上，這代表在疫情最嚴重的地區、最嚴峻的幾個月中，棺木的數量可能會是平常的五倍或十倍（很不幸的已經出現在一些義大利感染群中）。

雖然有許多不確定性，但正是這些預測讓政府相信這不是

單純的流感，必須儘快實施封城措施。當然，沒有人知道究竟會有多少人因此喪命（目前全球近 10 萬人死亡，其中義大利近 2 萬人，西班牙和美國為 1.5 萬人，法國為 1.3 萬人），也不確定沒有封城的話會擴大到什麼程度。流行病學家希望最終的死亡人數能是最初預估的十分之一或二十分之一，但不確定性依然很高。根據倫敦帝國學院（Imperial College London）[1] 3 月 26 日發表的報告，只有實施大規模篩檢並隔離確診病患才能大幅減少死亡。換言之，封城不足以避免最糟的情況。

我們唯一可以依附的歷史前例是 1918 到 1920 年的西班牙流感，現在大家都知道它和西班牙沒什麼關係，而當年全球有將近 5,000 萬人因此死亡（大約相當於當時全球人數的 2%）[2]。透過爬梳戶政資料，學者指出死亡率的平均值掩蓋了巨大的落

1　報告摘要：https://www.imperial.ac.uk/mrc-global-infectious-disease-analysis/covid-19/report-12-global-impact-covid-19/；完整報告：https://www.imperial.ac.uk/media/imperial-college/medicine/mrc-gida/2020-03-26-COVID19-Report-12.pdf

2　關於西班牙流感極具參考價值的文章：Christopher Murray、Alan D. Lopez、Brian Chin、Dennis Feehan 與 Kenneth H. Hill，"Estimation of Potential Global Pandemic Influenza Mortality on the Basis of Vital Registry Data from the 191820 Pandemic: A Quantitative Analysis"，The Lancet，vol. 368，No. 9554，2007，頁 22112218。亦請參考 Robert J. Barro、José F. Ursúa 與 Joanna Weng，"The Coronavirus and the Great Influenza Pandemic: Lessons from the "Spanish Flu" for the Coronavirus's Potential Effects on Mortality and Economic Activity"，National Bureau of Economic Research，Working Paper No. 26866，2020（本文亦引用 Christopher Murray 等人所撰前揭論文中關於死亡率的內容）。

差：美國與歐洲的死亡率在 0.5 到 1% 之間，印尼和南非則為 3%，印度超過 5%。

這才是我們該小心的：這場疫病的高峰可能會出現在貧窮國家，因為他們的醫療體系並不足以應付突發狀況，更因為過去數十年來，他們承受著主流意識型態加諸的緊縮政策。在這些脆弱的經濟生態體系中實施封城，可能反而一點都不適當。在缺乏最低所得的狀況下，底層人民必須立刻出去找工作，掀起另一波疫情。在印度，封城的主要目的在驅趕鄉村與移民人口，隨之而來的暴力事件與大規模遷徙則可能會提高病毒傳播的風險。為了避免大量人命成為病毒的祭品，我們需要福利國家，而不是監禁國家。回應這場危機的正確方法是鼓勵先進國家繼續朝福利國家前進，更重要的是加速福利國家在後進國家的發展。

在危急狀態下，必要的社會支出（醫療、最低所得）只能從借貸和現金取得經費。對西非國家而言，正好可以趁此契機思考新的共同貨幣，並讓一套以投資兒少與基礎建設為核心（而非幫助有錢人的資本流動）的發展計畫付諸實行。這一切必須建立在更健全的民主與議會架構之上，不要像歐元區依然奉行不透明（這裡依然一直靠著零散的閉門財長會議，而且無效率的程度與金融危機時如出一轍）。

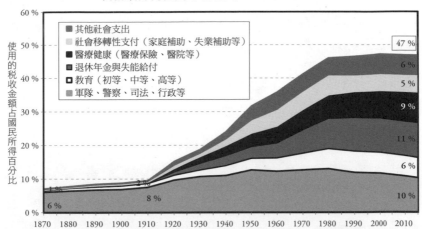

歐洲福利國家的成長，1870-2015

使用的稅收金額占國民所得百分比

圖例：
- 其他社會支出
- 社會移轉性支付（家庭補助、失業補助等）
- 醫療健康（醫療保險、醫院等）
- 退休年金與失能給付
- 教育（初等、中等、高等）
- 軍隊、警察、司法、行政等

（圖中數值：47 %、6 %、5 %、9 %、11 %、6 %、10 %、8 %、6 %）

解說：2015 年，西歐國家相關稅收平均占國民所得 47％，支出項目如下：10％
國民所得用於高權行為（軍隊、警察、司法、一般行政等、必要基礎建設如道路
等）；6％用於教育；11％用於退休金；9％用於醫療；5％用於社會移轉性支付（不
含退休金）；6％用於其他社會支出（住房補助等）。1914 年以前，高權行為的
支出幾乎占去所有稅收。

注意：圖中的變化為德─法─英─瑞典各國平均值。

資料來源與序列：參見 piketty.pse.ens.fr/ideologie。托瑪・皮凱提，《資本與意
識型態》，同前出處，頁 537。

　　很快的，新福利國家將需要一套公平的稅制與國際金融紀
錄，才能讓頂層富豪與大企業做出必要的貢獻。目前的資本自
由流通機制是在富裕國家（且主要為歐洲國家）的影響下，於
1980 到 90 年代開始建立的，它事實上讓全世界的億萬富翁與
跨國企業很容易逃躲。它讓貧窮國家脆弱的稅務組織無法發展
一套公平正當的稅制，嚴重危害國家本身的構造。

這場危機也可以以此為契機，思考一套全球人人都能享有的最低醫療與教育補助金，其財源來自最富有的經濟主體繳納的稅收，而每個國家都有權從中獲得一部分；這些主體包含大企業與持有高額所得與資產的家戶（例如高於全球平均值 10 倍者，相當於全世界前 1% 的富豪）。究其根本，他們的富貴倚靠著全球金融體系（一方面也倚靠著好幾世紀以來對全球自然資源與人力資源的過度利用）。因此我們需要一套全球性的管控措施，以確保這些財富在社會上與環境生態上是可承受的，尤其需要建立碳排放卡，以禁止大量排放。

　　要達成這樣的改變當然會需要推翻許多事。舉例來說，馬克宏和梅克爾準備好要取消任期之初送給富豪們的財稅大禮了嗎？答案端視反對意見與他們的陣營如何動員。有一件事是可以確定的：政治與意識型態的劇烈動盪正要展開。

綠色貨幣時代

Le temps de la monnaie verte

2020 年 5 月 12 日

新型冠狀病毒（COVID-19）引發的危機是否會讓人們提早採取更公平永續的新發展模式？會，不過前提是必須明確改變優先順序，並推翻一些財稅貨幣領域的禁忌，讓這個領域能真正為實質經濟與社會、環保目標服務。

首先，我們必須利用經濟被迫停擺的機會，以另一種方式重新出發。經過這樣的衰退，政府必須在振興經濟活動與就業上扮演核心角色。不過，政府發揮作用的方式應該是投資新部門（醫療、創新、環境），並決定漸進且持續縮減碳排放最高的產業。具體而言，政府必須創造數百萬個就業機會並提高醫院、學校與大學的薪資。

此時此刻，籌措經費只能倚靠舉債加上中央銀行的積極支持。2008 年開始，各國央行大量印鈔來拯救他們自己挑起的金融危機。「歐元體系」（Eurosystème，由歐洲央行主導的央行

網絡）的資產負債表從 2007 年初的 1 兆 1,150 億歐元提高到 2018 年末的 4 兆 6,750 億元，亦即從不到歐元區 GDP（12 兆歐元）的 10% 提高到將近 40%。這項政策顯然有助防止出現 1929 年大蕭條時襲捲全球的破產骨牌效應，不過這套經由閉門會議決定、缺乏恰當的民主鑲嵌（encastrement démocratique）的印鈔政策，也刺激金融業和不動產業持續升溫，讓有錢人更

中央銀行與金融全球化

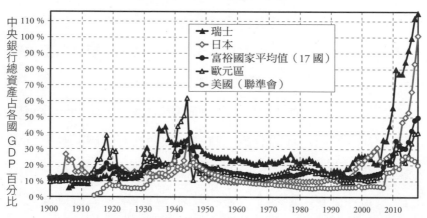

解說：富裕國家央行總資產占 GDP 百分比由 2000 年 12 月 31 日的 13% 成長為 2018 年 12 月 31 日的 51%。瑞士與日本的央行資產超過 1917 至 18 年度 GDP 的 100%。

注意：富國的平均值為以下 17 國的算術平均數：德國、澳洲、比利時、加拿大、丹麥、西班牙、美國、芬蘭、法國、義大利、日本、挪威、荷蘭、葡萄牙、英國、瑞典、瑞士。

資料來源與序列：參見 piketty.pse.ens.fr/ideologie。托瑪‧皮凱提，《資本與意識型態》，同前出處，頁 817。

加有錢，而未解決實質經濟的結構性問題（缺乏投資、不平等擴大、環境危機）。

然而眼前就可能發生的狀況是人們只想要維持既有的方向。為了因應 COVID-19，歐洲央行啟動新的資產收購計畫。歐元體系的資產負債表大增，從 2020 年 2 月 28 日的 4 兆 6,920 億歐元提高到 2020 年 5 月 1 日的 5 兆 3,950 億元（根據歐洲央行 5 月 5 日公布數據）[1]。然而，將大量貨幣投入市場（兩個月投入 7,000 億）並不足夠：繼歐洲央行宣布政策之後，義大利承受的殖利率利差（spread）在 3 月中下跌，但很快就重回高點。

該怎麼做？首先要意識到，只要歐元區選擇任由市場的投機行為決定 19 國的殖利率，歐元區就會相當脆弱。想辦法發行只有一種相同殖利率的共同債乃是當務之急。和大家聽過的

1　歐元體系資產負債表的資料來源（亦可參考托瑪‧皮凱提，《資本與意識型態》，同前出處，第 13 章）：Eurosystem Balance sheet，2020 年 5 月 1 日，5 兆 3,950 億 元，https://www.ecb.europa.eu/press/pr/wfs/2020/html/ecb.fst200505.en.html；Eurosystem Balance sheet，2020 年 2 月 28 日，4 兆 6,920 億元，https://www.ecb.europa.eu/press/pr/wfs/2020/html/ecb.fst200303.en.html。這個狀況一方面是因為新的債券購買計畫（即「因應疫情緊急購買計畫」，Pandemic Emergency Purchase Programme，簡稱 PEPP），一方面是因為舊計畫用度增加（尤其是「公部門購買計畫」，Public Sector Purchase Programme，簡稱 PSPP）。各國明細（其目標〔target〕同樣是建立在各國 GDP 上的歐洲央行資本）請見：https://www.ecb.europa.eu/mopo/implement/app/html/index.en.html

一些說法不同，這個政策的目的為了共同分攤殖利率的風險，而不是要強迫某些國家為別的國家償債。在這個問題上自認最積極的國家（法、義、西）應該擬定一套明確且可行的方案，同時成立一個能夠監督一切的議事大會（模式可依據去年成立的法德議會，但要提供實質權力，並對所有希望加入的國家開放）。德國憲法法院正強烈要求德國釐清與歐盟之關係，當確定的提案放上枱面、重要夥伴也準備踏出腳步，他們應該就會選擇加入。無論如何，緊急狀況之下不容我們悠悠哉哉等待全體一致同意，那永遠不會發生。

第二個重點是，我們必須接受製造貨幣是為了籌措經費推動兼具環保與社會目標的經濟振興，而非用來刺激股市熱度。西班牙政府建議發行 1 兆至 1.5 兆歐元的共同債（相當於歐元區 GDP 的 10% 左右）[2]，而這筆沒有利息的債將由歐洲央行列入資產負債表的永久項目（或極長期）。就這個議題，大家別忘記德國的外債在 1953 年被凍結（並於 1991 年完全免除），其他龐大的戰後公共債務則透過對高額金融資產額外課徵的方式解決了（這也是我們該做的）。既然通貨膨脹率很低，西班牙的提案應該獲得支持，必要時也可以重複提案。在此說明一

2　2019 歐元區 GDP（12 兆歐元），歐盟 27 國（14 兆歐元）（市價）：https://ec.europa.eu/eurostat/databrower/view/tec00001/default/table

下，歐盟相關條約並未定義物價穩定的目標（歐洲央行則制定了 2% 的標準：定在 3% 或 4% 也可以）。這些條約也指出歐洲央行應該促進歐盟共同目標的實現，包括充分就業、社會進步與環境保護（歐洲聯盟條約第三條）。

可以確定的是，如果不訴諸借貸，要籌得這麼大筆金額是不可能的。布魯塞爾當局提到綠色新政（Green Deal）需要的天文數字，卻沒有提出財源規畫，他們把政治做小了。原則上，這代表他們會從已承諾的其他經費中回收這筆錢（例如從歐盟寒酸的預算中抽回一些資源，而歐盟預算一年不過 1,500 億歐元，相當於歐盟 GDP 的 1%），或是把同一筆支出多算幾次，或是把公私部門的投資加總起來（還具有讓全球所有投機客萬分眼紅的槓桿效應），最常見的狀況是全部都做。該停止這一套了。如果歐盟不向它的公民證明自己能夠動員起來因應新冠肺炎疫情，而且至少和過去為各家銀行所做的一樣多，可就要面對致命威脅了。

對抗種族主義，修復歷史

Affronter le racisme, réparer l'histoire

2020 年 6 月 16 日

　　反種族主義與反歧視運動的浪潮帶來一個重要問題：該如何修復一段殖民與蓄奴的歷史，而且這段歷史絕對還未成過去。不論有多複雜，我們無法永遠迴避這個問題，在美國如此，在歐洲也是。

　　1865 年，美國南北戰爭末期，共和黨的林肯向被解放的奴隸承諾，打贏之後他們將獲得「一頭驢和 40 畝地」（約合 16 公頃）。出發點既是為了賠償他們數十年來受到的虐待與無償勞動，也是讓他們能展望成為自由勞動者的未來。假使當初真的採納這個措施，代表要進行大規模的農地重分配，付出代價的主要就是蓄奴的大地主。不過戰爭一結束，這個承諾就被遺忘了：政府從來沒有通過任何補償條例，40 畝地和一頭驢變成北方人欺瞞與偽善的象徵（以致導演史派克・李〔Spike Lee〕把他的製片公司取名為此以表達反諷）。民主黨重新取得南方

的控制權，在此實施種族隔離與歧視政策達一世紀之久，直到 1960 年代為止。對此，同樣沒有任何補償。

奇怪的是，其他歷史事件獲得的對待卻與此不同。1988 年，美國國會通過一項法案，將給予二戰時期被監禁的日裔美國人 2 萬美元的補償。適用的對象為 1988 年時在世的人（在 1942 至 46 年間被監禁的 12 萬日裔美國人中約有 8 萬人），需付出的費用為 16 億美元。如果給予遭受種族隔離的非裔美國人類似的補償金，將是具有高度象徵價值之舉。

英國與法國廢除奴隸制時，國庫同時對奴隸主發放補償金。對「自由派」知識分子如托克維爾和施勒謝（Victor Schœlcher）[1]而言，這是至明之理：假如剝奪所有權人的財產（畢竟當初是合法取得）卻沒有合理補償，冤冤相報何時可了？至於前奴隸，他們必須藉由辛勤勞作來學習自由。他們唯一擁有的權利，就是必須跟地主建立一份長期勞動契約，如果沒有契約，他們就會因遊蕩而被捕。一些不同形式的強迫勞動在法國殖民地一直實施到 1950 年。

英國在 1933 年廢除奴隸制時，將相當於國民所得 5% 的金額（等於今天的 1,200 億歐元）付給約 4,000 名奴隸主，還

1　編註：施勒謝（1804-1893），法國廢奴主義者。在 1848 年法國二月革命後負責起草廢奴法案，推動法國於同年 4 月 27 日廢奴。

有平均3,000萬歐元的補償金，造就了許多今日還存在的富豪。1848年在留尼旺、瓜地洛普、馬丁尼克島及圭亞那也都發放過奴隸主補償金。2001年，在辯論是否承認使人為奴屬於違反人道罪的過程中，雖然沒有成功，但時任國會議員的陶比拉（Christiane Taubira）曾試圖說服其他議員成立一個委員會負責商議如何補償奴隸後代，尤其是土地與財產取得的問題，而這些財產仍高度集中在種植園主人的後代手中。

最不公平的例子當屬法屬聖多明哥（Saint-Domingue），18世紀時它曾是法國蓄奴島嶼中的一顆珠玉，後於1791年起義反抗，1804年宣布以海地之名獨立。1825年，法國要求海地返還一筆可觀的債務（相當於當時海地GDP的300%），好用來補償失去奴隸所有權的法國奴隸主。害怕遭到攻打的島國別無選擇，只能聽從要求並償還債務。直到1950年為止，海地一直拖著這些沉重的債務，其間不知經過多少次再融資，也不知繳過多少利息給法國與美國的銀行家。

海地現在要求法國返還這筆不公不義的貢金（價值300億歐元，利息不計），很難說他們沒有道理。如果完全拒絕討論海地人當年因為不想當奴隸只好還給法國人的一筆債，很難不令人感受到巨大的不正義，何況這筆從1825年還到1950年的債都有資料為證，也無人爭執，何況我們到今天都還在為兩次

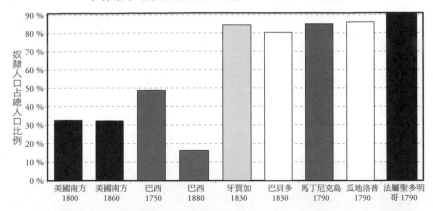

大西洋地區的蓄奴社會，18 至 19 世紀

解說：1800 至 1860 年間，美國南方人口約有三分之一為奴隸。在 1750 至 1880 年間的巴西，奴隸人口的比例由接近 50％下降到低於 20％。1780 至 1830 年間，安地列斯群島中實施奴隸制的英屬和法屬島嶼上，奴隸人口比例超過 80％，在 1790 年的法屬聖多明哥（海地）甚至高達 90％。

資料來源與序列：參見 piketty.pse.ens.fr/ideologie

世界大戰的劫掠做出補償。

　　街道名稱與雕像的問題也如出一轍，例如布里斯托（Bristol）最近才剛拆除一座奴隸商人雕像。當然，好雕像與壞雕像之間那一條線並不總是那麼容易界定。然而，就像財產重分配的問題一樣，我們別無選擇，只能相信民主審議的力量，試著確立公平的規則與判準。拒絕討論只會延續不正義。

　　關於修補過去的論辯艱難但必要，除此之外，我們更需要把眼光投向未來。為了修補種族主義與殖民主義造成的社會傷

痕，必須改變經濟體系，其中最根本的就是減少貧富差距，以及讓所有人接受教育、就業與取得財產（包含最低遺產）的機會都能平等，不受血統影響，不論黑人或白人都一樣。現在這場運動集結了各種不同背景的公民，正可為此盡一分力。

重建國際主義

Reconstruire l'internationalisme

2020 年 7 月 14 日

　　我們能重新賦予國際主義正面意義嗎？可以，但條件是要放棄絕對自由貿易的意識型態，亦即目前為止引領全球化的思想，並採取新的發展模式，以明確的經濟與氣候正義原則為基礎。新模式的終極目標應該是國際主義的，實際運作方式應該是主權主義的，亦即每個國家、每個政治共同體都應該可以決定與世界各國競逐貿易的條件，不必等到其他夥伴一致同意。這項工作並不簡單，而抱持普世主義理念的主權主義很可能會與國族主義式的主權主義看起來難分彼此。

　　讓我們假設有一個國家（或該國內部的主流政治勢力）認為應該對高額所得與財產實施高累進稅率，以便實現大幅重分配，改善底層民眾生活，同時為社會、教育與環境投資計畫籌措財源。為了朝這個方向前進，他們規劃對企業利潤實施就源課稅，更要規劃一個金融清冊制度，以掌握股票與股利最終的

持有者，如此一來就能對個人實施政府想要的稅率。要讓上述制度更完整，不妨加上一張個人碳排放卡，用來鼓勵負責任的排放行為，另一方面則對大量排放者課徵重稅，對於從高汙染企業利潤獲利的人也是如此，而這點同樣需要得知利潤持有者才能做到。

遺憾的是，1980 到 90 年代簽訂的資本自由流動條約並未規定類似的金融清冊，尤其是歐洲的《單一歐洲法》（Acte unique européen，1986）與《馬斯垂克條約》（1992），而這些法規深刻影響了之後世界各國的立法。這套極其精密的法律架構現在依然在運作中，它實際上創造了一種近乎神聖的權利，可以利用某個國家的基礎建設讓自己更富有，接著食指點一點，就能把資產轉移到另一個國家的管轄之下，而制度沒有事先規定任何讓集體組織可以追蹤的方法。在 2008 年金融危機之後，由於察覺金融去管制化已經過度，經合組織（OECD）國家內部的確發展出一些關於銀行資訊自動交換的協定。不過這些措施完全仰賴自願性，且未包含任何對違反者的制裁。

現在假設某個國家希望加速改革，決定建立具重分配效果的稅制以及金融清冊。想像一下，有一個鄰國不贊同這種觀點，對國內企業（包含實體與擬制）的營收及碳排放都實施極低的稅率，又拒絕傳遞持有者的資訊。在此情況下，我認為第一個

國家應該對第二個國家施加商業制裁，制裁內容根據各家企業造成的財稅與氣候損害而定。最近多項研究顯示，這類制裁有望帶來可觀稅收，又可以促進其他國家的配合[1]。當然我們要為制裁措拖說句話，他們的目的只在矯正不公平的競爭和違反氣候協定的行為。不過這些氣候協定非常空泛，相對的，關於商品與資本完全自由流通的條約則非常精細且具有強制性，尤其是歐盟層級的條約，因此採取制裁之道的國家很可能會遭歐盟或國際機構懲罰（如歐盟法院、WTO）。如果發生這種情形，該國應該承擔結果並單邊退出相關條約，同時提議簽訂新的條約。

我們前面描繪的社會——環保主權主義與國族主義主權主義（可假設為川普式、中國式、印度式，明天也可能是法國式或歐盟式）有何不同？所謂國族主義主權主義的核心便是捍衛屬於特定文明社會的身分以及該社會共同擁有的重大利益。

差異處有二。首先，在進展到任何單邊作為之前，一件非常關鍵的事是向其他國家提議成立互助合作的發展模式，並以普世價值為基礎，例如社會正義、減少不平等、保護地球等等。

1　關於反傾銷制裁可能的數額，初步估計值可見Ana Seco Justo，"Profit Allocation and Corporate Taxing Rights: Global and Unilateral Perspectives"，Paris School of Economics，2020。

新的全球化組織：跨國民主

跨國大會
負責管理**全球公共財**（氣候、研究等）以及**全球財稅正義**（針對高額所得、財產及大型企業課徵的共同稅、碳稅）

A 國國會	B 國國會	C 國國會	D 國國會	……

解說：根據我們提議的組織方式，從今以後，管制全球化（即商品、資本、人員之流動）的各項條約將規範如何在國家與相關區域性聯盟之間建立一個跨國大會，負責管理全球公共財（氣候、研究等）以及全球財稅正義（針對高額所得、財產及大型企業課徵的共同稅、碳稅）。

注意：A、B、C、D四國可能是法、德、義、西等國家，此時跨國大會就是「歐洲大會」；A、B 等國也可能是區域性聯盟如歐盟、非洲聯盟等等，此時跨國大會就是「歐非聯盟大會」。跨國大會可以由各國國會議員和（或）特別為此選出的跨國議會議員組成，視情形而定。

資料來源：托瑪‧皮凱提，《資本與意識型態》，同前出處，頁 1181。

此外也應該精確描述跨國議會的樣貌（如去年成立的法德議會，但要具備實權），而這類議會理想上應該負責管理全球公共財，並且負責提出針對租稅與氣候正義的共同政策。

其次，假使上述基於社會聯邦主義的提案沒有立刻被接受，採取單邊作為時仍然必須選擇可逆且有鼓勵效果的措施。制裁的目標是為了促使其他國家放棄財稅與氣候傾銷，而不是為了建立永久的保護主義。從這個角度來看，像「GAFA 稅」[2]一類針對特定產業、沒有普世價值基礎的措施應該被揚棄，因

為很容易就會引發制裁的無盡螺旋（例如酒稅和數位稅的對峙）。

假如宣稱這條路輕鬆好走、指標清楚，那就太荒謬了：一切都有待開創。不過歷史經驗顯示，國族主義只會讓不平等與氣候議題的矛盾與摩擦不斷升溫，而絕對自由貿易是沒有未來的。這讓我們更加肯定，現在就應該開始思考實現新國際主義的條件。

2　譯註：GAFA 稅是法國 2019 年 7 月 11 日通過實施的一種企業稅，對象是營業額超過一定門檻的大型數位產業，其中包括 Google、Apple、Facebook、Amazon。GAFA 即四家企業名稱的首字縮寫。原本歐盟也有意推動這項「數位稅」，但因幾個國家反對而無法有進展。法國通過法案後，美國揚言將對法國特定商品課徵高關稅做為反制，後來法國政府同意緩徵，企盼透過OECD 主導的協商建立一個全球性稅收協定。2020 年中，美國宣布退出談判，法國則宣布年底將開徵 GAFA 稅。2021 年 6 月的 G7 高峰會中，七大工業國達成共識，支持建立全球最低企業稅，稅率至少 15%。相對的，美國期盼這項稅捐一旦實行，可以取代目前一些歐洲國家已經開徵的數位稅。

疫情後的世界

2020 年末至 2021 年

全球貧富不均：我們的處境為何？

Inégalités mondiales: où en sommes-nous?

2020 年 11 月 17 日

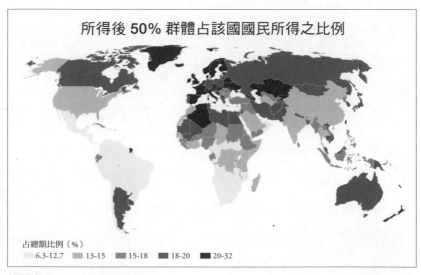

所得後 50% 群體占該國國民所得之比例

占總額比例（%）
6.3-12.7　13-15　15-18　18-20　20-32

地圖來源：www.wid.world

　　在來自全球五大洲 150 位學者的共同努力下，關於全球各國所得分布的全新資料最近在世界不平等資料庫（WID.world）上線公開了。這些資料告訴我們哪些關於全球貧富不均

狀態的資訊呢？

其中主要的不同之處在於此次匯整的資料幾乎涵蓋所有國家。靠著在拉丁美洲、非洲與亞洲進行的研究，受調查的國家現在有 173 國，相當於全球人口的 97%。此外，從最貧窮的人口到最富有的人口，新的資料讓我們得以精細分析每個國家整體分布的變化。

具體來說，我們早已知道過去數十年間，隨著大家口中「前百分之一」階層的暴增，貧富差距被上層人口越拉越大。不同於以往的是，這次我們嘗試系統性地比較全球各地的中下階層處境。從中我們觀察到，不同國家後 50% 貧窮人口的所得占比差異相當大，在總額的 5% 至 25% 間擺盪。換言之，假設國民所得相同，後 50% 貧窮人口的生活水準差距可達五倍之多。由此可知，我們應該儘快拋開 GDP 與各項總體經濟的總和數值，更加看重針對分布與各明確社會群體的研究。

我們也注意到每個國家的貧富不均都十分嚴重。前 10% 富人在所得總額中的占比介於 30% 至 70% 之間，而各國富人的占比都明顯高於後 50% 的人口。如果檢視的是資產（所持有的財富）而非所得（一年中賺取的財富）之分布，則落差會更加明顯。事實上，後 50% 人口幾乎沒有任何資產（占比通常低於總額的 5%），即使在最均等的國家也是如此（如瑞典）。

不過目前可取得的資產相關資料依然不足，我們希望 2021 年在資料更新上能有所突破。

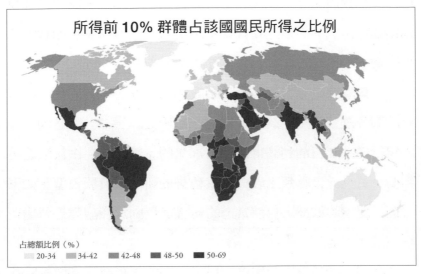

所得前 10% 群體占該國國民所得之比例

占總額比例（%）
20-34　34-42　42-48　48-50　50-69

地圖來源：www.wid.world

　　至於所得之分布，我們觀察到國家之間有極大的差異，同屬特定區域或發展程度相同的國家亦是如此。由此可知，各國採取的政策可能會造成差異。例如在拉丁美洲，我們發現巴西、墨西哥或智利的貧富不均歷來都比阿根廷、厄瓜多或烏拉圭嚴重（後者數十年前便實施較有企圖心的社會政策），而過去 20 年間，這兩組國家間的差距越來越大。在非洲，貧富差距最極端的地方在大陸南端，當地自種族隔離結束後從未真正實施任

何土地或財富重分配。

　　整體而言，全球貧富不均的地圖既反映早年殖民統治差別待遇與種族歧視之效應，也反映當代超級資本主義與晚近社會政治運作造成的衝擊。在貧富差距最大的幾個國家，如智利或黎巴嫩，近年來的社會運動都盼望著徹底轉型的到來。

　　中東看來是全世界貧富差距最大的地區，一方面是因為國界的劃分讓資源集中於君主制的石油國家，另一方面是因為國際銀行體系讓石油利潤得以轉為永久的金融孳息。由於缺乏更均衡、更具社會聯邦主義與民主精神的新區域發展模型，如同一個世紀前的歐洲，目前當道的極權與反動意識型態恐將繼續掌控這片土地。

　　在印度，頂層人口與廣大民眾之間的差距已達到殖民時代以來的空前高點，而信奉印度教的國族主義者相信引發身分認同與宗教上的矛盾，便能紓解社會經濟層面的挫敗感，因此導致已陷入貧窮危機並長期被邊緣化的穆斯林少數族群所承受的歧視日益加深。

　　從資料中亦可注意到，東歐國家的貧富不均自 1990 年代以來持續惡化。共產政權垮臺後，貧富不均對俄國的衝擊原本劇烈得多，而這個曾經徹底廢除私有財產制的國家，在幾年內轉變為寡頭政客、財稅天堂與金融黑箱的世界首都。不過將近

30 年之後，東歐國家的貧富差距逐漸接近俄國的水準。薪資停滯與利潤大量流出國外的現象使人們的無力感越來越深，而這是西歐國家難以體會的。

就全球而言，我們的確觀察到全世界後 50% 較貧窮人口的占比明顯上升了，在新興國家的經濟成長下，由 1980 年占全球所得總額的 7% 成長到 2020 年的 9% 左右。然而這樣的成長僅是相對的，因為全球前 10% 富人的占比依舊穩定維持在 53% 左右，前 1% 最富有人口的占比則由 17% 上升至 20%。衰退的是富裕國家的中層與中下層人口，排斥全球化的力量因而越來越強。

總結：全世界處處可見貧富差距的撕裂，新冠疫情更是雪上加霜。唯有更努力推動民主透明與金融透明——目前的力道遠遠不足——才能找到讓大多數人都能接受的解決之道。

美國偶像的崩毀

La chute de l'idole états-unienne

2021 年 1 月 12 日

政治衝突與族裔認同：美國，1948-2020

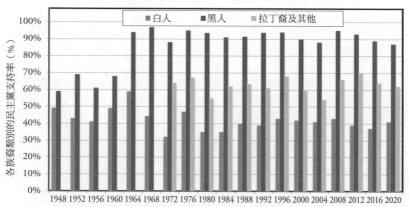

解說：2020 年，民主黨候選人在白人選民（占選民 67%）之中獲得 41% 的支持率，在黑人選民（占選民 12%）之中獲得 87% 的支持率，在拉丁裔及表示自己屬於其他族裔的選民（占選民 21%，拉丁裔則占 14%）之中獲得 62% 的支持率。1972 年，民主黨候選人在白人選民（占選民 89%）之中獲得 32% 的支持率，在黑人選民（占選民 10%）之中獲得 82% 的支持率，在拉丁裔及其他族裔選民（占選民 1%）之中獲得 64% 的支持率。

資料來源與序列：見 piketty.pse.ens.fr/ideologie（圖 15.7）

美國國會山莊遭到入侵後，目瞪口呆的世人都想知道，這個長期以來自居「自由世界」領袖的國家怎會落入這般境地。要了解發生了什麼事，就必須趕快拋開種種神話與偶像崇拜，回歸歷史。事實上，打從建國之初，美國這個共和國便充滿脆弱、暴力與嚴重不平等。

　　作為 1861 至 1865 年南北戰爭時代表蓄奴南方的標誌，日前暴動者會在國會裡揮舞邦聯旗並非偶然。這面旗幟牽扯出許多我們必須直面的沉重衝突。

　　蓄奴制度在美國的發展中曾扮演要角，而在西方工業資本主義的整體發展中亦是如此。1860 年林肯當選總統前歷任的 15 位總統之中，至少有 11 位是奴隸主，包括華盛頓與傑佛遜，而這兩位都是土生土長的維吉尼亞人，該州在 1790 年時計有 75 萬居民（其中 40% 為奴隸），相當於北方兩個人口最多的州（賓州與麻州）的總和。

　　1791 年聖多明哥（法國珍視的殖民地兼當時大西洋上奴隸密度最高的地方）發生暴動之後，美國南方成為種植園經濟的世界中心，擴張的速度也越來越快。奴隸人數在 1800 至 1860 年間增加了三倍；棉花的生產增加了九倍，支撐著歐洲紡織工業的成長。不過東北部、尤其是中西部（林肯的家鄉）發展的速度更快。這兩大地區採取另一種商業模式，以西部土地的墾

殖與自由的勞動力為基礎，而且他們不想讓蓄奴制蔓延至新領土。

1860 年勝選之後，共和黨的林肯打算進行談判，以和平漸進的方式讓蓄奴主義者消失，如同英國在 1833 年、法國在 1848 年廢除奴隸制時的做法，要給予奴隸主補償。不過南方人寧願打出分裂牌，如同 20 世紀時南非與阿爾及利亞的一部分白人墾殖民，想要保留一個屬於他們的世界。北方人不同意他們分家，戰爭遂於 1861 年開打。

經過四年，死了 60 萬人之後（相當於美國參與的所有其他戰爭的陣亡人數總和，包括兩次世界大戰、韓戰、越戰、伊拉克戰爭），這場戰爭在 1865 年 5 月隨著邦聯軍棄械投降而告終。不過北方人不認為黑人已經準備好成為公民，遑論財產所有人，他們讓白人再度掌控南方並實施嚴格的種族隔離制度，這讓白人得以多掌權一個世紀，直到 1965 年為止。

在這段期間，美國變成全球第一軍事強權，並成功終結 1914 到 1945 年這一段歐洲殖民強權因國族主義與種族滅絕而相互對抗的自我毀滅時期。曾經支持蓄奴的民主黨，則變成支持新政的政黨。在共產黨的競爭與非裔美國人的動員壓力下，民主黨同意賦予民權，賠償則闕如。

不過到了 1968 年，共和黨的尼克森抨擊民主黨打算提供

黑人優厚的社會福利是一種綁樁行為（clientélisme），藉此將南方白人的選票拉攏過來（有點類似法國右派一聽到和伊斯蘭主義者結盟的左派提及仇視穆斯林的歧視行為，就感到疑心）。

政治結盟關係從此開始大洗牌，1980 年雷根當選以及後來 2016 年川普的當選讓翻轉更為明顯。1968 年之後，每次總統大選共和黨都獲得大多數白人的支持，90% 的黑人選票及 60 至 70% 的拉丁裔選票則一概集中於民主黨。其間，選民結構中的白人占比不斷減少，由 1972 年的 89% 降到 2016 年的 70%，再到 2020 年的 67%（黑人選民則占 12%，拉丁裔及其他少數族群占 21%），這讓美國國會裡的川普派越來越強硬，這個共和國也可能因此深陷種族與族群的無盡衝突。

結論是什麼？根據一種負面的解讀——許多向來支持民主黨的高學歷族群也支持如此解讀（共和黨現在因此得以自稱反菁英，即便他們在不受知識菁英青睞之餘，依然吸引大批商業菁英）——共和黨選民既「可悲」又無可救藥。民主黨政府會願意付出一切來改善弱勢者的處境，然而種族主義與中下階層白人的惱怒可能會讓他們無法如願。

問題是在這種觀點下很難產生民主的解決方案。也許可以改採對人性較樂觀的切入點。幾百年來，這些擁有不同種族與族群背景的人們，除了因軍事和殖民統治產生的接觸外，再無

社會對立與政治衝突：美國，1948-2020

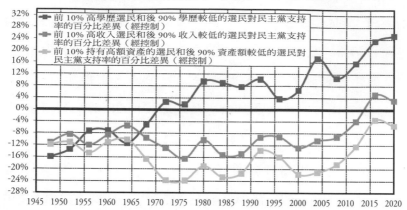

解說：1950 年代至 70 年代，民主黨的支持者來自教育水準、所得與資產額較低的選民。1980 年代至 2010 年代，其支持者變成高學歷選民。2010 年代至 20 年代，支持者看來正在轉變為高所得與持有高額資產的選民。

資料來源與序列：參見 piketty.pse.ens.fr/ideologie（圖 15.6）

其他關連。不久前，這些人開始生活在相同的政治共同體下，這是一項重大的文明進展。然而各種偏見與政治操弄持續因此而生，唯有藉著提升民主與平等才能加以克服。

　　如果民主黨希望重新拿下各種身分背景的中下階層選票，就必須在社會正義與重分配上做得更多。道路既漫長又難行。這再次告訴我們，現在就該挽起袖子做事。

社會正義時刻

Le temps de la justice sociale

2021 年 2 月 16 日

正當全球流行病危機帶來前所未見的龐大社會正義需求之際，近日某跨國媒體集團（旗下包含《世界報》）進行的一項新調查揭露了盧森堡這個歐陸財稅天堂的金融惡行。我們應該儘快終結這類荒謬作為，並朝正義與重分配的方向展開經濟體系的深層轉型。

讓我們從最迫切的說起。第一件要務就是社會、薪資與生態的振興。新型冠狀病毒危機讓許多重要產業薪資微薄的事實曝露在陽光下。法國工人民主聯盟（CFDT）——儘管一般都認為這個工會屬於中間路線——一月時已要求立刻將醫療—社會部門的中低薪資調高 15%。教育、衛生與所有低薪產業部門也應該調高。

在這個時候，我們也該以最大力道加速更新建築物隔熱層，創造大量環保與再生能源產業的就業機會，並且將最低所

追蹤全球金融透明度與租稅正義之進展：應由國家稅務機關公布之政府統計資料

摘要： 為追蹤貧富不均以及全球金融透明度與租稅正義之進展，所有國家都應承諾每年公布以下表格資料。參與各種與上述議題相關之國際討論小組的國家更應達成此要求，特別是參與由經濟合作暨發展組織（OECD）協調之共同申報及盡職審查準則（Common Reporting Standard on cross-border financial assets，CRS）及防止稅基侵蝕及利潤移轉行動計畫（Base Erosion and Profit Shifting on corporate taxation，BEPS）的國家。

財富淨額： 扣除負債之總資產（不動產、商業資產、金融資產等）。針對各國的稅務居民，所有國內及國外資產均應納入。針對非稅務居民，所有國內資產均應納入（尤其是國內的不動產，以及與國內設立之公司及商業活動有關的一切金融資產）。如有可能，其海外資產亦應納入。

表 1A — 各財富級距（bracket）之人數、財富與繳納稅額

財富淨額之級距（歐元）	人數	屬稅務居民者	屬非稅務居民者	總財富淨額	屬稅務居民者	屬非稅務居民者	財富稅總額	屬富人稅或財產稅者	屬資本利得稅者	屬繼承稅（inheritance tax）與遺產稅（estate tax）者	所得稅總額	屬個人所得稅者	屬企業所得稅者
0-1萬													
1萬-10萬													
10萬-100萬													
100萬-1,000萬													
1,000萬-1億													
1億-10億													
10億-50億													
50億-100億													
100億以上													

表 1B — 各財富級距之財富與所得組成

財富淨額之級距（歐元）	財富總額	現金與存款	債券與貸款	股票與基金投資	退休基金與壽險	不動產	商業資產及其他非金融資產	負債	國內資產總額	國外資產總額	所得總額	資本所得	勞務所得
0-1萬													
1萬-10萬													
10萬-100萬													
100萬-1,000萬													
1,000萬-1億													
1億-10億													
10億-50億													
50億-100億													
100億以上													

資料來源：江瑟（Lucas Chancel），"Measuring Progress Towards Tax Justice"，世界不平等研究室（World Inequality Lab），2019。

得制擴大適用於年輕人與學生。政府的振興要做到什麼時候？答案很簡單：只要幾乎沒有通貨膨脹，利率也為零，就應該繼續。假使有朝一日通貨膨脹率再度長期處於相當高的水準（好

比連續兩年的年通膨率都是 3 至 4%），那就是收手的時候。

第二階段應該做的事，自然是讓最高額的私人財產適時做出貢獻，好為社會振興提供資金並減輕公共債務。

為此，我們必須加倍努力達成金融透明。「OpenLux」調查報告顯示：盧森堡政府在歐盟要求下公開的企業實質收益者（亦即真正的企業所有人，原則上不含空 公司）的清冊——這也是我們一直期待法國政府公開放上網路的清冊——很可惜地充滿大量漏洞。經濟合作暨發展組織（OECD）建立的銀行資料自動交換機制也有相同問題。

整體而言，這些新資訊全都有用，不過前提是必須真的為稅務機關所用，讓那些至今逃避納稅的有錢人做出貢獻。更重要的是，政府必須提供相關指標，讓每個人都能確認這些作為究竟讓我們往公平稅制的目標邁進了多少。

具體來說，稅務機關應該針對各類納稅人繳納之稅金與實施之查核，每年公布詳細資訊。如同實質收益者清冊，理想上這些資料中應該具體列出姓名，針對大型企業與巨額財富更應如此。

如果大家認為不該這麼做，那麼至少公布的統計資料應該清楚呈現持有高額資產的群體所支付的稅金；所謂高額資產包括 100 萬至 1,000 萬歐元、1,000 萬至 1 億歐元、1 億至 10 億

歐元以及以上的階層。

「世界不平等研究室」（Laboratoire sur les inégalités mondiales）已經提出一些示範性的圖表，這些圖表當然可以供大家討論並加以改進。

我們的基本想法很簡單：雜誌上到處都是億萬富翁，也該是他們出現在稅務統計資料上的時候了。《Challenges》雜誌指出，法國前五百大富豪的資產在 2010 至 2020 年間由 2,100 億歐元上升至 7,300 億歐元（由 GDP 的 10% 上升至 30%）。在這段期間內，他們的納稅額又是如何變化呢？沒有人知道。如果過去這些年，政府真的大步躍進，做到他們宣稱已經達成的資訊透明，那麼現在該是他們拿出證據，將相關資訊公諸於世的時候了。

假如把焦點由前五百大富豪（依據《Challenges》雜誌，其個別資產超過 1.5 億歐元）放寬到前 50 萬名資產最龐大的富人（相當於成年人口的 1% 左右，而依據世界不平等資料庫，其個別資產超過 180 萬歐元），其財富總和將高達 2.5 兆歐元（將近 GDP 的 120%），如此一來課稅的實益就更高了。

為了擺脫無所不在的保守思維，重新向歷史學習也是當務之急。二次大戰結束後，當時公共債務的負荷比目前還要沉重，大多數國家都針對最高額的私人資產課徵特別稅。好比

德國的「分擔負擔」制度（Lastenausgleich，也是麥可‧休斯
〔Michael Hughes〕[1]精彩歷史研究著作的主題），於 1952 年由
占多數的基民黨通過施行。這套制度針對高額金融資產及不動
產課徵高達 50% 的稅率，需繳納長達 30 年，為德國帶來相當
於 60%GDP 的收入，而當時億萬富翁的優渥程度遠不如今日。

　　輔以 1948 年的貨幣改革與 1953 年的取消外債，這套制度
讓德國不依靠通貨膨脹（該國 1920 年代曾因此吃盡苦頭）也
能清除公共債務，並依循著可靠的社會正義目標。

　　回頭看看戰後歐洲得以成功重建的原因，現在正是最佳時
機。

1　譯註：麥可‧休斯為美國維克森林大學（Wake Forest University）歷史系教授，
　　著有《Shouldering the Burdens of Defeat: West Germany and the Reconstruction of
　　Social Justice》（University of North Carolina Press，1999）等書。

以民主社會主義回應中國的挑戰

Répondre au défi chinois par le socialisme démocratique

2021 年 7 月 31 日

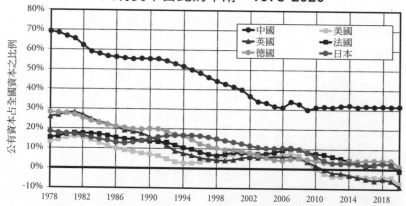

公有資本占比的下滑，1978-2020

解說：公有資本（指扣除負債後的公有資產，包含各種公共自治團體，且不區分
資產類型，包括企業、不動產、土地、持股與金融資產等）在全國資本（即公有
與私有資本的總和）之中的占比，就中國而言，1978 年約為 70%，2000 年代中
期之後穩定維持在 30% 左右。就資本主義國家而言，1970 年代末期約為 15 至
30%，2020 年則趨近於零或呈現負值。

資料來源與序列：見 piketty.pse.ens.fr/ideologie（圖 39）

中國共產黨慶祝成立百年之際，西方國家依舊難以確定該以何種態度面對北京政權。我就直接說了：理想答案是停止西方的傲慢，並倡導一種全球性的、平等且具解放力量的新前景，即一種民主、參與式、具環保觀念、屬於後殖民時代的新型態社會主義。如果西方國家繼續慣性地擺出指導者的姿態，固守不合時宜的超級資本主義模式，恐怕在應對中國的挑戰時會吃盡苦頭。

　　極權高壓的北京政權的確有許多弱點。官方日報《環球時報》認為，中國特色的民主政治比西方大賣場般的選舉制度更理想，因為中國式的民主將國家的命運交給一群充滿動力與決心的先鋒，他們既是脫穎而出的菁英，也能代表社會（中國共產黨共有9,000萬黨員，占人口10%），最後，相較於西方平庸、意志不堅又容易受影響的選民，他們更能全心全意為整體利益而服務。

　　然而在實踐上，中國政府越來越像一個完美的數位獨裁政體，完美到沒有人想仿傚。共產黨內的審議模式更可疑，因為從外部完全看不出是否存在，與此同時，大家卻越來越清楚看見中國對社群網站的擴大監控、對異議人士與少數族群的鎮壓、對香港選舉程序的粗暴介入，以及對臺灣選舉民主帶來的威脅。像這樣的政權似乎不太容易贏得其他國家人民（而不只

是領袖）的好感。此外還有貧富差距明顯增加、人口加速老化、財富分配狀況極度不透明，以及由此萌生的社會不正義感，而這種感受不是擱置一下就能永遠平息。

撇開這些弱點，中國仍有強大的優勢。當氣候災難突然降臨，他們將可輕而易舉地揪著老牌強國們的責任不放，因為這些國家儘管人口有限（美國、加拿大、歐洲、俄國、日本加起來約占世界人口 15%），卻製造了進入工業時代以來累積碳排放量的 80% 左右。

從更廣泛的角度來看，中國總不忘提醒外界，他們沒有依靠自己也曾付出代價的奴隸制或殖民主義就達成工業化。這讓他們在面對世人眼中永遠高高在上的西方國家時多了幾分底氣，而這些西方國家老是急於在正義與民主課題上教育全世界，卻無法處理動搖國家的不平等與歧視，而且不出所料，還跟所有給他們好處的權貴與寡頭勾結。

在經濟與金融面上，中國擁有可觀的資產，且遠高於負債，使其手握相應資源，可推動大膽的國內或國際政策，尤其是關於基礎建設與能源轉型的投資。目前中國政府持有全國資本的30%（10% 的不動產、50% 的企業），和西方國家在光輝三十年（約 1950 至 1980 年）出現的公私合營經濟結構十分相近。

相對的，各位會驚訝地發現，歐美大國在 2020 年代初期

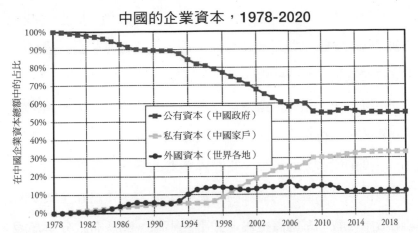

中國的企業資本，1978-2020

在中國企業資本總額中的占比

公有資本（中國政府）
私有資本（中國家戶）
外國資本（世界各地）

解說：2020 年，中國政府（含各級政府及地方自治團體）持有該國企業（含上市與未上市公司，不分規模及產業部門）資本總額的 55% 左右，中國家戶則持有 33%，外國投資人持有 12%。外國投資人的占比自 2006 年起下滑，家戶之占比則上升，中國政府的占比穩定維持在 55% 左右。

資料來源與序列：見 piketty.pse.ens.fr/ideologie（圖 40）

全都處於資產幾近於零或負值的狀態。由於在政府會計上無法達成平衡（這代表需要對最富有的納稅人課徵更多稅金），這些國家的公共債務不斷累積，同時也出售越來越多公共資產，以致後來負債變得略為高於資產。

　　我必須說清楚：富國依然富有，因為他們的私有資產正處於歷史高點；窮的只有政府而已。假如繼續這樣下去，這些國家公共資產的負值會越來越高，代表債券持有人不只相當於擁有一切公有財產（建物、學校、醫院、基礎建設等），還有權

從未來納稅人繳納的稅金中抽取越來越高的比例。反之,如同二戰之後的做法,對巨額私有資本抽稅以快速減少公共債務,好讓政府重新找回一些施展空間,這絕對是可行的。

　　這麼一來,這些國家便可以在教育、醫療、環境與國家發展等領域再次推行大刀闊斧的投資政策。此外,我們也應該儘快取消疫苗的智慧財產權、將跨國企業的營收分給貧窮國家,並讓數位平台為公共利益服務。更廣泛而言,不論在企業或跨國組織中,我們都應該提倡一種不分階級、和所有人分享知識與權力的新經濟模式。不論在先進國家還是後進國家,新自由主義將權力拱手讓給富人並削弱公權力,實際上只是鞏固了中國模式,同時強化了川普式或莫迪式可悲的新國族主義。該是翻開新頁的時候了。

Beyond
28
世界的啟迪

社會主義快來吧！：皮凱提的二十一世紀問答
VIVEMENT LE SOCIALISME! : Chroniques 2016-2021

作者	托瑪‧皮凱提（Thomas Piketty）
譯者	陳郁雯
執行長	陳蕙慧
總編輯	張惠菁
責任編輯	張惠菁、陳詠薇
行銷總監	陳雅雯
行銷企劃	尹子麟、余一霞
封面設計	兒日設計
內頁排版	宸遠彩藝
社長	郭重興
發行人兼出版總監	曾大福
出版	衛城出版／遠足文化事業股份有限公司
發行	遠足文化事業股份有限公司
地址	231 新北市新店區民權路 108-2 號 9 樓
電話	02-22181417
傳真	02-22180727
客服專線	0800-221029
法律顧問	華洋法律事務所　蘇文生律師
印刷	通南彩色印刷有限公司
初版	2021 年 10 月
定價	450 元

ACRO
POLIS

衛城
出版

Email　acropolismde@gmail.com
Facebook　www.facebook.com/acrolispublish

國家圖書館出版品預行編目(CIP)資料

社會主義快來吧！：皮凱提的二十一世紀問答／
托瑪.皮凱提(Thomas Piketty)著；陳郁雯譯.
-- 初版. -- 新北市：衛城出版：遠足文化事業股
份有限公司發行, 2021.10
　面；公分. -- (Beyond；28)
譯自：Vivement le socialisme! : Chroniques,
2016-2021.
ISBN 978-986-06734-9-4 (平裝)

1.國際經濟　2.經濟情勢　3.社會主義

552.1　　　　　　　　　　　　　　110014958

ACRO
POLIS

衛城
出版

ACRO
POLIS
衛城
出版